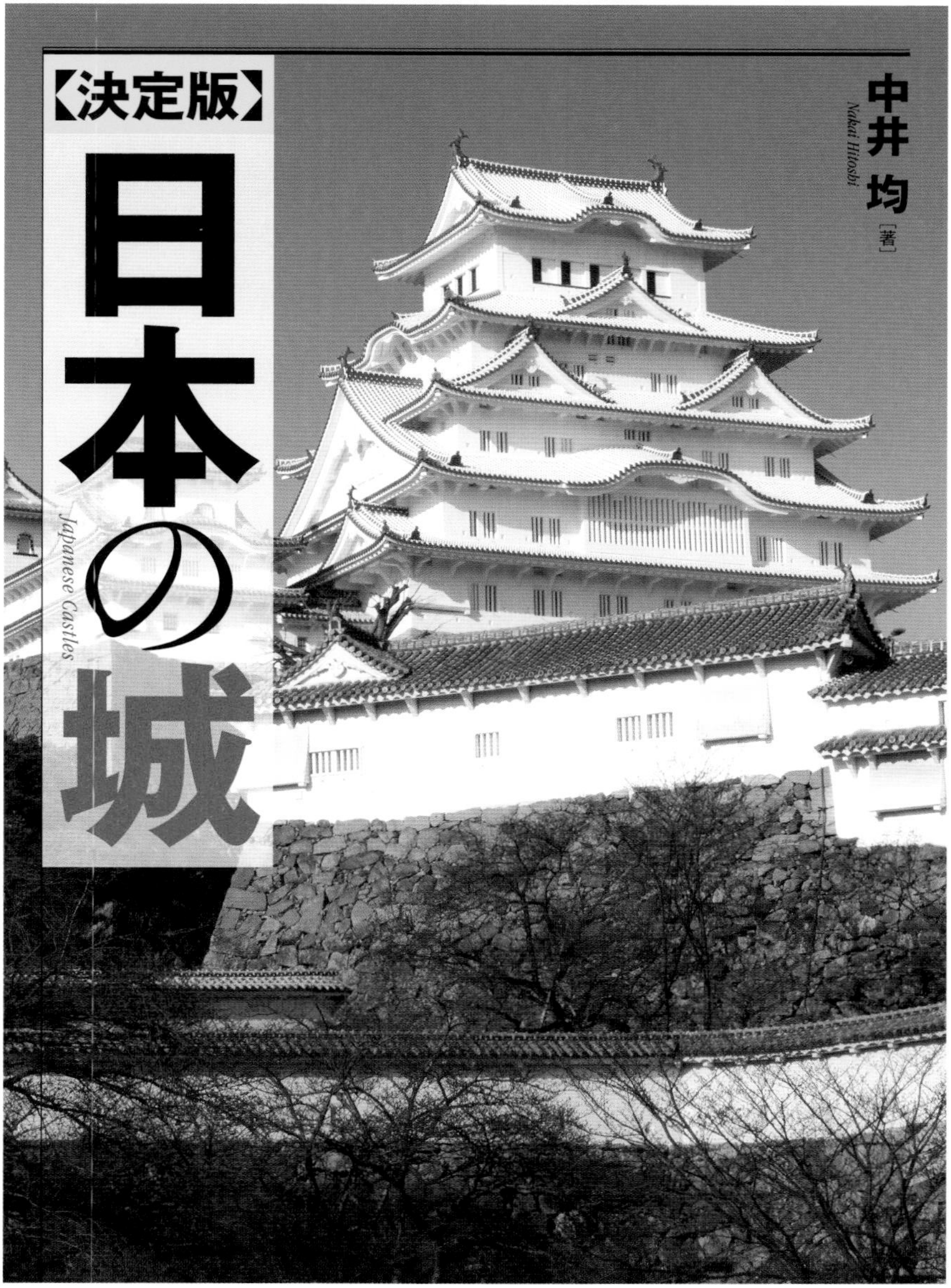

【決定版】

日本の城

Japanese Castles

中井 均［著］
Nakai Hitoshi

新星出版社

はじめに

城郭研究家／
滋賀県立大学教授
中井　均

小学校5年生の時に城が好きになった。そのきっかけはわからない。ただ、初めて訪れた淀《よど》城跡（京都府）の石垣は今でも鮮明に覚えている。55年前のことである。中学生になると大坂城の刻印調査に参加し、高校生になると夏休みにはテントを背負って四国や九州の城跡を訪ねた。大学では講義に出ず、ほぼ毎日伏見城跡の発掘調査に参加していた。

当時、城郭といえば天守閣であり、中世の山城に関心を持つ人などほぼいなかった。城に関する書籍も天守閣の写真集といった類のものが数冊しかなかった。しかし、それはフロンティアの時代であった。行く城の縄張図《なわばりず》は自分で描くしかなかった。列島改造論で多くの城跡が緊急発掘されだした。それらが蓄積され、城郭研究は一気に飛躍した。

今でも私は一人で山城に行き、縄張図を描くのが好きである。藪漕《やぶこ》ぎをし、図を描きながら戦国人の知恵と工夫を解き明かし、彼らがどう考えて城を築いたのかを知り得た時が面白くて城歩きがやめられない。

現在のお城ブームによって、戦国時代の山城もメジャーとなり、天守閣の写真集ではない書籍も数多く刊行されている。そうした中で、本書では掲載した城についてはすべて近年の調査成果を反映した。もちろん、基礎知識も最新の研究成果をもとにまとめたものであるとともに、日本の城をより理解してもらうために世界の城との比較も試みた。

第1章「1度は行きたい全国の名城 特撰30城」では、今行くべき名城を全国各地から選りすぐって紹介。第2章「お城鑑賞の基礎知識」では、戦国時代以降の城の構造や防御の仕方を解説。第3章「日本城郭史――古代から現代まで」では、城のはじまりといわれる環濠集落から現代までの城の歴史を説明。第4章「世界と日本の城 比較城郭論」では、ヨーロッパ、東アジアなど世界の城と日本の城の違いを比較。そして第5章「全国名城ガイド」では、1章では紹介しきれなかった全国各地の名城をエリア別で紹介している。

本書は、現在の城郭研究の最先端をわかり易く編集したものと自負している。本書を手に取っていただき、さらにお城の持つ魅力を知っていただければ幸いである。

2020年2月

中井 均

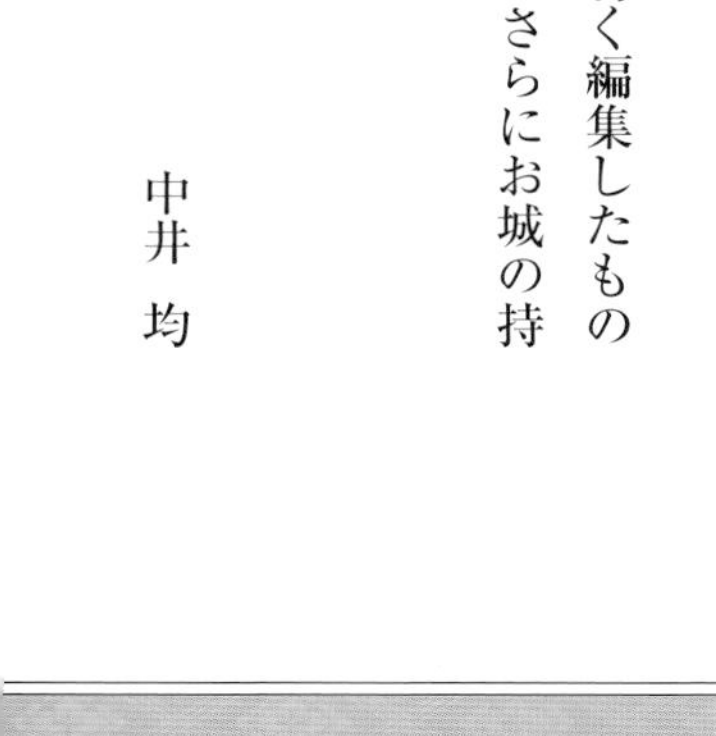

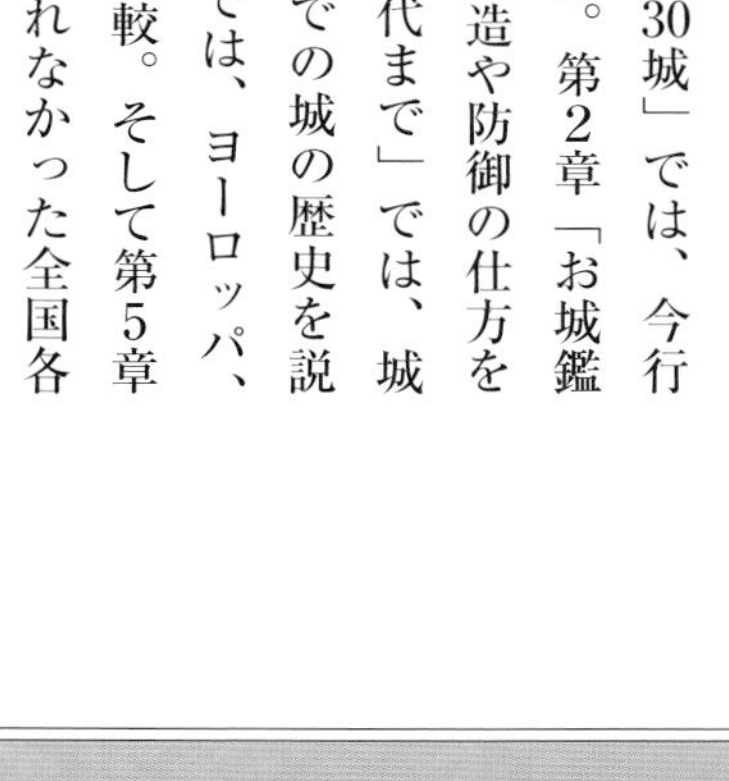

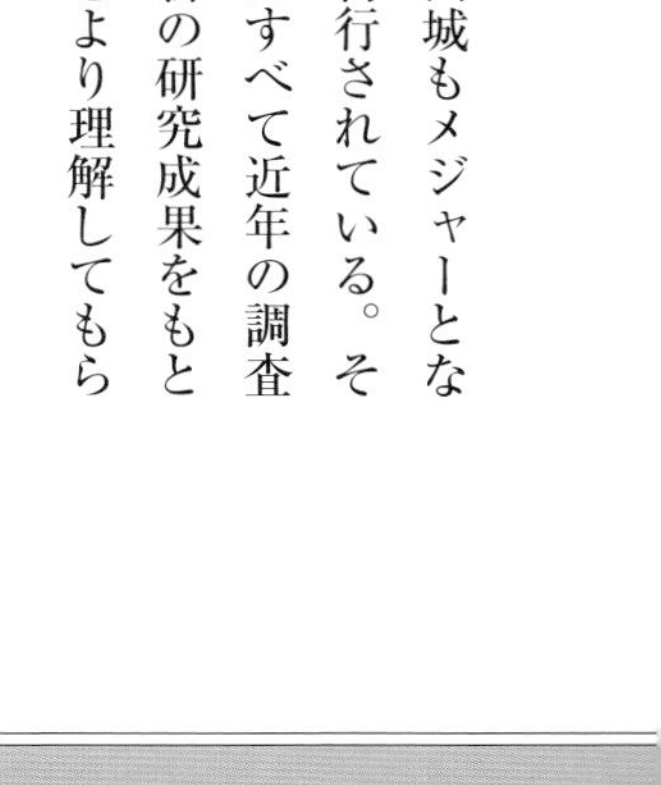

【決定版】

日本の城 もくじ

第1章 1度は行きたい全国の名城 特撰30

※カバー写真・帯：姫路城、彦根城、山中城、小田原城。
※本書内で使用するイラストのうち、クレジット表記が無いものはすべて香川元太郎氏による。
※大阪城は、歴史的な用語にもとづき「坂」の字を用いた。
※本書の情報は2020年2月現在のもの。

第2章 お城鑑賞の基礎知識

第3章 日本城郭史——古代から現代まで

第4章 世界と日本の城 比較城郭論

第5章 全国名城ガイド

【テーマ別】

城郭写真鑑

天守

天守は城の最後の拠点である。
美しい外観だけでなく、
戦う姿勢を秘めた姿にも注目したい。

その他 天守5選

丸岡城（福井県）➡P196

犬山城（愛知県）➡P44

松本城（長野県）➡P36

松江城（島根県）➡P70

姫路城（兵庫県）➡P64

彦根城（滋賀県）➡P56

【テーマ別】
城郭写真鑑

石垣

積み重なった石垣を見上げれば、
先人たちの労力に
敬意を覚えずにはいられない。

その他
石垣5選

安土城（滋賀県）➡P54

岩村城（岐阜県）➡P191

丸亀城（香川県）➡P74

岡城（大分県）➡P216

熊本城（熊本県）➡P78

大坂城（大阪府）➡P58

【テーマ別】
城郭写真鑑

眺望

雄大な景色を眺められることも
城の魅力の一つ。
登城のご褒美として楽しもう。

その他 眺望5選

唐沢山城（栃木県）➡P175

春日山城（新潟県）➡P186

岐阜城（岐阜県）➡P46

肥前名護屋城（佐賀県）➡P216

鳥取城（鳥取県）➡P68

小谷城（滋賀県）➡P199

土塁&空堀

深く高くそして技巧的に築かれた土塁や空堀には、
城の守りの本質が込められている。

その他

土塁&空堀5選

滝山城（東京都）➡P30

小田原城（神奈川県）➡P32

諏訪原城（静岡県）➡P40

玄蕃尾城（滋賀県・福井県）➡P52

飯盛城（大阪府）➡P60

山中城（静岡県）➡P189

【テーマ別】城郭写真鑑

雲海

季節や時間、天候などの
条件がそろった時にのみ
見ることが可能な奇跡の光景。

その他 雲海5選

赤木城(三重県)➡P193

郡上八幡城(岐阜県)➡P193

撮影/小林 良美

備中松山城（岡山県）→P206

竹田城（兵庫県）→P66

津和野城（島根県）→P205

越前大野城（福井県）→P197

お城
Column

発掘調査の役割と成果

山城は地表面を見るだけでは構造しかわからない。それでは、発掘調査によって何がわかるのだろうか？

在りし日の城の姿を推測

毎年、日本各地で城跡の発掘調査が行われている。戦国時代の山城では地表面に残る構造を図化する縄張図《なわばりず》で城の構造を把握することはできる。しかし曲輪にどのような建物が建てられていたのか、土塁はどのように盛られて築かれたのかなどは発掘調査によって初めて明らかにすることができる。

従来、山城は詰城《つめじろ》で、山麓の居館が居住空間といわれていたが、芥川山城（大阪府）⬇P203や観音寺城⬇P199・清水山城（ともに滋賀県）からは御殿に相当する巨大な礎石建物が検出されており、山城で居住していたことが明らかとなっている。

また、根城（青森県）⬇P173や岩崎城（愛知県）では本丸から鍛冶《かじ》遺構が検出され、城の中心部で武具や武器の修理などを行っていたことが確認されている。さらに、竪穴《たてあな》住居や米蔵、埋《うめ》甕《がめ》、塼貼《せんばり》建物（煉瓦を貼った建物）など様々な用途で構えられていた建物跡も検出されており、山城の姿がよみがえりつつある。

焼失ではなかった小谷城

ところで、発掘をすると様々な遺物が出土する。中でも土器や陶磁器は年代を知る重要な物差しであり、実際に城郭として存続した年代を明らかにしてくれる。

小谷城（滋賀県）⬇P199の発掘調査では山城部分から巨大な礎石建物が検出され、お市や三姉妹は山上に住んでいたことが明らかとなった。ここからは3万点に及ぶ土器が出土しており、単なる詰《つめ》の城ではなく、恒常的に住まいしていた山城であったことがわかった。

さらに発掘調査では、焼土が一切検出されなかった。織田信長によって攻め落とされたが、焼失したわけではなかったことがわかる。城で戦いがあったのか、なかったのか、焼け落ちたのか、焼けなかったのかも発掘調査によって明らかにできるのである。

美濃金山城（岐阜県）での発掘調査説明会の様子。発掘調査後、遺構は原則的に埋め戻されてしまうため、説明会は発掘された遺構を見る貴重な機会となる。

第1章

1度は行きたい 全国の名城 特撰30

城といえば姫路城や大坂城のような、白亜の天守を思い浮かべる人が多いかも知れない。しかし近年では、天守がない石垣だけの城や土造りの山城なども注目を集めている。威風堂々とした天守、圧倒される石垣、発掘調査や整備が進む城など、魅力あふれる全国の名城を厳選して紹介する。

立地…城が建つ地形的特徴を示す

築城…築城年と築城者を示す。基本的に築城開始年を記載したが、そうではない城もある

改修…中世城郭から近世城郭へ、または現在見ることができる城の姿へと改修された年と改修者を示す

アクセス…公共交通機関での行き方。山城の場合は駐車場の有無も記した

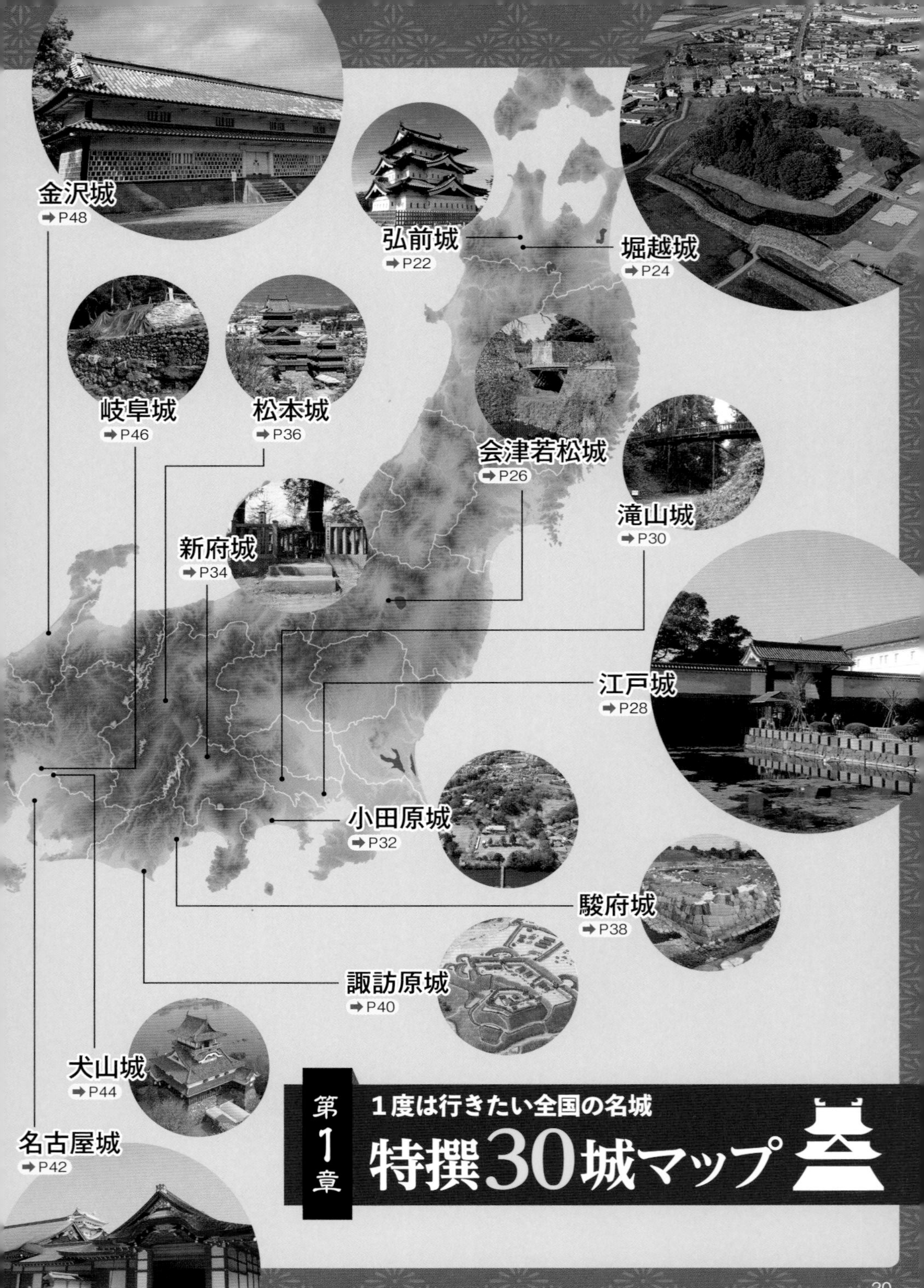

第1章

1度は行きたい全国の名城 特撰30城マップ

一乗谷城
➡P50
玄蕃尾城
➡P52
首里城
➡P80
安土城
➡P54
松江城
➡P70
竹田城
➡P66
周山城
➡P62
月山富田城
➡P72
鳥取城
➡P68
姫路城
➡P64
熊本城
➡P78
丸亀城
➡P74
伊予松山城
➡P76
大坂城
➡P58
飯盛城
➡P60
彦根城
➡P56

弘前城

［ひろさきじょう］

津軽氏の威信を示す巨大城郭

重文 天守、三の丸大手門など全9棟

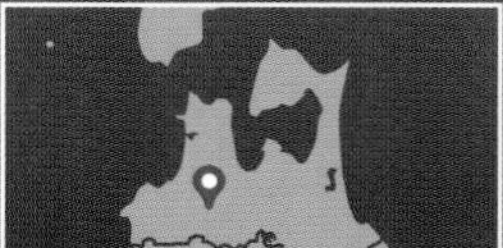

青森県［陸奥］

住所	青森県弘前市下白銀町
立地	河岸段丘
築城	慶長15年（1610）［津軽為信・信枚］
改修	なし
アクセス	JR奥羽本線「弘前駅」からバスで「市役所前」下車、徒歩約4分

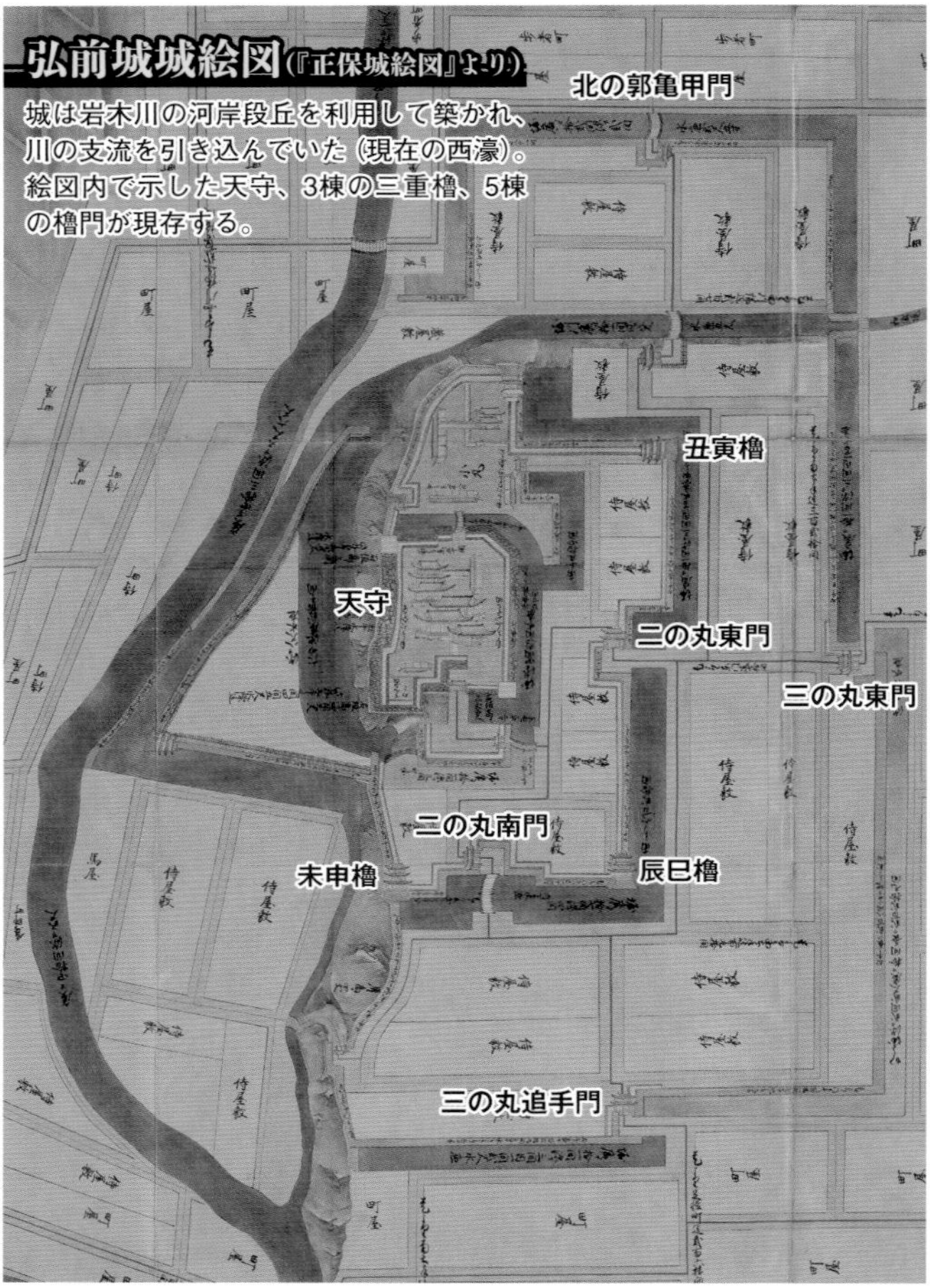

弘前城城絵図（『正保城絵図』より）

城は岩木川の河岸段丘を利用して築かれ、川の支流を引き込んでいた（現在の西濠）。絵図内で示した天守、3棟の三重櫓、5棟の櫓門が現存する。

御三階櫓と呼ばれた天守

津軽為信《つがるためのぶ》が計画して2代・信枚《のぶひら》が本格的に築城を開始し、慶長《けいちょう》16年（1611）に完成した。大光寺《だいこうじ》城や堀越《ほりこし》城⬇P24を解体移築したため、1年ほどで五重の天守《てんしゅ》がそびえ、8基の櫓《やぐら》が備わった。

天守は本丸南西隅に建てられていたが、寛永《かんえい》4年（1627）に落雷で焼失し、現在の天守は文化8年（1811）に竣工したもの。東北地方唯一の現存天守であるが、当時は「御三階櫓《ごさんかいやぐら》」と呼ばれていた。これは、長らく天守のない状態が続いたため、三重三階の辰巳《たつみ》櫓《やぐら》を改装して天守の代用としたからである。

Point
曳屋による天守の移動

天守台の調査と改修工事のため、2015年に天守の曳屋《ひきや》工事が実施された。曳屋とは、建築物をそのままの状態で移動する方法のこと。総重量400tの天守がジャッキアップで約30cm持ち上げられ、本丸に敷かれたレール上を移動した。70m移動するのに約2か月を要している。弘前城では明治中期にも曳屋が行われており、曳屋によって移動した天守は全国で弘前城のみとなる。

天守の移動　弘前市提供

曳屋工事の様子　弘前市提供

現存天守　三重三階の独立式天守。幕府への配慮から「御三階櫓」として申請された。東日本唯一の現存天守である。

重要文化財の未申櫓。

古いタイプの二の丸東門。

三重櫓や櫓門も必見

岩木川《いわき》の河岸段丘上に、川を背にして本丸を置き、そのまわりを二の丸、さらに三の丸が囲んだ、典型的な梯郭式《ていかくしき》の縄張《なわばり》。本丸南側に角馬出《かくうまだし》を置くことで、守りを固めつつ天守を見せつけるような構造になっている。

天守に加え、3棟の三重櫓と5棟の櫓門《やぐらもん》が現存しており、いずれも国の重要文化財。特に、5棟の櫓門は江戸初期建築の貴重なもので、門の両側が石垣《いしがき》ではなく土塁《どるい》になっているのは、全国的にも珍しい。また、本丸は総石垣造りだが、他の曲輪《くるわ》は土造りになっているのも特徴で、縄張は全体的によく保存されている。

この本丸石垣は、「はらみ（膨らみ）」が出たため修復中で、天守は本丸内側に移動中。工事期間中にだけ見られる珍しい光景だ。天守を見る際は、狭間《さま》が切られた城外側と、採光用の格子窓が設けられた城内側の、意匠の違いに注目しよう。

堀越城［ほりこしじょう］

よみがえった津軽為信の城館

堀越城鳥瞰　2012年から本格的な整備事業がはじまり、2020年春に全面公開された。写真奥に岩木山が見える。

堀越城現景図

西寄りに位置する本丸を、二之丸・三之丸・外構が取り囲む構造。城跡は国道7号線で分断しているが、連絡通路が設置されている。

写真・図版：弘前市教育委員会提供

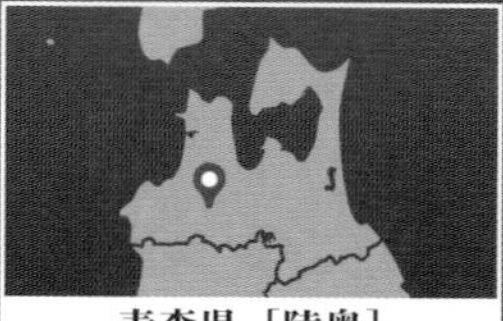

青森県［陸奥］

住所　青森県弘前市大字堀越字柏田

立地　平地

築城　建武4年（1337）［曽我貞光］

改修　文禄３年（1594）頃［津軽為信］

アクセス　JR「弘前駅」から弘南バス大鰐・碇ヶ関線で「堀越」下車、徒歩約５分

弘前城以前の津軽氏の居城

南北朝時代に北朝方の曽我《そが》貞光《さだみつ》が楯《たて》（館）を築いたともされるが、現在見られる遺構は戦国時代末期のもの。弘前藩初代藩主となる津軽為信が豊臣秀吉に謁見して津軽の領有を安堵された後に、大浦《おおうら》城から当地に移転した。以降、2代・信枚が弘前城に本拠地を移すまでの17年間、津軽氏の居城として機能した。為信にとっては最後の居城となった。

弘前城は早くに国史跡に指定されていたが、「津軽氏の発展過程を理解するためには、弘前以前の城も一体として考えるべき」とされ、1985年に堀越城が追加指定された。

Point
一代で成した津軽為信

津軽為信の出自は定かではない。養子となって大浦氏を継ぐと、権謀術数を尽くして北東北の雄である南部氏から独立し、津軽地方を統一した。元亀２年（1571）には堀越城から出撃した為信が、南部高信の石川城を攻め落としたことが文献で確認できる。天正18年（1590）、為信は小田原へ東下した秀吉に謁見し、本領を安堵された。その後、伏見城普請などに参加したことから、中央の城造りを身につけたようだ。関ヶ原合戦後に弘前城築城を計画するも、完成を見ることなく没した。

津軽為信肖像　革秀寺蔵

本丸御殿広間跡　本丸には城主の謁見の間となる御殿が建っていたとされる。建物跡の遺構は平面表示されており、説明板も設けられわかりやすい。

本丸東側虎口　本丸は三方が高い土塁に囲まれているが、東側だけは土塁がなく、櫓門や倉庫が建っていたと推測される。復元された木造の橋が架かる。

在地大名が試みた「見せる城」

弘前城の東南約７㎞に位置し、晴れた日には霊峰・岩木山が望める。平川流域の湿地帯に築かれた平城で、本丸のまわりを二之丸、三之丸、外構《そとがまえ》などの曲輪が取り囲む。輪郭式《りんかくしき》と梯郭式⬇P112を併用したような縄張である。

16年をかけた平成の発掘調査では、本丸から礎石建物や門の跡、二之丸・三之丸からは掘立柱《ほったてばしら》建物跡が見つかった。木橋や土橋の跡も確認されており、整備事業で土塁や堀、橋などが見事に復元された。

石垣は築かれていないものの、それまでの東北の城館とは一線を画しており、豊臣政権が築いた聚楽第《じゅらくだい》のような近世城郭を意識して築かれたことは明らかである。前頁の弘前城は純正の近世城郭であることから、堀越城は東北の城郭史における大きな転換点だったといえるだろう。

8年に及ぶ整備工事が終わり、2020年春に全面公開された。

維新に散った東北屈指の石垣の城

会津若松城

［あいづわかまつじょう］

復元天守　天守は古写真などをもとに1965年に外観復元され、2011年に赤瓦に葺き替えられた。

干飯櫓・鉄門・南走長屋　天守から見た復元建造物群。天守と同様に赤瓦が用いられている。会津戦争で松平容保は鉄門に籠もり指揮した。

砲撃に耐え抜いた堅城

古くは黒川《くろかわ》城といったが、天正18年（1590）の奥州《おうしゅう》仕置《しおき》後に蒲生氏《がもううじ》郷《さと》が会津に入って大改修が施され、「若松」へと改称された。地元では「鶴ヶ城」の名でも親しまれる。続いて入城した加藤嘉明《よしあき》・明成《あきなり》父子がさらに改修。その後入城した保科《ほしな》正之《まさゆき》以後、保科・松平氏の居城となった。

幕末の藩主・松平容保《かたもり》が京都守護職を務めたため、倒幕派に恨まれ戊《ぼ》辰《しん》戦争で新政府軍に攻め込まれることになる（会津戦争）。約1か月に及んだ籠城戦で激しい砲撃を受けて降伏するも、天守は炎上・倒壊しなかった。その姿は古写真に残されている。

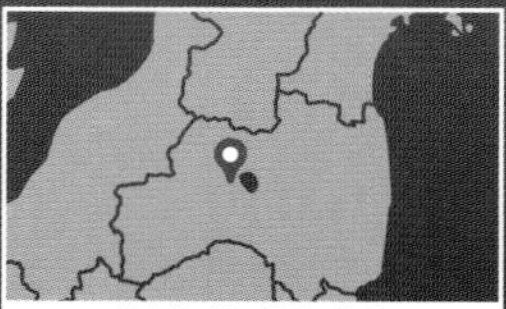

福島県［陸奥］

住所　福島県会津若松市追手町

立地　丘陵上

築城　元中元・至徳元年（1384）［蘆名直盛］

改修　天正20年（1592）［蒲生氏郷］

アクセス　JR「会津若松駅」から周遊バス「ハイカラさん」で「鶴ヶ城入口」下車、徒歩約5分

Point

会津戦争と惣構

会津若松城には、東西約2km、南北約1.3kmに及ぶ惣構《そうがまえ》が築かれており、百石取り以上の上級藩士が屋敷を構えていた。会津戦争において、会津藩は兵員不足のため惣構を守り切ることができず、新政府軍によって甲賀《こうが》町口《まちぐち》や六日町口を突破され、郭内への侵入を許した。合戦後に惣構の堀はほとんどが埋め立てられ、現在では大手方面の甲賀町口の石垣の一部と、東端の天《てん》寧寺《ねいじ》町口《まちぐち》のそばにあった土塁が残されているのみである。

甲賀町口に残る石垣

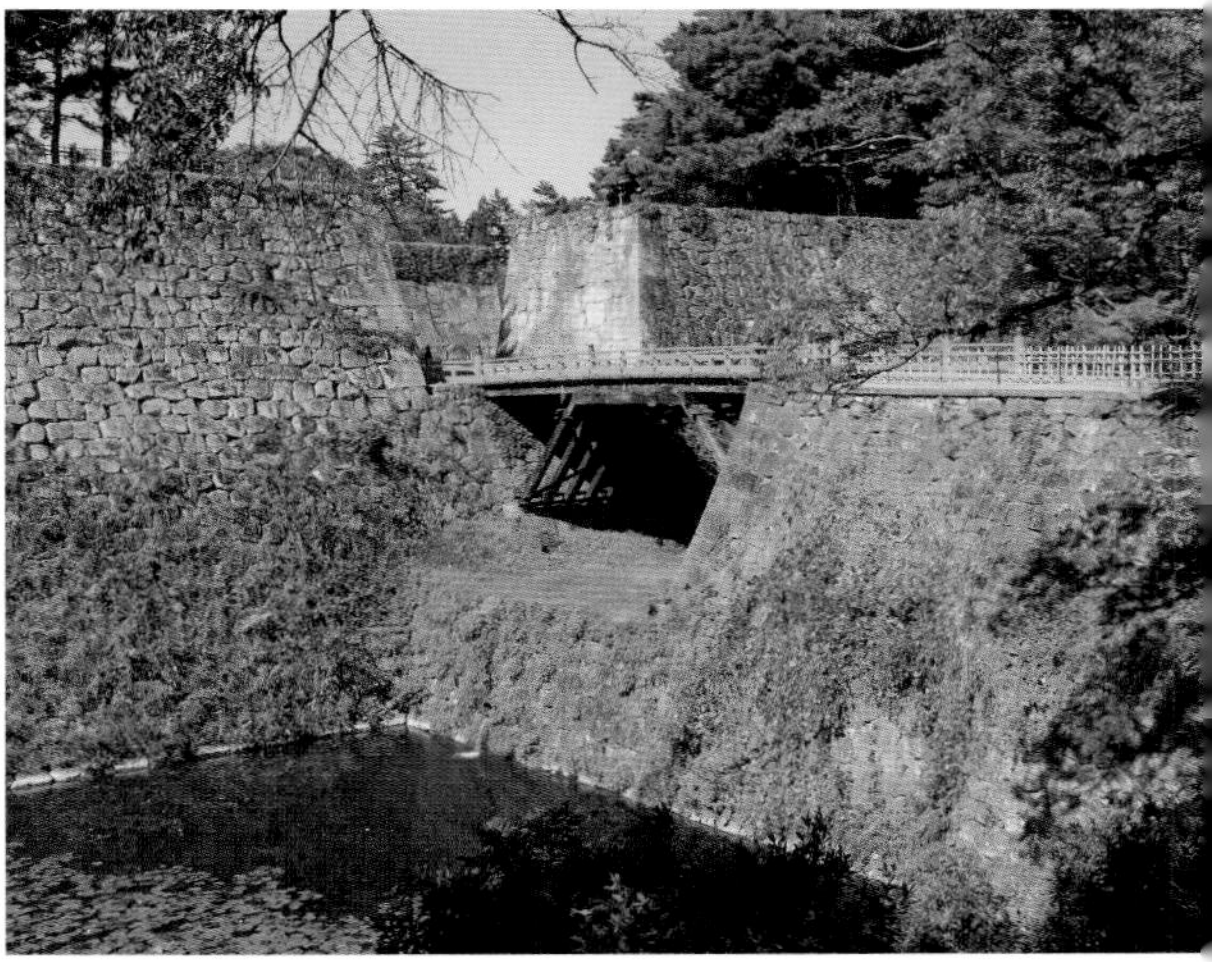
廊下橋と本丸高石垣　廊下橋は本丸と二の丸をつないでおり、合戦時はこの橋を落とすことで本丸を防御した。

半壊状態の天守　会津戦争で天守は格好の的となってしまい、砲撃にさらされた。

縄張と多彩な石垣が見どころ

蒲生時代に造営された七重の天守には金箔瓦が葺かれていたが、再建された現在の天守・走長屋《はしりながや》・鉄門《くろがねもん》・南走長屋・干飯櫓《ほしいいやぐら》は、赤瓦が葺《ふ》かれた幕末当時の姿である。

現在の構造になったのは加藤氏の大改修時で、二の丸・三の丸以外はすべて石垣を築き、空堀を水堀に改めた。本丸を3つの曲輪が取り囲むスケールの大きな実戦的縄張である。

石垣も大きな見どころだ。寛永期の修理で築かれた本丸東側の石垣は切石を布積したもので、城内で最も高く20mを超える。対して天守台の石垣は野面積《のづらづみ》⬇P106に近く、勾配も緩やかな蒲生時代の石垣である。また本丸の周囲には鉢巻石垣《はちまきいしがき》が見られ、さらに門跡の石垣には、垂直に刻まれた溝が確認できる。これは城門の柱を据えるためのもので珍しい。

ちなみに現存建造物は、城下の阿弥陀寺に残る「御三階」のみである。

天守台　明暦の大火後に築かれた天守台。隅石には人の身長ほどもある巨石が用いられており、その巨大さに驚く。

寛永期天守

家光が築いた寛永期天守は外壁に銅板が張られ、すべての屋根が銅瓦で葺かれていた。江戸城下のどこからでも見える巨大天守で、徳川幕府の権威のシンボルとなった。

江戸城
［えどじょう］

徳川幕府260年の政庁

重文 外桜田門、田安門、清水門

東京都［武蔵］

住所 東京都千代田区千代田

立地 台地突端

築城 康正2年(1456)［太田道灌］

改修 慶長8年(1603)［徳川家康］

アクセス 東京メトロ「大手町駅」から徒歩約5分で大手門。「桜田門駅」から徒歩約1分で外桜田門

将軍宣下の後に石造りの城に

天正18年（1590）、豊臣秀吉に関東移封を命じられた徳川家康《とくがわいえやす》が居城とした江戸城。当時は太田道灌《おおたどうかん》によって築かれた簡素な土の城だったが、家康は城下町の整備を優先し、城の改修はほぼ行わなかった。

　石の城への大改修が開始されたのは、家康が将軍宣下《せんげ》を受けた慶長8年（1603）である。豊臣政権中には築かなかった天守も造営されたが、江戸初期には将軍の代替わりごとに天守を新調しており、2代・秀忠《ひでただ》も、3代・家光《いえみつ》も、父が築いた天守を取り壊して新天守を築いている。家光の天守は史上最も巨大な天守だった。

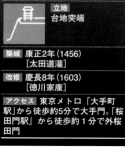

江戸城の内郭と外郭

江戸城は本丸・二の丸・西の丸・北の丸など主要部を内郭、惣構の内側を外郭とする２段構えの構造だった。惣構には見附門が設けられており、その遺構となる石垣や土塁を現在もたどることができる。

惣構の水堀　JR市ケ谷駅から水堀を望む。JR中央線と水堀（神田川）が並行して走っている。

北桔橋門と高石垣　本丸北側の高石垣は城内で最も高く、20mに達する。算木積がわかりやすい。

大手門　多くの大名が登城した大手門。巨大さと石積みの巧みさにより諸大名を牽制した。

将軍の威光を示す超巨大縄張

将軍家の城である江戸城の大改修は、「天下普請《てんかぶしん》」により、西国の外様大名28家を助役として動員して行われた。秀忠の代には江戸城北部に神田川の開削工事がスタート。さらに西の丸が造営され、西の丸下など内郭の整備も進んだ。そして家光の代になって、外郭の総延長が14㎞にも及ぶ日本最大の巨大な惣構《そうかまえ》が完成した。江戸の地形を改変してしまうほどの大規模な土木工事を伴う巨大な城を、3代約40年かけて築いたのである。

建造物は伏見櫓《ふしみやぐら》や桜田門など、数棟の櫓と門が残るのみだが、堀の周囲を歩くだけでもそのスケールの大きさが実感できるだろう。必見は天守台の石垣。明暦《めいれき》の大火で家光の築いた日本最大の天守が焼失し、焼けただれた天守台が修理された。工事を担当したのは加賀の前田《まえだ》家。完成しても天守は築かれなかったが、巨大な切石《きりいし》は圧巻である。

小宮曲輪の横堀　長大な横堀と高さ10m近い切岸が防衛ラインとなる。城内はボランティアの手でよく整備されている。

本丸と中の丸の堀切　本丸と中の丸は堀切によって分断されており、橋を落としたら渡ることができない。

北条氏が築いた土の城の傑作

滝山城［たきやまじょう］

東京都［武蔵］

- **住所** 東京都八王子市高月町
- **立地** 丘陵上
- **築城** 永禄6年（1563）以前［北条氏照］
- **改修** なし
- **アクセス** JR「八王子駅」から戸吹行きバスで「滝山城址下」下車、正面入り口まで徒歩約3分。大手口そばに駐車場有り

武田軍の猛攻に辛くも耐える

滝山城のある地は関東管領《かんとうかんれい》の山内《やまうち》上杉《うえすぎ》氏の家臣である大石《おおいし》氏の拠点だったが、大石氏は武蔵まで侵攻してきた北条《ほうじょう》氏に接近し、北条氏康《うじやす》の次男である氏照《うじてる》を養子に迎えた。その後、氏照が上杉謙信《けんしん》の関東遠征に備えて築いたのが滝山城である。

謙信への対策として築かれた滝山城だったが、永禄《えいろく》12年（1569）には、甲斐《かい》の武田信玄《たけだしんげん》の侵攻にあう。武田軍に包囲された滝山城は三の丸まで侵入を許してしまったが、陥落は免れた。しかしこれを機に、より堅固な八王子《はちおうじ》城が築かれたため、滝山城は20年余りで廃城となってしまった。

滝山城復元イラスト
本丸は上下２段の構造だった。中の丸とは堀切で隔てられ、三つの虎口はすべて枡形で守られているなど、強固な防御であった。
多摩川
山の神曲輪
弁天池は城内の生活用水として利用されたことに加え、小船を浮かべて遊興の場としても利用されたと推測される。
本丸
中の丸
弁天池
二の丸
小宮曲輪
大手口
二の丸の三方には角馬出が設けられている。本丸へと押し寄せる敵を二の丸で一手に防ぐ構造となり、効率的な防御が施されている。
城の南面・東面には横堀がめぐっている。堀は随所で屈曲して、横矢を掛ける（敵を側面攻撃する）構造となる。

巧みな縄張を体感する教科書

遺構の残存度が高く、土の城の縄張の巧みさを実際に歩いて体感するための教科書となるような城である。多摩川と秋川の合流地点にある加住《かすみ》丘陵に位置し、川越街道と多摩川の平《たいら》の渡しに近い交通の要衝である。一見なだらかだが高低差が激しく複雑な地形をしている。特に本丸と中の丸は、多摩川の崖によって北側からの侵入を阻んでいる。

中心はかつて湧水《ゆうすい》池だった窪地で、それを取り囲むように曲輪が配され、周囲を堀がめぐっている。

城の東・南面をめぐる長大な横堀が第一防衛ラインで、第二防衛ラインとなるのが二の丸である。二の丸は東・南・西からのびる尾根の合流地点に位置し、三方すべてに角馬出⬇P121を設け、堅固な構えになっている。二の丸以外にも、現在木橋が架かる中の丸・本丸の間の堀切《ほりきり》、本丸の枡形《ますがた》虎口《こぐち》など見どころが多い。

中世と近世の遺構が残る名城
小田原城
［おだわらじょう］

小田原城空撮　北条時代の城の中心地は現在の城跡とは異なる。中世と近世の両方の遺構に出会えるのが小田原城の魅力だ。　小田原市教育委員会提供

小峰御鐘ノ台大堀切　北条時代の城の主郭を守る横堀（堀切）。横堀は３重に設けられており、その遺構がよく残る。

戦国時代最大の惣構

伊勢《いせ》宗瑞《そうずい》（北条早雲《そううん》）が奪取し、２代・氏綱《うじつな》以降、関東に覇を唱えた北条氏の居城となる。北条時代の城の中心部は、現在の小田原城北西にある八幡山古郭周辺であった。豊臣秀吉との軍事的緊張が高まる中、天正15年（１５８７）頃から大外郭として城下町を囲い込む惣構の普請を開始。完成した惣構は、総延長９㎞にも及ぶ戦国時代最大規模のものだった。

北条氏滅亡後、小田原城には徳川の家臣である大久保《おおくぼ》氏が入城。城の中心が移されたのはこの時期である。大久保氏の改易後に一時廃城となるが、後に稲葉《いなば》氏が城主となった。

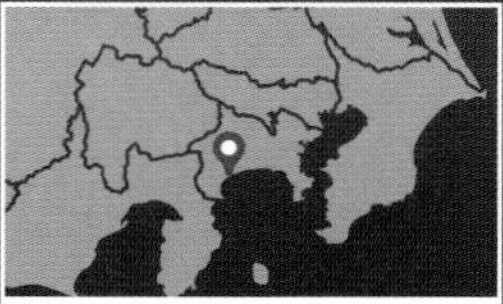

神奈川県［相模］

住所　神奈川県小田原市城内

立地　丘陵一帯

築城　15世紀中期
［大森氏］

改修　文禄3年（1594）頃
［大久保忠隣］

アクセス　JR「小田原駅」から徒歩約10分

Point 天守の摩利支天像

平成の大改修により、天守最上階には摩利支天像とそれを安置する空間が再現された。摩利支天像は武士の守護神として広く崇拝を受けており、天守模型の調査などから、最上階に祀られていたことが明らかにされた。像はイノシシの上に乗っている三面六臂の立像で、高さ63cmほど。姫路城天守最上階の長壁神社など、天守に御祭神が祀られていた例は少なくない。

小田原城天守閣蔵

摩利支天像の安置空間

復元天守　天守は明治維新後の廃城令で解体され、1960年に再建された。外観復元で内部は資料館となる。

蓮上院土塁　惣構の一部をなしていた土塁。点在する惣構の遺構の場所は、小田原市のHPに詳しい。

八幡山に残る北条氏の遺構

稲葉時代の改修では、城域は旧三の丸内に縮小され、本丸・二の丸・南曲輪が配置された。いずれも石垣での築造である。

小田原城は、こういった近世の城郭遺構と、北条氏によって築かれた戦国時代の城郭遺構が同居する、極めて珍しい城である。廃城令や関東大震災で失った近世城郭の建造物は、天守や櫓、門などが昭和から平成にかけて復元されている。大手門跡から本丸までの登城ルートを歩くと、近世小田原城の縄張がよくわかる。

必見はやはり、北条時代の土の城の遺構であろう。JR線の北側に、八幡山古郭東曲輪が史跡公園として整備されており、この西方にある城山公園の小峰御鐘ノ台に、大堀切が残る。八幡山を切断する巨大なものだ。惣構の遺構は稲荷森の総構堀や蓮上《れんじょう》院土塁《いんどるい》など何箇所か残り、惣構をめぐるウォーキングイベントも人気だ。

新府城
［しんぷじょう］

武田勝頼が命運を託した堅城

七里岩台地　新府城は釜無川によってつくられた七里岩台地上に築かれている。河川側から攻めるのは不可能である。

丸馬出の三日月堀　大手側の丸馬出。馬出前面の堀は「三日月堀」と呼ばれるとおり、きれいな弧を描いている。

短命に終わった勝頼最後の城

天正9年（1581）当時、甲斐の武田勝頼《かつより》は、北条・織田・徳川からの圧力や侵攻を受けていた。新府城は、長篠《ながしの》の戦いに敗れた後に勝頼が甲斐の新たな拠点として築いた実戦的な堅城である。反対する家臣も多い中、父祖以来の本拠地・躑躅《つつじ》ケ《が》崎《さき》館《やかた》では守りが不充分として推し進めた築城で、「新府」の名は、躑躅ケ崎に対する新しい府中の意味だろう。

8か月の突貫工事で完成したが、織田・徳川連合軍の信濃侵攻を受けると、勝頼自ら火を放って城を放棄してしまった。その後、勝頼は天目《てんもく》山《ざん》で自害し、武田氏は滅亡した。

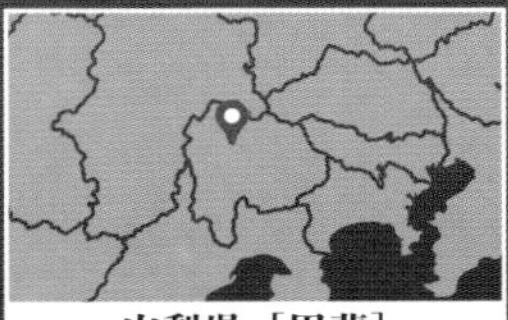

山梨県［甲斐］

住所　山梨県韮崎市中田町・藤井町

立地　河岸段丘

築城　天正9年（1581）［武田勝頼］

改修　なし

アクセス　JR「新府駅」から徒歩約15分。駐車場有り

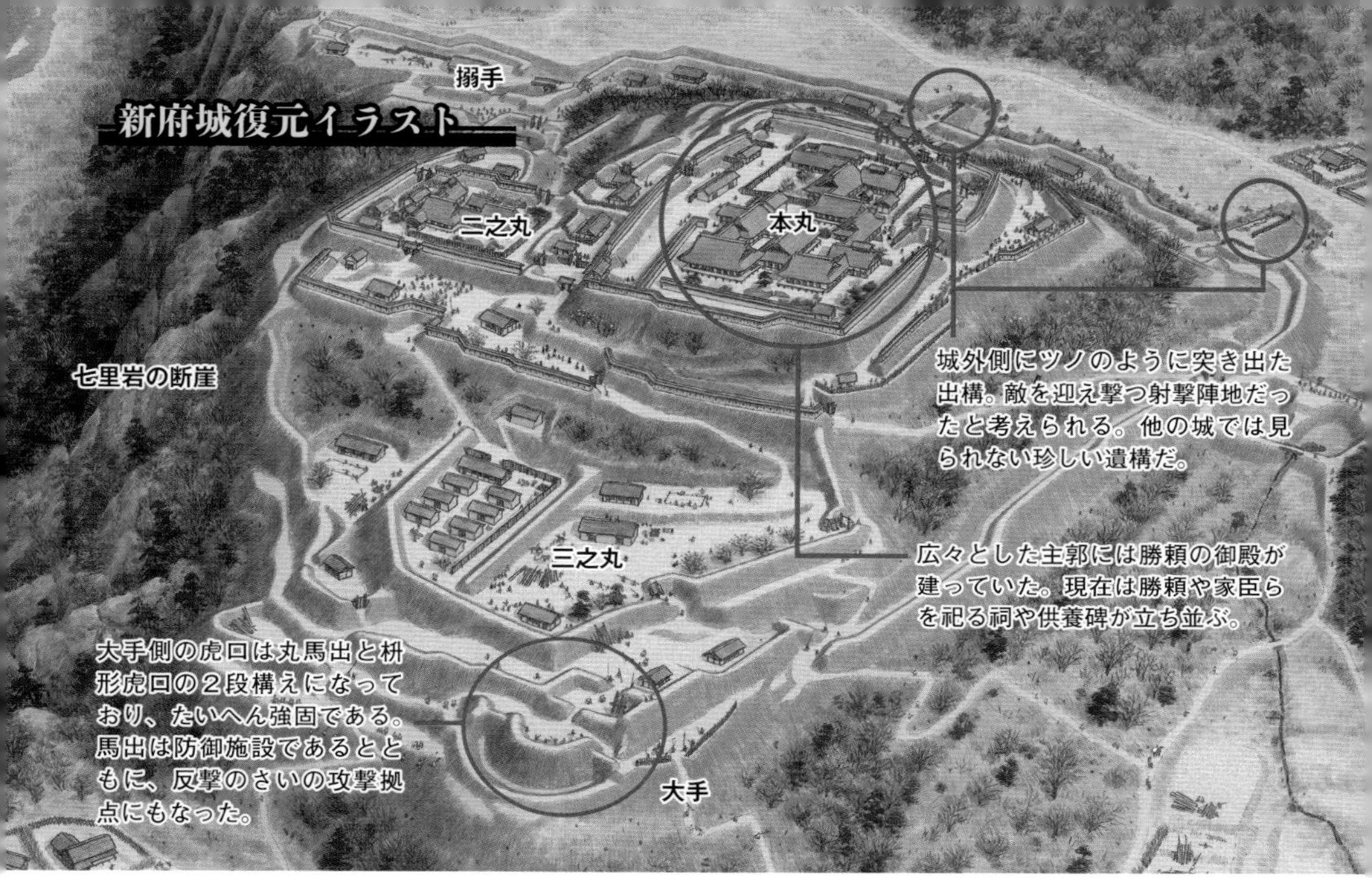
新府城復元イラスト
搦手
二之丸
本丸
七里岩の断崖
城外側にツノのように突き出た出構。敵を迎え撃つ射撃陣地だったと考えられる。他の城では見られない珍しい遺構だ。
広々とした主郭には勝頼の御殿が建っていた。現在は勝頼や家臣らを祀る祠や供養碑が立ち並ぶ。
三之丸
大手側の虎口は丸馬出と枡形虎口の２段構えになっており、たいへん強固である。馬出は防御施設であるとともに、反撃のさいの攻撃拠点にもなった。
大手

城の北には桃畑が広がる。

主郭跡に立つ勝頼の供養碑。

城外に突き出た出構。

築城の名手・武田氏の集大成

釜無《かまなし》川に80mの断崖がそそり立つ河岸段丘・七里岩《しちりいわ》台地の上に築かれており、地続きとなる北面は、巨大な堀と土塁によって遮断している。さらに、その堀に土橋状に突き出た東西の出構が橋頭堡《きょうとうほ》の役割を果たしている。他では見られない珍しい遺構で、必見である。

新府城には、本丸・二之丸・三之丸など、方形に区画された曲輪が構えられ、直進を妨げるための仕切りの土塁が随所に多用されている。

最も注目すべきは、武田氏の城で多用された丸馬出《まるうまだし》であろう。敵の侵入を阻むとともに、城兵の出撃拠点にもなる施設だ。大手の枡形前面に、三日月堀《みかづきぼり》と呼ばれる堀と半円状の小曲輪が見事に残っている。

なお、武田氏滅亡後に起こった甲斐支配をめぐる争乱・天正壬午《てんしょうじんご》の乱で、徳川家康が新府城を修復し、本陣として再利用している。

松本城

［まつもとじょう］

漆黒の連結複合式天守を鑑賞

日本アルプスに映える松本城　松本市役所の開館中、展望スペースから城の全体像を望むことができる。

黒門　本丸に入る大手門。外枡形の構造で高麗門と櫓門で構成される。1989年に復元された。

増築を重ねて現在の姿になった

松本城の本丸付近には、信濃《しなの》守護・小笠原《おがさわら》氏が支城とした深志《ふかし》城があったとされる。武田信玄が信濃に進出すると、深志城を大改修し、重要な繋ぎの城として利用する。

武田氏滅亡後は小笠原氏が復帰し、「松本城」と改称。しかし徳川家康の関東移封とともに小笠原貞慶《さだよし》も関東に移り、後に入った石川数正《いしかわかずまさ》・康長《やすなが》父子が乾小天守《いぬいこてんしゅ》を建造した。城全体が拡張・改修したのも石川氏時代である。康長が改易となると、小笠原秀政《ひでまさ》が入城、大天守が完成する。さらに松平直政《なおまさ》が辰巳附櫓《たつみつけやぐら》と月見櫓《つきみやぐら》を増築し、現在みられる天守群が成立した。

国宝　天守、乾小天守、渡櫓、辰巳附櫓、月見櫓

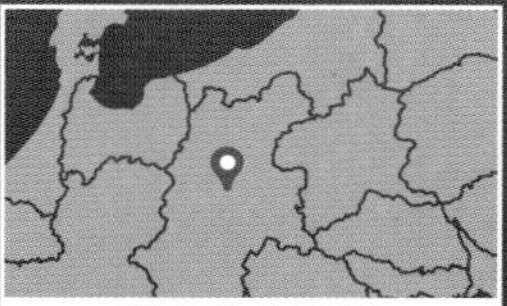

長野県［信濃］

住所　長野県松本市丸の内

立地　平地

築城　永正年間（1504-1521）［小笠原氏］（深志城）

改修　天正18年（1590）［石川数正］

アクセス　JR「松本駅」から徒歩約15分

松本城国宝天守

内堀越しに撮影した天守群。築造された年代は異なり、乾小天守は石川氏段階、大天守は小笠原氏段階、辰巳附櫓と月見櫓は寛永10年（1633）造営となる。

大天守最上階からの眺望。日本アルプスを一望できる。

大天守群の石落し。天守群には合計11か所の石落しが設置され、敵兵に備えた。

月見櫓内観。他の建物に比べて、陽光を採り入れとても開放的である。

現存唯一の連結複合式天守

日本アルプスに映える国宝天守群の中心をなす大天守は、五重六階。姫路城大天守とともに、現存2基のみの五重天守である。大天守は乾小天守と渡櫓《わたりやぐら》でつながる連結式《れんけつしき》、辰巳附櫓とは直接接続する複合式《ふくごうしき》で、合わせて連結複合式天守と呼ばれる。調和のとれた優美な外観だが、月見櫓以外は狭間と石落《いしおと》しが多数設置されており、戦闘面の仕様にも目を向けたい。

縄張は、本丸をコの字型の二の丸が囲み、さらにこれを三の丸が囲む、梯郭式と輪郭式が合体したもの。平城のため、曲輪間の水堀は広大である。なお享保《きょうほう》13年（1728）作成の古絵図から、三の丸の4か所の虎口前面に、丸馬出が設けられていたことが確認できる。石川氏の改修時に築造されたと推定され、旧北門付近の住宅地で遺構も確認された。この絵図には、二の丸と三の丸を結ぶ内堀にも馬出が描かれている。

発掘調査が進む巨大天守台

駿府城
［すんぷじょう］

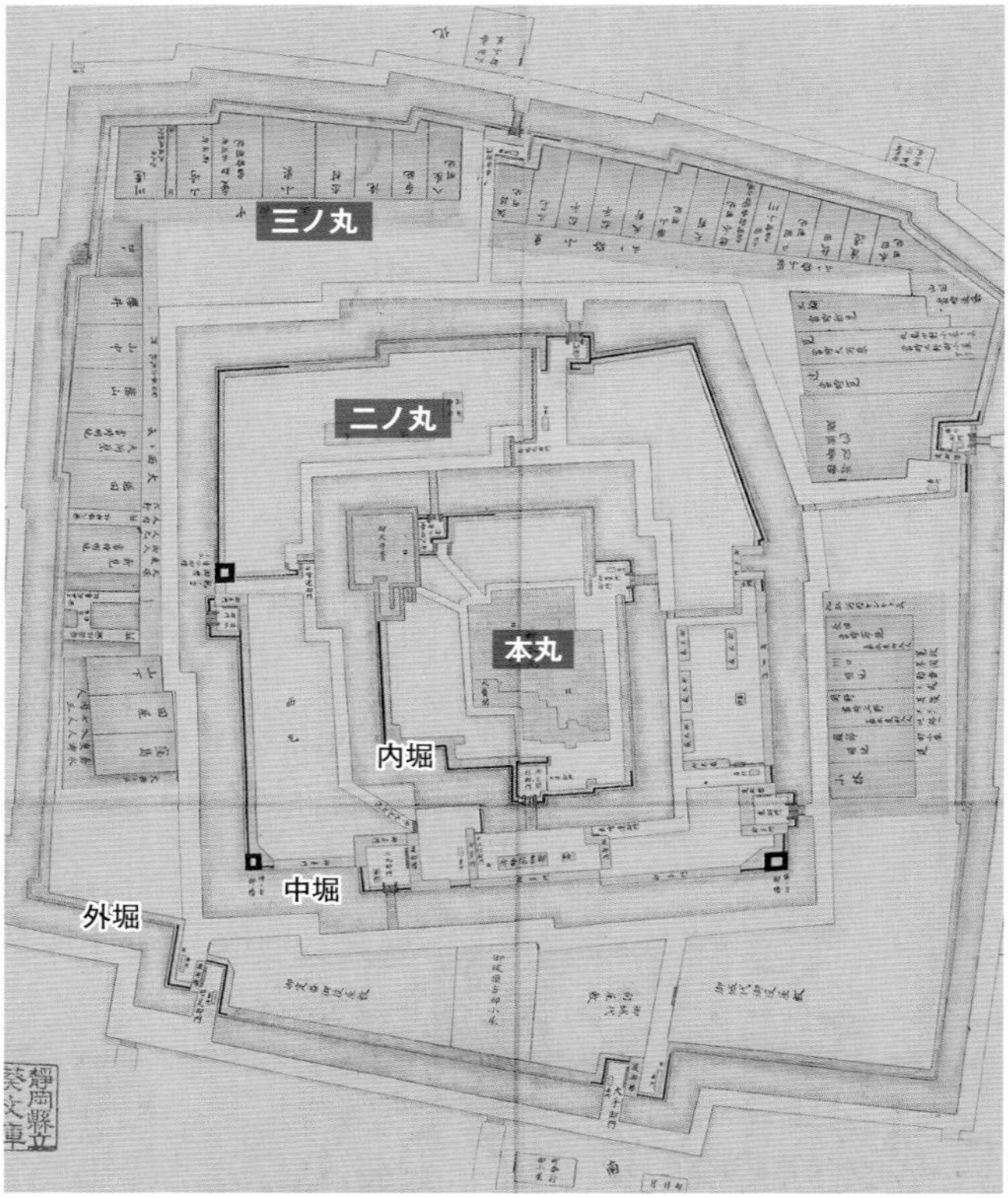

駿府城の縄張（『駿府國御城圖』）

駿府城は典型的な輪郭式の構造である。本丸・二の丸と三の丸は主軸がずれているが、その理由は定かではない。

静岡県立中央図書館蔵

大御所政治の拠点

まだ幼名の竹千代《たけちよ》だった頃の徳川家康は、今川《いまがわ》氏の人質として19歳まで駿府《すんぷ》で過ごした。駿府には今川氏の居館があり、それが駿府城の前身である。今川氏滅亡後、駿府は武田信玄に攻略されるが、天正10年（1582）に家康が攻め取り、新たに築城を開始。家康が関東移封となると、秀吉家臣の中村一氏《かずうじ》が入城している。

慶長10年（1605）、将軍職を秀忠に譲り大御所となった家康は再び駿府に戻り、大御所政治の拠点として駿府城を改修。この時期に三ノ丸が築かれ、大天守が造営。さらに城下町も整備され、繁栄を極めた。

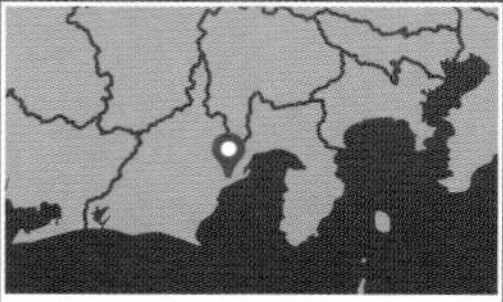

静岡県［駿河］

住所 静岡県静岡市葵区駿府城公園

立地 平地

築城 14世紀［今川氏］（今川氏館）

改修 天正13年（1585）［徳川家康］

アクセス JR「静岡駅」から徒歩約15分

Point

日本一の天守台

駿府城の慶長期家康時代の天守台は底面が東西約61m×南北約68mあり、日本一の規模を誇る天守台であることが証明された。江戸城の現天守台は底面が東西約41m×南北約45mであり、将軍家の城の天守台よりも圧倒的に大きかったのである。大御所・家康の絶大なる権力を示しているといえよう。

調査中の駿府城天守台(上)と江戸城天守台(下)

2時期の天守台　慶長期家康時代の天守台が打込接で積まれている一方（写真手前）、下層より検出された天守台はより古い技法の野面積であり(写真奥)、時代の違いを見ることができる。

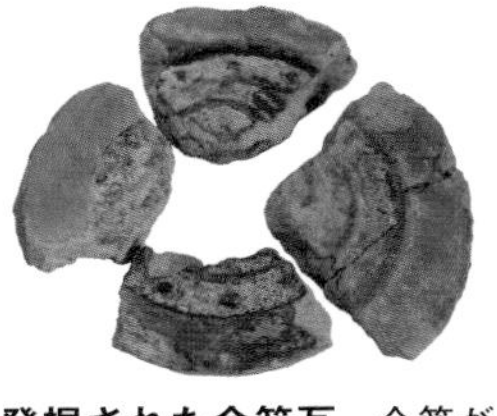

発掘された金箔瓦　金箔が凹部に貼られているのは織田信長時代の特徴であり、なぜ、凹面金箔瓦が採用されたのかは謎である。　静岡市提供

東御門　1996年、史料をもとに伝統的技法で復元された。

近年復元整備や発掘が進む

家康が築いた駿府城は本丸・二ノ丸・三ノ丸を回字型に配置する典型的な輪郭式の縄張で、本丸には本丸《ほんまる》御殿《ごてん》と天守が造営され、二ノ丸には家臣団屋敷が建ち並んでいた。家康亡き後に城代《じょうだい》のみが置かれた直轄領時代には、三ノ丸に城代屋敷が置かれていた。二ノ丸・三ノ丸の堀や木造復元された巽櫓《たつみやぐら》・東御門《ひがしごもん》・坤櫓《ひつじさるやぐら》から、家康の城の姿を垣間見ることができる。

２０１６年に開始された発掘調査では家康時代の天守台が姿を見せ、日本一の規模だったことが証明された。さらにその下層から、中村一氏が築いたとみられる天守台が、大量の金箔瓦とともに現れて話題となった。家康は豊臣政権のシンボルである中村時代の天守を地下にすっかり封印し、その上に自らの天守を建てたのである。発掘現場は公開されており、慶長期以前の貴重な石垣や、大量の裏込石《うらごめいし》⬇P107を見ることができる。

諏訪原城
［すわはらじょう］

丸馬出の築造は武田か？ 徳川か？

中馬出　三日月堀の側面はほぼ垂直に掘られており、下りることは不可能である。調査により徳川時代の築造であることがわかった。

外堀　外堀は幅15～20m、深さ7～8m、総延長400mもある長大なもの。丸馬出との組み合わせで鉄壁の防御性を誇る。

武田氏の遠江侵攻の拠点

武田勝頼が築城した遠江《とおとうみ》侵攻のための拠点。勝頼はここを足掛かりに、徳川氏遠江支配の要・高天神《たかてんじん》城を攻略した。しかし、天正3年（1575）の長篠の戦いで織田・徳川連合軍に大敗すると武田氏は弱体化し、同年、徳川家康に城を奪われた。家康は「牧野《まきの》城」と改名して大改修を行い、駿河の武田領に対する監視拠点として利用。天正9年（1581）の第二次高天神城の戦いでは、前線基地として機能した。高天神城の陥落と翌年の武田氏滅亡により諏訪原城はその役割を終え、家康の関東移封とともに廃城になったとされる。

静岡県［遠江］

住所 静岡県島田市菊川

立地 台地突端

築城 天正元年（1573）［武田勝頼］

改修 天正6年（1578）［徳川家康］

アクセス JR「金谷駅」から徒歩約30分。またはバスで「諏訪原城跡」下車、徒歩すぐ。駐車場有り

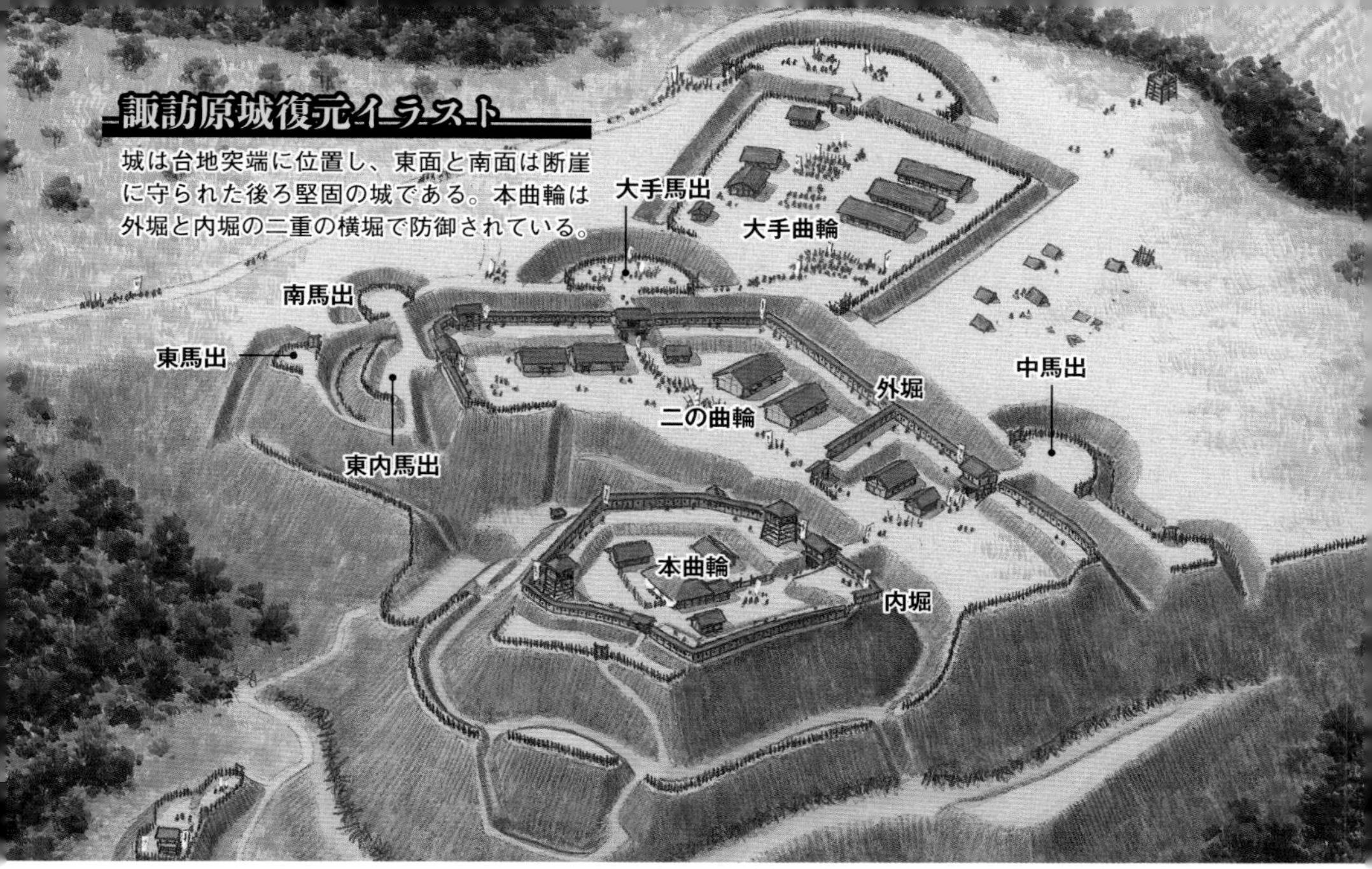

本曲輪からの眺望。天気次第で富士山が見える。

城内には武田氏が信仰した諏訪神社が祀られている。

二の曲輪東馬出。木々が伐採され遺構が明瞭である。

外郭線に丸馬出を連ねる

諏訪原城の縄張は、いわゆる武田四天王の一人で築城の名手だった馬《ば》場《ば》信春《のぶはる》が手がけたといわれる。牧《まき》ノ《の》原《はら》台地先端に位置し、すぐ南に東海道が走る。当時は背後の断崖直下に大井川が流れており、まさに軍学にいう「後ろ堅固」の城の教科書的立地であった。

台地上に広がる城の正面には、内外二重の巨大な空堀をめぐらせている。最大の特徴は、武田流らしい丸馬出が多用されていることだ。外郭線上の5つの馬出のうち、正面の2つは特に巨大で、二の曲輪中馬出前面の三日月堀は、長さ約100m、幅約20m、深さ約9mにも及ぶ。

ただし、近年の発掘調査により、丸馬出を含む現在の遺構は徳川時代の可能性が高いことが判明。整備事業により、三日月堀や横堀は往時の姿に甦りつつある。2019年には、ビジターセンターが設置された。

名古屋城［なごやじょう］

鉄壁を誇る近世城郭の完成形

本丸御殿　江戸時代の工法で建設されており、工期に9年が費やされた。

西南隅櫓と大天守　隅櫓は三階櫓で内堀側に石落しが設けられている。かつては石垣上に多聞櫓がめぐっていた。

重文　本丸西南隅櫓、表二之門など全6棟

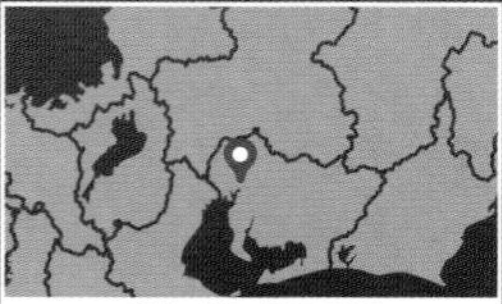

愛知県［尾張］

住所　愛知県名古屋市中区本丸

立地　平地

築城　16世紀前半［今川氏］

改修　慶長15年（1610）［徳川家康］

アクセス　名古屋市営地下鉄「市役所駅」から徒歩約5分

今川・織田から徳川の巨城に

駿河《するが》の今川氏が築城し、古くは「那古野《なごや》」と称した。後に織田信秀《のぶひで》が奪って織田信長に与えたが、信長《のぶなが》の清洲《きよす》移転とともに尾張の拠点も清洲城となる。関ケ原《せきがはら》合戦後も、清洲には徳川家康の息子たちが入城した。

家康は大坂の豊臣秀頼《ひでより》を牽制するため、大坂城以上の巨城の築城を画策。清洲は水害が多く適地ではないため、新たに選地されたのが那古野の地であった。慶長15年（１６１０）に天下普請で工事が開始され、完成後は徳川御三家《ごさんけ》のひとつ、尾張《おわり》徳川家の居城となる。天守・本丸御殿などは、１９４５年の空襲で焼失した。

Point
よみがえった本丸御殿

2018年に全面公開された本丸御殿は、江戸時代の建設・工芸・彫刻技術の粋を集めた御殿建築の最高峰と称される。太平洋戦争における名古屋大空襲で天守とともに焼失したが、『昭和実測図』などの資料や古写真などが多数残されていたため、正確な復元が可能だった。復元工事には250人を超す職人が集結し、伝統技術を広く知ってもらうために工事中の現場を一般公開していた。なお、本丸御殿は将軍を迎えるための施設で、藩主の御殿は二の丸にあった。

きらびやかな上洛殿

表二之門　表二之門は城内からの射撃の邪魔にならないよう、門が低く築かれている。江戸時代には、表二之門の前面に巨大な角馬出が存在した。

二の丸に立つ加藤清正像。清正は天守台の石垣築造を担当し、その名を馳せた。

二の丸や三の丸の広大な堀も必見。

巨大な堀・櫓・角馬出で守る

平城とされることが多い名古屋城だが、正確には台地の北西隅を利用して築かれている。縄張は本丸を中心に、東に二之丸、西北に御深井《おふけ》丸《まる》、西南に西之丸が配され、それらの南面を広大な三之丸で囲んだ梯郭式。曲輪はすべて方形で、外側には多聞櫓《たもんやぐら》をめぐらせていた。山城のように複雑な縄張で守るのではなく、広大な堀と多聞櫓による「面」を防衛ラインとしたのである。さらに、本丸の東側と南側の虎口前面に構えられた巨大な角馬出が、防御を強固にしていた。

１９５９年には天守が外観復元で復興されたが、老朽化により木造復元の議論が進められている。また、２０１８年には本丸御殿が木造・伝統技法で復元され話題を集めた。その他、重文である3基の櫓や3棟残る門、諸大名が技を競った天守台や刻印石《こくいんせき》も見逃せない。

犬山城
［いぬやまじょう］

木曽川の断崖にそびえる白帝城

国宝天守　古いタイプの望楼型天守で、最上階の華頭窓が装飾美となっている。廻縁に出て1周できる現存天守は犬山城と高知城のみである。

犬山城復元模型　丘陵一帯を利用して階段状に曲輪が配され、最高所に天守が建つ。
犬山市文化史料館蔵

個人所有だった国宝天守

天文《てんもん》6年（1537）頃、織田信長の叔父にあたる織田信康《のぶやす》が築城したと伝わる。木曽《きそ》川沿いの要衝のためめまぐるしく城主が替わり、小牧・長久手の戦いでは戦場にもなった。現在見られる城は、関ヶ原合戦後に入城した小笠原吉次《よしつぐ》以降の整備である。

元和《げんな》3年（1617）に尾張徳川家の付家老であった成瀬《なるせ》正成《まさなり》が城主となって以降、幕末まで成瀬氏が城主を務めた。明治の廃城令後も残った天守が地震で半壊すると、その修理のために、国から旧藩主の成瀬家に譲与され、その後、2004年まで全国で唯一の個人所有の城であった。

国宝　天守

愛知県［尾張］

住所　愛知県犬山市犬山北古券

立地　丘陵上

築城　天文年間（1532〜55）［織田信康］

改修　慶長5年（1600）［小笠原吉次］

アクセス　名鉄「犬山駅」から徒歩約20分

木曽川から望む　尾張と美濃の国境である木曽川は、河川水運の大動脈であった。犬山城からは岐阜城や小牧山城、さらに名古屋方面まで望むことができる。

鉄砲櫓跡の石垣　石垣上にはかつて鉄砲櫓が建ち、登城道に対して横矢を掛けていた。

天守内部　天守二階武器庫として使用された。周囲には武者走りがめぐる。

木曽川の断崖上に築かれた堅城

犬山城は木曽川にそそり立つ標高40mの断崖上に築かれている。本丸、杉の丸、樅《もみ》の丸、桐の丸、松の丸が階段状に配され、最北端となる天守直下には木曽川が流れる「後ろ堅固」の縄張である。南にのびる台地上には二重の堀が構えられ、城下町ごと囲い込む惣構となっていた。

三重四階地下二階に付櫓が付いた望楼型《ぼうろうがた》の天守は長らく日本最古といわれ、天文年間建造説や美濃金山《みのかねやま》城移築説などが唱えられてきた。ところが解体修理の結果、関ヶ原合戦後に新造されたことが明らかとなった。さらに三階の唐破風《からはふ》と最上階の廻縁《まわりえん》は元和6年（１６２０）の増設、古式天守の根拠とされた一階の座敷も、幕末の改修であることがわかった。

しかし、李白《りはく》の詩に因んで「白帝《はくてい》城《じょう》」とも呼ばれる、断崖にたたずむ国宝天守の立ち姿の美しさは、全国の城ファンに愛され続けている。

岐阜城

［ぎふじょう］

「天下布武」を唱えた信長の居城

復興天守と登城道の石垣　天守は1956年再建。登城道の高石垣はたいへん迫力があり、近年の整備で見やすくなった。天守台の調査も進められている。

稲葉山城から岐阜城に改名

斎藤道三《さいとうどうさん》の居城であったが、永禄10年（1567）に美濃《みの》を攻略した織田信長が、小牧山《こまきやま》城から本拠を移して新たな居城とした。地名を「井ノ口」から「岐阜」に、城名も稲葉山《いなばやま》城から岐阜城に改称。信長はこの頃より「天下布武」の印を使用している。

天正3年（1575）、家督を子の信忠《のぶただ》に譲り、翌年から安土《あづち》城の普請を開始、岐阜城も信忠に譲られた。関ヶ原合戦時の城主は織田秀信《ひでのぶ》で、西軍に属していたため東軍の池田輝政《いけだてるまさ》らに攻められて落城、廃城となった。

現在の天守は1956年に建てられた模擬天守である。

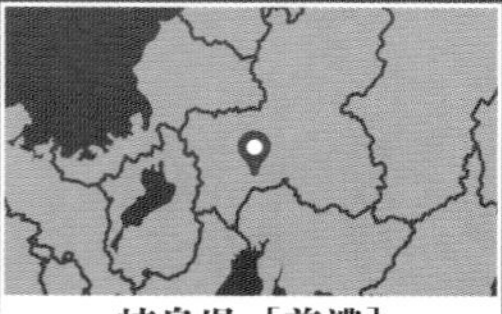

岐阜県［美濃］

住所　岐阜県岐阜市金華山

立地　山頂・山麓

築城　建仁元年（1201）［二階堂氏］

改修　永禄10年（1567）［織田信長］

アクセス　JR「岐阜駅」からバスで「岐阜公園・歴史博物館前」下車、金華山ロープウェーまで徒歩約3分

長良川と濃尾平野　岐阜城からは濃尾平野一帯を見渡すことができる。まさに絶景だ。

信長時代の天守台　2019年の調査で、明治以降に積まれた天守台の下から、信長時代に築かれた石垣が発見された。小石を詰める技法は安土城の石積み技術と共通しており、安土城以前の天守が岐阜城に建っていた可能性が高まった。

居館跡の石垣　山麓遺構の発掘調査が進められており、登城路や水路が石垣造りであったことが徐々に明らかになっている。

出土した金箔瓦　山麓の居館跡からは牡丹や菊紋の金箔瓦が発掘された。ただし、信長時代のものかどうかは定かではない。下は金箔瓦の復元イメージ。

岐阜市教育委員会提供

山全体が「見せる」城だった？

岐阜城が位置するのは、長良《ながら》川のほとり、標高３２９ｍの金華山《きんかざん》。山頂からは北アルプスから伊勢湾まで一望のもとに見渡せる。

山頂には信長の一族が居住していたとも伝わるが、近年注目されているのは、山麓の発掘調査である。山麓には城の中心であった信長の居館があり、その前面には重臣たちの屋敷が立ち並んでいたと考えられる。居館跡では巨石列による枡形虎口や、巨大な岩盤を背景に滝や池を配した庭園跡、金箔の痕跡が残る瓦などが発掘されており、整備された部分は見学できるようになっている。

さらに、屋敷跡や天守台石垣の新たな発見も中腹や山頂付近から相次いでいる。山全体にめぐらせた高石垣や高層建造物により「見せる」城を創出した安土築城の前段階として、ここ岐阜城で信長が試行していたことが明らかになりつつある。

石川門　兼六園側からの入城門となる石川門。大手（正門）と思われがちだが、江戸時代は搦手（裏門）だった。

三十間長屋　多聞櫓を二重に積み上げげた珍しい構造である。「金場取り残し積み」と呼ばれる石積みにも注目したい。

金沢城

［かなざわじょう］

復元が進む加賀100万石の居城

重文　石川門、鶴丸倉庫　三十間長屋

石川県［加賀］

住所　石川県金沢市丸の内

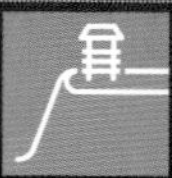

立地　台地突端

築城　天正8年（1580）［佐久間盛政］

改修　文禄元年（1592）［前田利長］

アクセス　JR「金沢駅」からバスで「兼六園下」下車、徒歩約5分

一向一揆拠点から百万石の城に

金沢は、加賀《かが》一向一揆の拠点だった金沢御堂《かなざわみどう》を中心とした寺内町であった。天正8年（1580）、佐久間《さくま》盛政《もりまさ》がこれを攻略、金沢城の前身となる尾山《おやま》城を築城。そして賤ヶ岳《しずがたけ》合戦後に、藩祖・前田利家《としいえ》が入城して本格的な築城工事を行った。その後、利長《としなが》・利常《としつね》と3代にわたって普請が行われ、江戸時代は加賀百万石・前田家の居城として繁栄した。

明治の廃城令《はいじょうれい》以降、建物が取り壊され、戦後は金沢大学のキャンパスとなっていた。1995年の大学移転後は金沢城公園として整備され、建物の復元が進められている。

Point

「石垣の博物館」

江戸時代を通じて石垣の増築・改修が行われた金沢城には、異なる時代の多様な石積みを鑑賞することができる。野面積・打込接・切込接のすべての石垣技術を見ることができる他、四方積(方形に整形した石材で積む)や乱積（不整形の石を隙間なく積む）といった、他城ではなかなか見られない技法も散見される。石垣にも注目して城内を歩きたい。

石川門枡形内。左が打込接、右が切込接となる

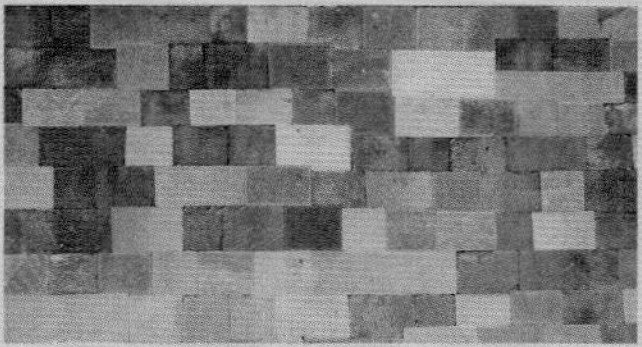

橋爪門続櫓の四方積

菱櫓・五十間長屋・橋爪門続櫓　いずれも2001年に木造復元された。菱櫓は城内最大となる高さ17mの三重櫓となる。

東の丸北面石垣　城内で最古級の石垣。自然石を緩い勾配で積み上げた野面積で、前田利家入城直後の特徴を残す。

海鼠壁と鉛瓦の華麗なる城

犀《さい》川と浅野《あさの》川に挟まれた小立野《こだつの》台地の突端に位置する金沢城は、尾坂《おさか》門《もん》を大手、石川門《いしかわもん》を搦手とし、内外二重の惣構が施されていた。縄張は高山右近《たかやまうこん》によるという伝承が残る。

天守は、文禄《ぶんろく》年間（1592～1596）には造営されていたが、その姿を伝える史料は皆無である。慶長7年（1602）にこの天守は焼失し、翌年跡地に御三階櫓が造営された。絵図によれば、三重五階の超大型の櫓であったようだ。

漆喰《しっくい》壁の腐食防止と寒さによる瓦の破損を防ぐため、海鼠《なまこ》壁と鉛瓦《なまりかわら》が採用された建造物は、唐破風付出格《からはふつきでごう》子《し》も加わって実に華麗な印象を受ける。現存の石川門や三十間長屋《さんじっけんながや》はもちろん、木造復元の菱櫓《ひしやぐら》・五十間長《ごじっけんなが》屋《や》・橋爪門続櫓《はしづめもんつづきやぐら》も必見である。また、「石垣の博物館」といわれるほど、時代によって異なる多様な石垣も、金沢城の個性になっている。

山麓居館と詰城の全貌を知る

一乗谷城

［いちじょうだにじょう］

一乗谷の空撮
一乗谷川の峡谷に朝倉氏の居館と城下町が築かれ、背後の山頂に詰城が構えられた。典型的な戦国大名の中世城郭である。

朝倉氏館と一乗谷城　朝倉氏館の背後の山頂に一乗谷城は設けられた。標高473mに位置する堅城である。

朝倉氏5代の栄華の跡

一乗谷城とは、居館・城下町・周囲の山城すべてを含んだ縄張を指す。当地は、朝倉孝景《あさくらたかかげ》が守護・斯波《しば》氏を破って文明《ぶんめい》3年(1471)に築城したことにはじまる。以後、越前《えちぜん》の政治・経済の中心となり、約100年間、朝倉氏5代の居城であった。この間、京の文化人などが訪れ、「北ノ京」と称されるほどの栄華を誇る。しかし、天正元年(1573)に織田信長に攻められ、すべてが灰燼《かいじん》に帰した。

この後中心地が北庄《きたのしょう》に移り、一乗谷は400年間地中に埋もれていたため、戦国城下町が丸ごとほぼ完存する貴重な遺跡となっている。

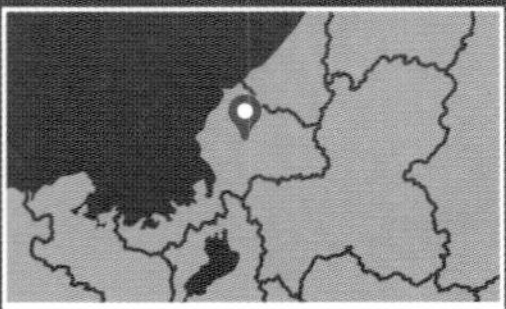

福井県［越前］

住所　福井県福井市城戸ノ内町

立地　山頂・山麓

築城　文明3年（1471）？［朝倉孝景］

改修　なし

アクセス　JR「一乗谷駅」から徒歩約10分

復元された武家屋敷　1960年代以降の発掘調査で武家屋敷と町屋が混在する城下町が発見され、1995年に200mほどの街並みが復元された。

下城戸　谷の狭隘部に築かれ、城下町の虎口の役割を果たした。石垣の外側には幅10m以上の堀も築かれていた。

山城の遺構　山城に残る堀切。山城の規模は南北約600m、東西約180mと広大であり、堀切や竪堀がよく残されている。

朝倉氏館跡　調査により屋敷の詳細が明らかになり、平面展示がされている。山側を除く三方に堀と土塁を備える。

戦国時代の城下町を復元整備

国特別史跡「一乗谷朝倉氏遺跡」の範囲は広大である。足羽《あすわ》川の支流となる一乗谷川の峡谷に、朝倉氏の居館と城下町が形成された。長細い谷の南北に上城戸《かみきど》・下城戸《しもきど》という巨大な土塁を構えて、その内側を城戸ノ内と呼んだ。北側の谷が最も狭まる所に設けられた下城戸には、巨石を用いた枡形虎口を設けていた。

山麓の義景《よしかげ》館跡は、前三方に水堀と土塁をめぐらせ、庭園を付属している。ただし、館跡の正面に建つ唐門は、朝倉時代の遺構ではなく、豊臣秀吉が寄進した義景の菩提寺の山門を、江戸中期に復元したものと考えられる。

この義景館跡の背後にそびえる、標高４７３ｍの一乗城山《いちじょうしろやま》に詰城が築かれている。無数の曲輪を配する広大な山城で、１００本以上掘られた畝状竪堀《うねじょうたてぼり》群は圧巻である。一乗谷城は山麓居館跡と詰城の両方が残存する貴重な遺構なのである。

軍事的役割に特化した縄張を堪能

玄蕃尾城

［げんばおじょう］

郭Ⅲの虎口　郭Ⅲに向かうと、正面の土塁から狙い撃ちになる。城内はどこに立っても、どこからか狙われるような設計がされている。

主郭の横堀　樹木の伐採や除草など整備が徹底しているため、遺構が非常に見やすいのが特徴である。

賤ヶ岳合戦での柴田軍本陣

羽柴秀吉と柴田勝家が戦った賤《しず》ヶ《が》岳《たけ》の戦いで勝家の本陣となった玄蕃尾城。天正10年（1582）、本能寺の変後の清須会議の結果、越前の北庄《きたのしょう》城と近江《おうみ》の長浜《ながはま》城を所有した勝家は、越前・近江の国境に玄蕃尾城を築いた。現在も城は、福井県と滋賀県の県境にあたる。国境警備と兵《へい》站《たん》を目的とした城であった。

翌年3月、勝家は秀吉と対峙する際に玄蕃尾城を本陣とし、秀吉陣の賤ヶ岳方面に多くの付城を築いた。結局柴田軍は撤退し、城はそのまま放棄される。このため、勝家時代の遺構がそのまま良好に残っている。

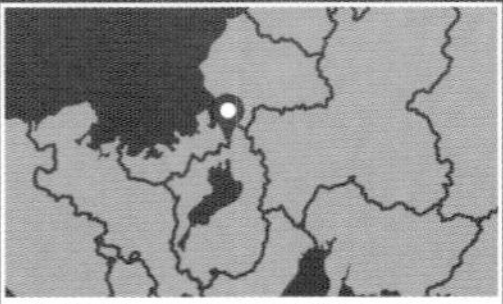

滋賀県・福井県［近江・越前］

住所　滋賀県長浜市余呉町柳ヶ瀬／福井県敦賀市刀根

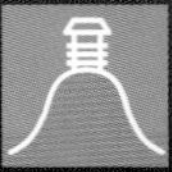

立地　尾根上

築城　天正10～11年（1582～83）［柴田勝家］

改修　なし

アクセス　JR「敦賀駅」からコミュニティバスで「刀根」で下車し、登城口まで徒歩約1時間。登城口に駐車場有り

玄蕃尾城復元イラスト
越前から賤ヶ岳方面に向かう尾根筋に築かれている。城内は何度も屈曲し、その都度横矢(側面攻撃)が掛かる構造となる。

郭Ⅶの横堀　越前側の郭Ⅶは兵糧や物資の貯蔵スペースだったと考えられ、扇状の横堀と土塁がめぐる。

主郭の天守台(土壇)　礎石が残されている。上のイラストでは天守が建つが、建物の構造は不明。

徹底して横矢を掛ける縄張

越前と近江の国境である柳ケ瀬《やながせ》山(中尾《なかお》山)の尾根上に築かれており、両国をつなぐ北国街道を監視できる。最も越前寄りの扇形の曲輪に兵糧や物資を貯蔵したようだが、兵が駐屯できるような広大な曲輪はなく、城から続く尾根上に駐屯したようだ。主郭《しゅかく》には天守台が残るが建物の構造は定かではなく、簡易な井楼櫓《せいろうやぐら》程度だったかもしれない。

北国街道側に張り出す曲輪以外は、2か所の角馬出を備えた主郭を中心に、南北に各2~3の曲輪が並び、1本の道が通り抜ける構造になっていた。この道は直角に何度も曲げられ、どこを進んでも城内側から横矢が掛かるように、曲輪の配置が緻密に計算されている。前線基地として、戦闘に特化していたのである。

築城年や使用時期がはっきりしているため、城郭研究にとっては非常に貴重な存在である。

信長が創出した近世城郭のルーツ

安土城［あづちじょう］

安土城復元イラスト

日本の城を一変させた安土城。総石垣の城で、山上には誰も見たことがない華美な天主が建っていた。

大手道　山麓から一直線にのびる大手道。防御性には乏しく、「見せる」ことを優先させたと考えられる。

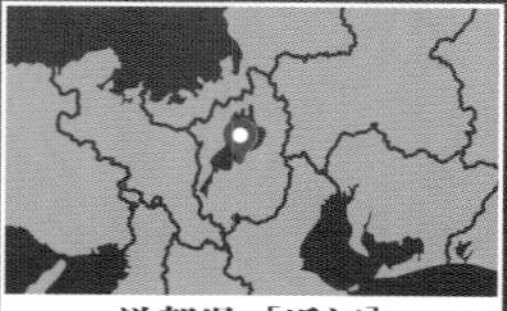

滋賀県［近江］

住所　滋賀県近江八幡市安土町下豊浦

立地　山上一帯

築城　天正4年(1576)［織田信長］

改修　なし

アクセス　JR「安土駅」から徒歩約25分。駐車場有り

前代未聞の城の誕生

天守(信長時代は天主)・高石垣《たかいしがき》・金《きん》箔瓦《ばくがわら》を城に導入し、日本城郭史の転換点となった織田信長の安土城。天正4年(1576)、信長は丹羽《にわ》長秀《ながひで》を普請《ふしん》奉行として築城を開始した。安土城は、信長が創出した近世城郭の嚆矢《こうし》と位置づけられ、日本城郭史の分岐点になった城である。

前代未聞の城の誕生は、信長が寺社などの造営にたずさわる工人・職人集団を掌握していたことから可能になった。しかし、天主完成からわずか3年後の天正10年(1582)の本能寺の変後、天主と本丸の建築群が焼失、幻の城となった。

安土城復元イラスト：内藤昌監修(天主復元案)、凸版印刷株式会社制作、近江八幡市提供

天主台　自然石や粗割り石を野面積で積んでいる。石垣は鈍角におれ、不整形な八角形となる。

金箔瓦　主郭部から発掘された金箔瓦。天主か本丸御殿を飾っていたとされる。模様の凹面に金箔が押されているのが特徴。　滋賀県教育委員会提供

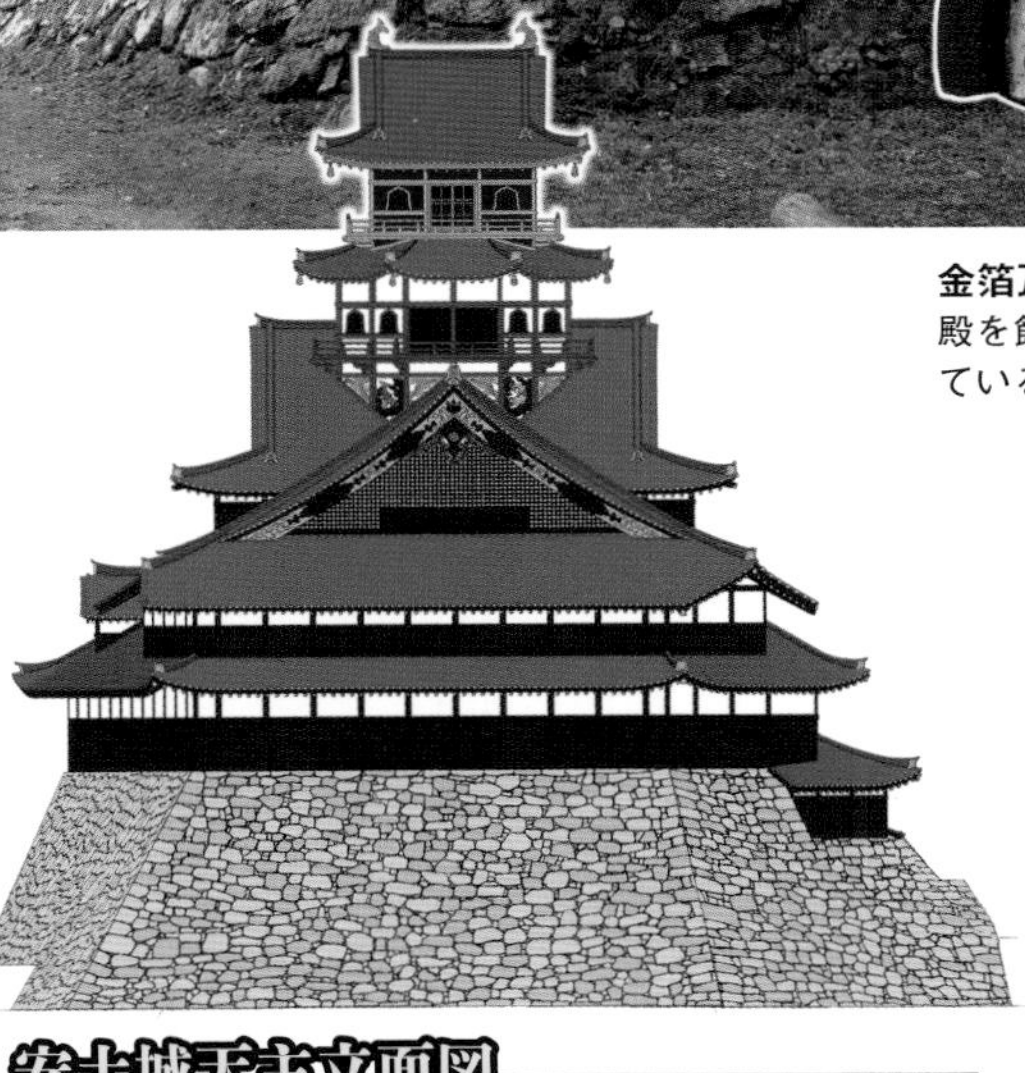

安土城天主立面図

太田牛一著『信長公記』の記載から天主の姿を推定することはできるが、その詳細は不明であり、いくつかの復元案が提示されている。　中村泰朗復元、三浦正幸監修

黒金門跡　中心部に入る主要な虎口。城内でも特に大きな石材が用いられており、ここでも「見せる」ことが意識されている。

革命的だった安土城の構造

　清須城から小牧山城、そして岐阜城と、領土の拡大にともない居城移してきた信長は、畿内《きない》を掌握した後、安土城へと拠点を移した。安土への移転は、京都と本拠である岐阜の中間地点に位置していることに加え、城下を街道が走り、琵琶湖の水運も利用できることが大きかった。

　山頂の本丸中心に創出されたのは、五重六階地下一階とされる絢爛豪華な天主であった。外観の詳細を示す史料は乏しいが、天主をはじめとする建造物には、金箔《きんぱく》を施した瓦が葺《ふ》かれていたとされる。山麓からまっすぐのびる幅約6ｍもある大手道の両側には、重臣の屋敷が並び、主郭部への虎口である黒金門《くろがねもん》は、巨石を使った枡形であった。

　また、本丸御殿の規模や構造は慶長期の清涼殿《せいりょうでん》に酷似しており、正親《おおぎ》町《まち》天皇の行幸《ぎょうこう》も視野に入れた、政治的意図がうかがえる。

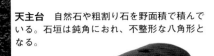

彦根城 ［ひこねじょう］

戦国の気風残す実戦的縄張

天秤櫓と大堀切　敵兵はこの大堀切に誘い込まれ挟撃にさらされる。さらに鐘の丸まで攻めこんでも、橋を落とせば本丸側に攻めこむことは不可能になる。

登り石垣　登り石垣（竪石垣）は敵の斜面移動を防ぐ目的で築かれた石塁。城内に５本設けられており、国内でも貴重な遺構となる。

国宝　天守、附櫓、多聞櫓

重文　天秤櫓、太鼓門と続櫓など全５棟

滋賀県［近江］

住所　滋賀県彦根市金亀町

立地　山上一帯

築城　慶長9年（1604）［井伊直継］

改修　なし

アクセス　JR「彦根駅」から徒歩約15分

天下普請による井伊氏居城

関ヶ原合戦の戦功により近江を与えられた井伊《いい》直政《なおまさ》は、まず敵将・石《いし》田《だ》三成《みつなり》の居城だった佐和山《さわやま》城に入城した。しかし大坂の豊臣家との最終決戦に備え、東西の分岐点である近江に、徳川勢の最前線を担う新城を築く必要があった。

関ヶ原合戦で深手を追った直政が没した後、子の直継《なおつぐ》が慶長9年（1604）より築城に取りかかり、天下普請として諸大名が助役として動員された。普請は大坂の陣をはさみ2期にわたり、後期は表御殿《おもてごてん》や城下町など山麓整備が中心だった。完成後、幕末まで譜代筆頭・井伊氏の居城となる。

天守と附櫓　西の丸側から見た天守。高石垣上に築かれており、天守に押し寄せる敵に対して頭上から反撃した。隠し狭間も多く設けられている。

玄宮園　藩主の別邸だった山麓の玄宮園。回遊式の庭園で、江戸時代には槻（けやき）御殿とも呼ばれていた。庭園から見る天守も美しい。

Point
天守の美の秘訣

天守最大の特長は気品あふれる外観だろう。屋根には破風(はふ)と呼ばれる三角形の装飾が設けられ、その種類も入母屋破風、唐破風、切妻破風と多様である。最上階と2階には華頭窓を配し、最上階の高欄も天守の装飾性を高めている。ただし、この高欄はただの飾りで、外に出ることはできない。

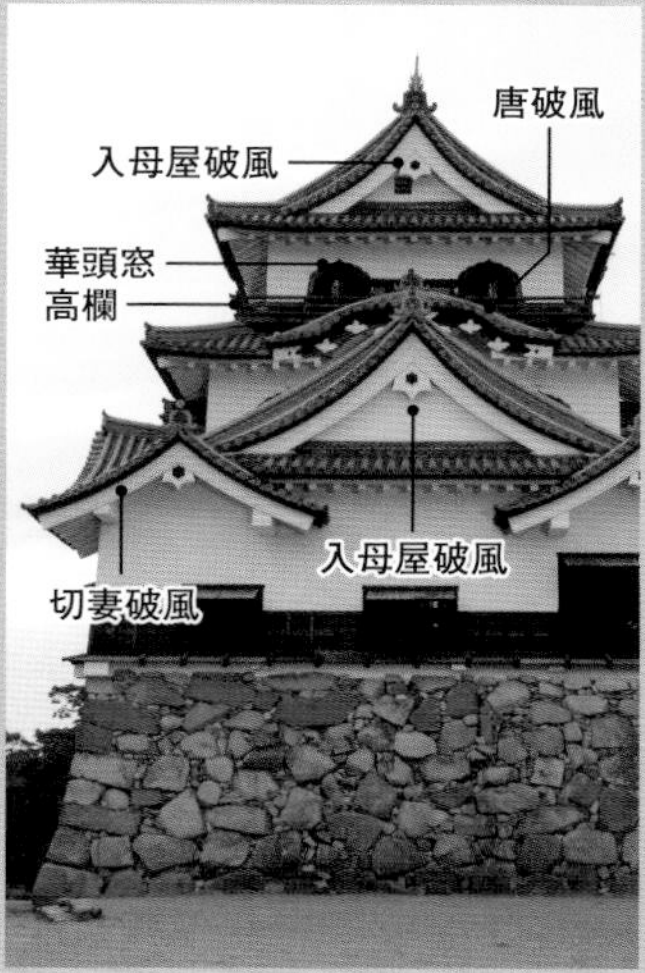

華麗な天守と戦闘的縄張

琵琶湖畔の金亀山《こんきさん》山頂に本丸などの主郭を、山麓に表御殿を配する戦国的な二元的構造である。山頂の縄張は一直線に並べた曲輪を2本の巨大な堀切で切断し、その前面に馬出のような鐘《かね》の丸《まる》と出曲輪を構えるなど、その縄張も戦闘的だ。麓には山全体を囲う水堀がめぐり、山上と山下を一体に防御できるよう5か所に竪堀と登《のぼ》り石垣《いしがき》を配している。

城内最大の要衝となるのが天秤櫓《てんびんやぐら》である。その足下は巨大な堀切になっており、敵は両側からの挟撃にさらされ、そこを通過しても、橋の向こうには天秤櫓が立ちはだかる。このように、縄張と建造物の関係性が明瞭なのも彦根城の特徴である。

天守は大津《おおつ》城天守の資材が使われたと伝わる。装飾性が高く華麗な印象だが、隠し狭間が備わり、付櫓と多聞櫓は敵への砲撃拠点になるなど、実は戦闘力も高い。

大坂城［おおさかじょう］

豊臣VS徳川、因縁の歴史の舞台

南外堀と六番櫓　現在は一番櫓と六番櫓しか残らないが、かつてはこの石垣上に一～七番までの二重櫓がそびえていた。切込接と算木積で築かれた石垣技術の高さにも着目したい。

豊臣期と徳川期の天守

大坂の陣による豊臣氏滅亡後、徳川幕府は豊臣時代の城を埋め立て、新たに城を築いた。徳川期の天守は豊臣時代の1.5倍もあり、幕府権力を誇示した。

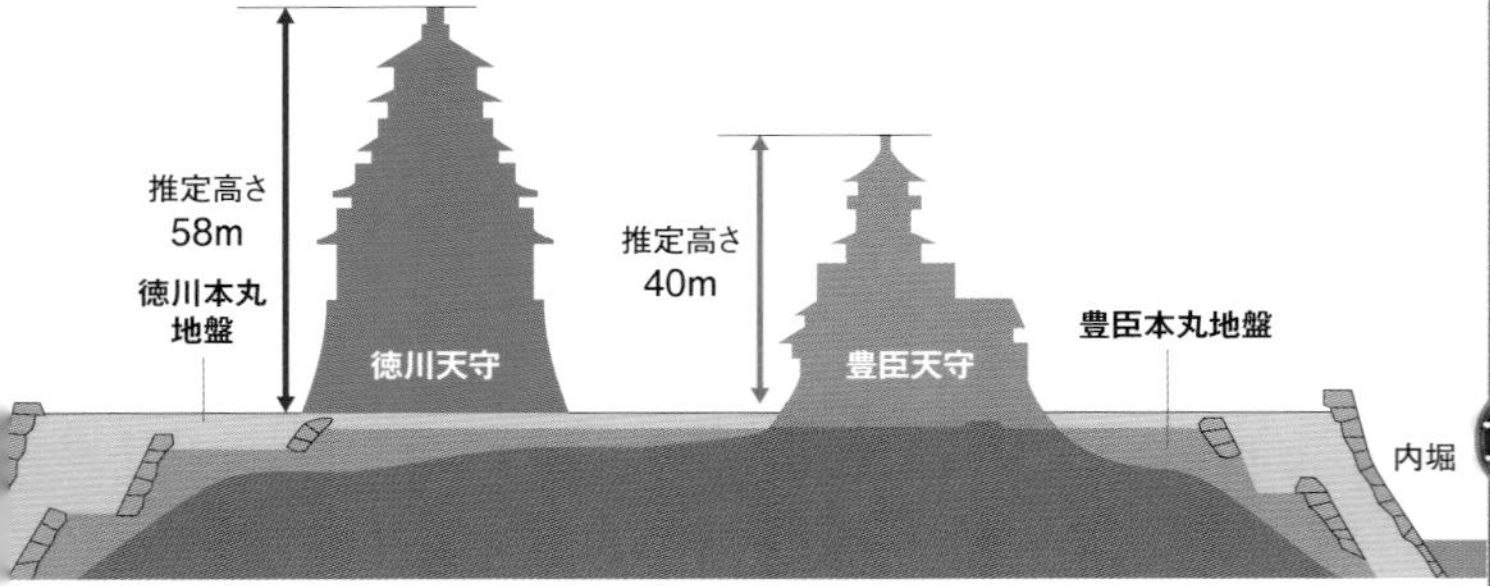

渡辺武『図説 再見大阪城』（大阪都市協会）の掲載図版をもとに作成

重文　大手門、千貫櫓、金蔵など全13棟

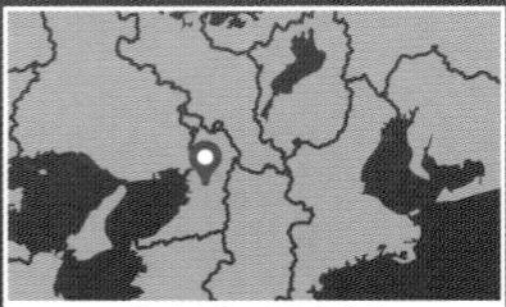

大阪府［摂津］

住所　大阪府大阪市中央区大阪城

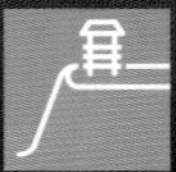

立地　台地突端

築城　天正11年（1583）［豊臣秀吉］

改修　元和6年（1620）［徳川秀忠］

アクセス　大阪市営地下鉄「谷町4丁目駅」から徒歩約10分で大手門。大阪環状線「大阪城公園駅」から徒歩約10分で青屋門

天下人・秀吉の大坂城

豊臣秀吉は、大坂本願寺の故地である上町《うえまち》台地の突端に天下人の城として大坂城を築いた。安土城を上回る総石垣の城を築くことで、信長の後継者であることを世に示したのである。秀吉晩年の慶長3年（1598）には城下町を囲い込む惣構の工事が行われ、鉄壁を誇る当時最大の城郭が完成。大坂城は近世城郭の発展と普及を促す画期的な城となった。

本丸が三段からなっていた豊臣大坂城には、各箇所に金箔が施された黒漆喰《くろしっくい》壁の五重の天守がそびえており、本丸北側には茶室を備えた山里《やまざと》丸《まる》が配されていたという。

大坂城全景(大阪歴史博物館より)

水堀と高石垣によって人工の要衝を築き、城に入る虎口は巨大枡形によってガードしている。史上最強の城と評価する人も多い。

本丸東面の高石垣　本丸東面の高石垣は、水堀下の石垣の基礎（根石）から石垣のてっぺん（天端）まで32mもあり、日本一の高さを誇る。

大手門と千貫櫓　大手門に向けて攻め入ると、千貫櫓から側面攻撃を受けることになる。左上の写真では千貫櫓の狭間から大手門を見ている。

徳川幕府の威信をかけた再建

しかし豊臣氏の大坂城は大坂夏の陣で灰燼に帰した。その後、幕府によって完全に埋められ、その上に築かれたのが現在目にする大坂城である。

徳川大坂城の築城は、天下普請《てんかぶしん》により西国の大名47家が動員され、約9年間3期にわたって行われた。幕府の威信をかけた築城であり、完成した大坂城は幕府の西国監視の要となり、譜代《ふだい》大名が城代に任じられた。

大坂城の見どころは多いが、広大な外堀はぜひ1周まわって見てもらいたい。広大な水堀と高石垣で敵を寄せつけないという守りは、近世城郭の完成形といえる。

高さ日本一の高石垣、日本一の鏡《かがみ》石《いし》である蛸石《たこいし》などの巨石、再建天守中高さ日本一の天守など、超弩級の規模の城郭が大都会で見られるのは、この城の大きな魅力である。近年は入城者数全国1位が続いており、外国人観光客にも非常に人気がある。

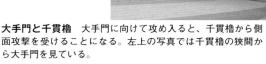

三好政権の栄華を伝える石垣の城

飯盛城
［いいもりじょう］

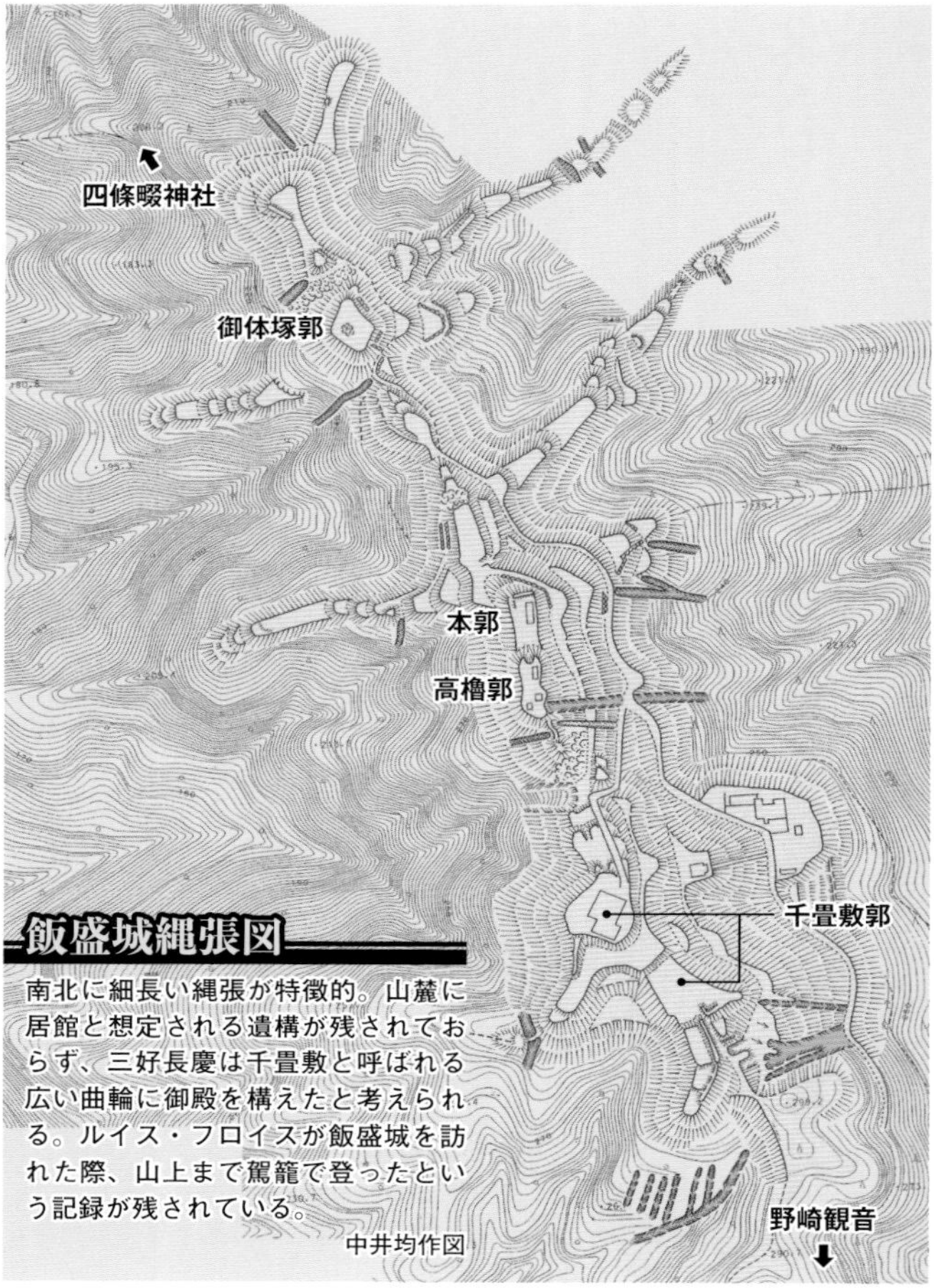

飯盛城縄張図

南北に細長い縄張が特徴的。山麓に居館と想定される遺構が残されておらず、三好長慶は千畳敷と呼ばれる広い曲輪に御殿を構えたと考えられる。ルイス・フロイスが飯盛城を訪れた際、山上まで駕籠で登ったという記録が残されている。

中井均作図

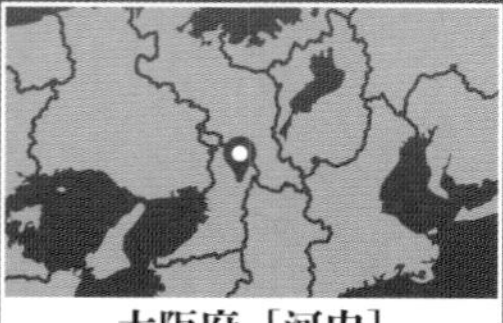

大阪府［河内］

住所 大阪府大東市北条／四條畷市南野

立地 山頂

築城 享禄年間（1528〜32）［木沢長政］

改修 永禄3年（1560）頃［三好長慶］

アクセス JR「野崎駅」から徒歩約10分で慈眼寺登城口。JR「四条畷駅」から徒歩約15分で四條畷神社登城口。山腹の楠公寺に駐車場があるが、道が狭いので要注意

畿内を支配した三好氏の居城

飯盛城のはじまりは室町時代の享禄年間(1528~32)、河内《かわち》守護代だった木沢長政《きざわながまさ》によるものとされる。

永禄3年(1560)、在地勢力を討った三好長慶《みよしながよし》が飯盛城に入城。主家の細川《ほそかわ》氏より実権を奪って足利義《あしかがよし》輝《てる》を後見し、三好政権を成立させた長慶は、畿内一円を見下ろせる飯盛城を拠点に畿内全域を勢力下におき、三好氏の全盛期を築いた。長慶亡き後、天正4年(1576)に織田信長の命により廃城となった。

山麓には居館と想定される遺構がないため、山頂に居住区があったと推定されている。

本郭東側下の石垣　野面積の石垣。ハイキングコース沿いにあり、城内で最も良好に残る石垣である。

東面の石垣　御体塚郭東下に残る石垣。尾根筋には無数の腰曲輪が構築されており、そういった曲輪群も石垣造りであった。

本郭からの眺望　本郭（展望台）からの眺望は素晴らしく、大阪の高層ビル群や大阪湾、六甲山地まで望むことができる。

御体塚郭の堀切　三好長慶の遺体を埋葬したと伝わる御体塚郭と北郭の間の堀切。岩盤を削り抜いて築かれた、城内で最大級の堀切である。

総石垣造りだった可能性も

飯盛山は標高314m、生駒《いこま》山系の北端部に位置する。京都から摂《せっ》津《つ》・河内・和泉《いずみ》までを見渡す要衝で、城は東西400m、南北600m以上の中世最大規模の山城である。

高櫓郭《たかやぐらくるわ》と本郭が主郭となり、南側には千畳敷郭《せんじょうじきくるわ》や南丸を配する。近年発掘調査が進んでおり、何より注目されるのが、東面を中心に全域から確認されている石垣である。隅部がまだ算木積《さんぎづみ》になっていない古い野面積であるが、織田信長の安土城に先駆けて築かれた総石垣の城だった可能性が指摘されている。

本郭東側の石垣は、人の頭ほどの大きさの石をほぼ垂直に2mほど積み上げ、そこに犬走《いぬばし》りを設けてさらに積み上げるという二段構えの構造で、長慶を埋葬したという御体塚郭《ごたいづかくるわ》の石垣には巨石が用いられている。他に、岩盤を削った巨大な堀切、土橋、切岸《きりぎし》などの遺構も見られる。

周山城

［しゅうざんじょう］

明智光秀による謎多き石垣の山城

西尾根に残る石垣　城内の石垣の多くは人為的な破壊がされているが、東の城の西尾根には築城当時の石垣が残る。

周山城縄張図

周山街道が走る城下寄りに東の城、その西側に西の城が築かれていた。東の城は四方にのびる尾根に曲輪が設けられており、主要な曲輪は石垣造りだった。

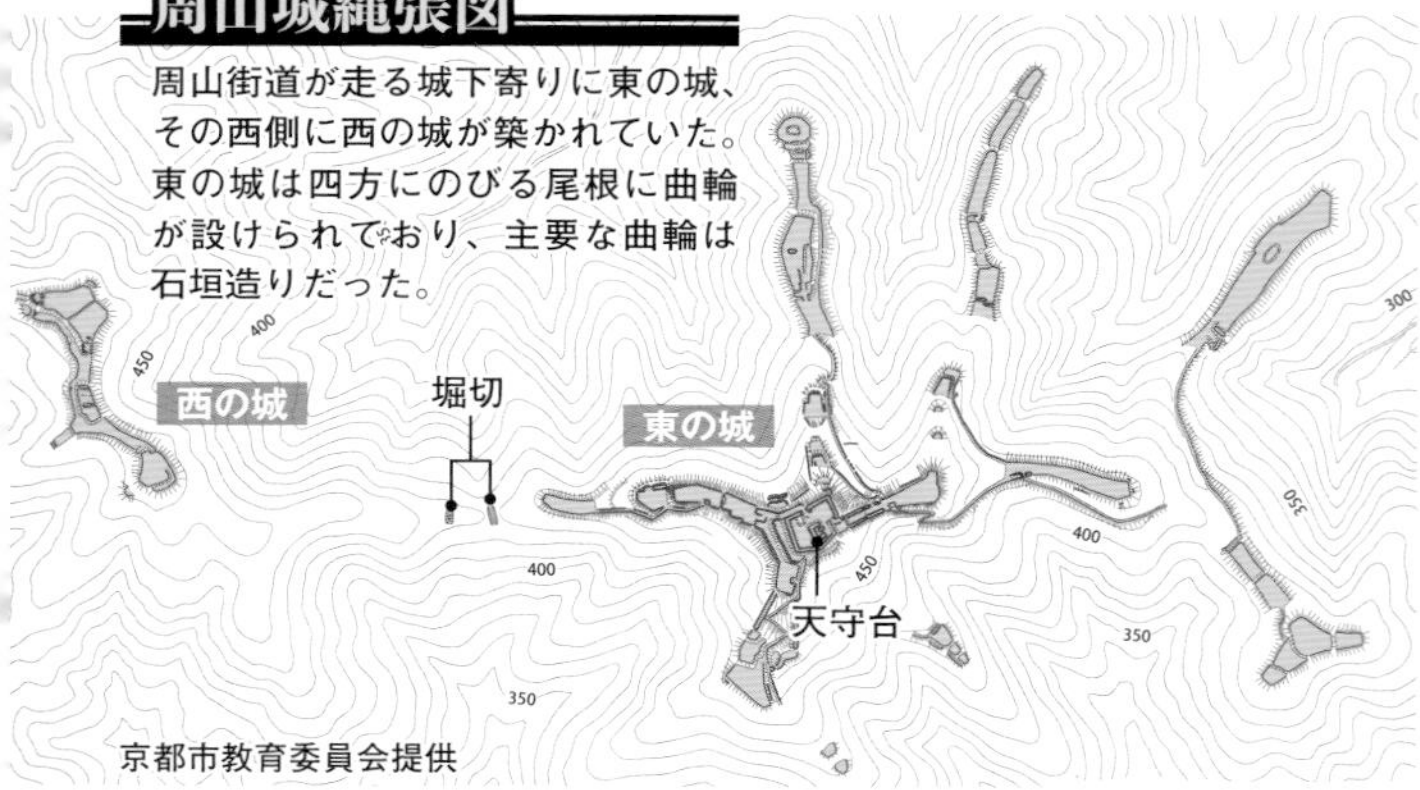

京都市教育委員会提供

光秀が築いた丹波支配の拠点

丹波《たんば》一国を支配した明智光秀《あけちみつひで》が西丹波の拠点として築いた総石垣の山城。主郭付近で瓦が確認されており、天守や御殿のような建造物が建っていたとされる。築城年は安土城の数年後であり、石垣と瓦葺き建物を持つ最初期の近世城郭であった。

津田宗及《つだそうきゅう》が天正9年（1581）に訪れた記録があり、この頃には完成していたらしいが、翌年に本能寺の変、山崎合戦と続き、光秀は敗死。天正12年（1584）に羽柴秀吉または加藤光泰《かとうみつやす》が入ったともいうが、その後使用された記録はなく、城は間もなく破却されたと考えられる。

京都府［丹波］

住所	京都府京都市右京区京北周山町
立地	山頂
築城	天正7年（1579）頃［明智光秀］
改修	なし
アクセス	JR「京都駅」からJRバス高尾・京北線で約80分、「周山」下車。徒歩約10分で登城口。駐車場は道の駅・ウッディー京北を利用

Point
秀吉による破却処分

天正10年（1582）の山崎の戦いで光秀が敗れると、周山城は羽柴秀吉の支城となり、破却処分となった。興味深いのは、城下町や街道から見える位置にある東尾根や南尾根の石垣が徹底的に破壊されているのに対し、反対側の北・西尾根の石垣は崩れが少ないことだ。人目につく場所の石垣を処分することで、城が破却されたこと、城主が変わったことをアピールするためであった。近世城郭は、城の破壊でも「見せる」ことを意識したのである。

破壊された石垣　石垣の上部が崩され、下部は残されている。

東尾根の石垣　東の城の東尾根から主郭にかけては登り石垣が築かれていた。石垣は破却処分を受けている。

大堀切　東の城と西の城の尾根伝いを２本の堀切によって遮断している。

東は総石垣、西は土の城

周山城は、比高220mの城山に位置する大規模な山城である。京都・若狭《わかさ》を結ぶ周山街道と大堰《おおい》川の水運とが交差する要衝であった。

城域は東の城と西の城に分かれている。東の城は総石垣造りで、最高所の主郭を中心に、四方にのびた尾根のすべてに曲輪が配されている。主郭にあるＥ字型の土壇は天守台と考えられており、穴蔵付きの構造だ。石垣の状態が最も良いのは西側の曲輪群で、初期の算木積も見られる。

二重の大堀切を越えて進むと、土造りの西の城が現れる。東の城より古い築城とする説もあるが、2か所の虎口に外枡形《そとますがた》を配するなど、近世城郭の構造が用いられていることから、東西の城は同時代に機能したと考えられる。光秀はなぜ、これほど大規模な総石垣の城を築いたのか、そして西の城の役割は何だったのか、数々の謎が残る山城である。

姫路城［ひめじじょう］

白鷺城の異名を持つ世界遺産登録の名城

菱の門　華頭窓や金の模様で装飾された菱の門。城の大手門にあたる。慶長年間の古い様式の櫓門である。

西の丸　大天守から西の丸を見る。西の丸は鷺山の丘上に築かれている。かつては曲輪内に御殿が建っていた。

国宝　大天守、東小天守など全8棟

重文　菱の門、備前門など全74棟

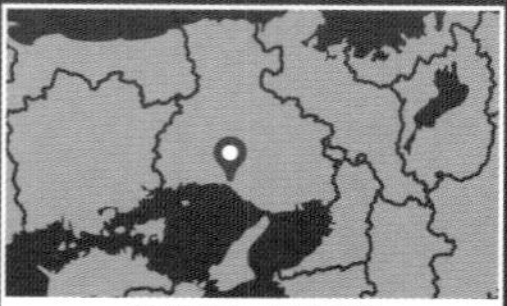

兵庫県［播磨］

住所　兵庫県姫路市本町

立地　丘陵一帯

築城　天正8年（1580）［羽柴秀吉］

改修　慶長6年（1601）［池田輝政］

アクセス　JR「姫路駅」から徒歩約20分で大手門。または駅からループバスで「大手門前」下車

現存最大規模の城郭建築

播磨《はりま》国府《こくふ》が置かれた姫路は、古代から播磨の中心的都市だった。姫路城は、南北朝期に赤松《あかまつ》氏によって築かれたと伝えられる。天正８年（１５８０）、中国攻略の拠点として羽柴秀吉が入城、三重の天守を築く。

その後、関ヶ原合戦の戦功により池田輝政が播磨52万石で入城し、９年の歳月を費やして大改修を行った。現存する大天守は、慶長14年（１６０９）頃に完成したものである。城下を取り囲む惣構の堀もこの輝政時代に完成している。さらに大坂夏の陣後に本多忠政《ほんだただまさ》が入城し、三の丸や西の丸を増築した。

姫路城天守群

三国堀から見た天守群。破風や華頭窓が彩る華美な天守であるが、堅固な防御力も備えていた。連立式天守で、どの角度から見ても絵になる。

籠城のための天守内の厠。

天守の格子窓は鉄砲狭間でもある。

まるで迷路のような登城道。

複雑な縄張と合戦仕様の天守

大・小天守や渡櫓など国宝8棟、菱《ひし》の門・備前《びぜん》門など国重文74棟を数え、日本初の世界遺産にも登録されている姫路城。白鷺《しらさぎ》に例えられる華麗な天守群は、五重六階地下一階の大天守と三重の東・乾《いぬい》・西小天守を二重の渡櫓でつなぐ連立式天守。交互に入り交じる屋根の唐破風《からはふ》・千鳥《ちどり》破風《はふ》・出格子窓《でごうしまど》や竪格子窓《かたこうしまど》は、美しいばかりでなく、近づく敵に集中砲火を浴びせる仕掛けでもある。大天守の地下には、流し台や厠《かわや》など籠城戦を想定した設備もみられる。

姫路城は、姫山《ひめやま》と鷺山《さぎやま》という並立する小丘陵を利用した平山城である。天守群のある姫山は、「迷路のような」と称されるように複雑な構造であるが、平和な時代に築かれた鷺山の西の丸はいたってシンプルである。

２０１９年に完了した平成の大修理では、屋根の葺き替えや壁の塗り替えが行われ、輝きが増している。

竹田城
［たけだじょう］

縄張が完全に残る総石垣の山城

竹田城復元イラスト

まるで鳥が翼を広げたように、本丸を中心に南北にのびた細長い縄張が特徴的。本丸には天守と御殿が築かれ、北千畳と南千畳にも御殿が建っていたと考えられるが、史料にとぼしく建造物の形状などは定かではない。

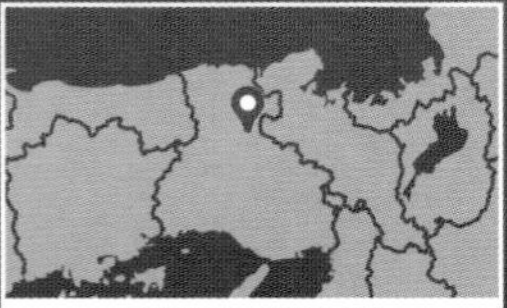

兵庫県［但馬］

住所	兵庫県朝来市和田山町竹田
立地	山頂
築城	嘉吉年間（1441～44）［山名持豊（宗全）か］
改修	天正13年（1585）［赤松広秀］
アクセス	JR「竹田駅」から大手口まで徒歩約40分。または駅から天空バスで「竹田城跡」下車、徒歩約20分

山城ブームの牽引役

雲海に浮かぶ姿が「天空の城」として知られ、山城ブームのきっかけをつくった竹田城。築城は守護大名の山《やま》名《な》宗全《そうぜん》と伝えられ、家臣である太田垣《おおたがき》氏の居城となった。竪堀などの土の遺構は、戦国時代のものとされる。

羽柴秀吉に降って天正13年（1585）に竹田城に入った赤松広秀《あかまつひろひで》が、秀吉の命により石垣の城へと改修。秀吉は竹田城を、大坂城防衛構想の要に据えていたと考えられる。関ヶ原合戦終了後、広秀は鳥取城攻めの救援のために出陣したが、城下に火を放ったことを罪に問われて自刃した。この時に竹田城も廃城となる。

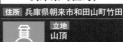

本丸の石垣群

南千畳から本丸方向を見る。一際高い石垣が天守台で、高さ10mもある。竹田城を訪れたなら、石垣の積み方にも着目したい。

立雲峡の展望台から見た竹田城　山頂部は木々がきれいに伐採されており、城下からでも石垣を確認することができる。

南千畳　天守台から南千畳方向を見る。天守台からは360度の眺望が広がり、麓の城下町や街道を眼下に見ることができる。

野面積による石垣が見どころ

建造物のない城跡である竹田城が多くの人を惹き付けるのは、山頂の樹木が伐採されているため、完存する壮大な石垣群が麓からでもはっきり確認できるからであろう。

標高353mの虎臥山《とらふすやま》山頂に本丸を置き、翼を広げたように南北にのびる尾根に、階段状に曲輪を配している。塁線には至る所で張り出しや折れを設け、横矢を効かせている。北千畳《きたせんじょう》の大手口や三の丸の虎口は枡形とし、急な石段で敵の足を鈍らせる。本丸中央にそびえる高さ10mの天守台は、城下から見上げると正面にあたり、城のシンボルであった。

また、北千畳より北西部に張り出した尾根上には、文禄《ぶんろく》・慶長《けいちょう》の役の影響とみられる登り石垣が残る。

これらの壮大な石垣は、野面積によるもの。複雑な山城の縄張をすべて石垣で築き上げた竹田城は、織豊期城郭の一つの到達点といえるだろう。

戦国の城と近世の城の両方を体感

鳥取城［とっとりじょう］

吉川経家像と久松山　籠城戦の守将・吉川経家像と、鳥取城の建つ久松山。山頂は整備が進み、山麓からでも石垣が見える。

天守台からの光景　山上ノ丸の天守台から日本海を望む。「日本にかくれなき名山」と称された理由が実感できる。

秀吉による兵糧攻めの舞台

鳥取城は、因幡《いなば》守護・山名誠通《やまなのぶみち》が久松山《きゅうしょうざん》に出城を築いたことがはじまりといわれる。天正9年（1581）、吉川経家《きっかわつねいえ》を城主に毛利《もうり》領の最前線を守っていた鳥取城だったが、羽柴秀吉の兵糧攻めによって落城。この後豊臣大名の宮部継潤《みやべけいじゅん》が入り、山頂の城郭を石垣造りに改修した。

関ヶ原合戦後は西国のおさえとして池田長吉《ながよし》が入城し、中心地を山麓に移した。その3代後に藩主となった池田光仲《みつなか》は家康の曾孫ということもあり、鳥取藩は外様ながら幕府に厚遇され、これにふさわしいように山麓の政庁が整備されていった。

重文　仁風閣

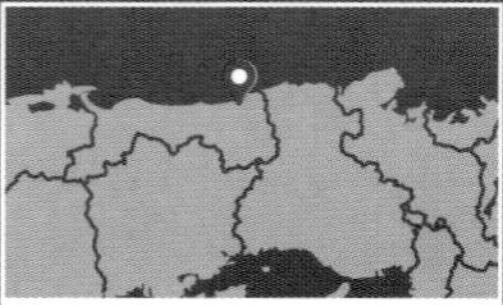

鳥取県［因幡］

住所　鳥取県鳥取市東町・栗谷町・百谷

立地　山頂・山麓

築城　16世紀中頃［山名氏か］

改修　慶長5年（1600）［池田長吉］

アクセス　JR「鳥取駅」からバスで「仁風閣・県立博物館」下車、徒歩すぐ。土日祝のみ、ループバスで「鳥取城跡」下車

山上ノ丸の石垣　山上には、城下から見える位置に石垣が築かれている。宮部継潤による築造とされる。

鳥取城から太閤ヶ平を見る
太閤ヶ平には秀吉の本陣が築かれた。お互いに兵の動きを確認できるほどの距離である。

擬宝珠橋　2018年に内堀に架かる擬宝珠橋が幕末の姿のままに復元された。今後、大手の櫓門などの復元が進められる予定だ。

天球丸の巻石垣　元からあった石垣の崩落を防ぐため、球状の石垣で補強された。球面の石垣は全国でも唯一である。

秀吉の本陣・太閤ヶ平も残る

戦国時代の山城を起源に、幕末まで改修や増築が行われた鳥取城は、各時代の遺構が残る見どころの多い城である。中世の城は久松山山頂に築かれ、山上《さんじょう》ノ丸《まる》と呼ばれる。本丸・二ノ丸・三ノ丸から構成され、日本海を一望することができる場所だ。山腹や尾根伝いにも砦などが多数構えられていた。近世城郭に改修され本丸北西隅に築かれた天守は、当初三重で後に二重に改修された。現在は天守台のみが残る。

山下《さんげ》ノ丸《まる》と呼ばれる山麓部は、日本唯一の巻石垣《まきいしがき》がある天球丸《てんきゅうまる》と、二ノ丸・三ノ丸からなる。二ノ丸には天守代用の御三階櫓が建っていた。三ノ丸には、内部見学もできる明治時代の洋風建築、池田家別邸の仁風《じんぷう》閣《かく》（国重文）がある。

なお、本陣山にほぼ完存する秀吉本陣跡の太閤《たいこう》ヶ《が》平《なる》は、鳥取城跡とともに国史跡に指定されている。

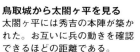

松江城
［まつえじょう］

戦国の気風を色濃く残す戦闘的な城

松江城空撮　城が建つ亀田山は、元は北側の宇賀山と地続きだったが、築城時に北堀(北田川)が掘削されて独立した丘陵となった。

本丸の石垣　天守の建つ本丸は城内でも一段高い位置に築かれており、打込接による高石垣が本丸を囲んでいる。

国宝　天守

島根県［出雲］

住所	島根県松江市殿町
立地	台地突端
築城	慶長12年(1607) ［堀尾吉晴］
改修	なし
アクセス	JR「松江駅」からレイクラインバスで「国宝松江城(大手前)」下車、徒歩約3分で大手木戸門跡

関ヶ原後の出雲の拠点

関ヶ原合戦の戦功により出雲《いずも》・隠《お》岐《き》の領主となった堀尾吉晴《ほりおよしはる》は、いったん月山富田《がっさんとだ》城に入るが、領国の東寄りに位置するため、新たな領国拠点として松江城を築いた。堀尾氏は3代で絶えて京極忠高《きょうごくただたか》が入るも、継嗣がなくこれも絶え、松本城から松平直政が入城した。以後、明治維新まで松平家10代の居城となった。

堀尾時代から残る天守は明治の廃城令後も残っていたが、競売にかけられるところを旧藩士や豪農など、地元の有志が買い戻した。2015年の国宝指定も、地元官民が一体となり協力した成果である。

国宝天守　黒い下見板が張られた重厚感のある外観で、入り口には付櫓が備わっている。2015年に国宝指定された。

天守内の狭間（上）と井戸（下）
赤く囲んだ箇所が狭間となる。徹底抗戦の構えだ。

南櫓（左）と中櫓（右）　内堀越しに、二の丸に建つ南櫓と中櫓を望む。どちらも古写真などをもとに、2000〜01年に復元された。

大手門跡の高石垣　外曲輪から二の丸への登城道には、かつて二階建ての大手門が建っていた。現在、復元が検討されている。

黒く凛々しい実戦本位の天守

宍道《しんじ》湖に面した亀田山《かめだやま》に本丸と二の丸を階段状に配し、石垣塁線には折れを多用し、亀田山を囲い込むように内堀がめぐらされている。本丸は多聞櫓をめぐらせた厳重な構えで、その中心に天守を戴く。二の丸上段の南側にある方形の三の丸は当初の築造ではなく、後に藩邸機能を移すために築かれたものである。

四重五階地下一階、望楼型の国宝現存天守は、ほとんどが板張りの黒く凛々しい姿である。一重二重の鉄砲狭間の合計は77か所を数え、二重目に石落しが張り出す。そして正面の付櫓は、総鉄張りの扉と外から見えにくい武者窓《むしゃまど》を装備。敵が櫓1階に侵入しても、石打《いしう》ち棚《だな》と内部に向けた狭間で挟撃できる仕組みである。その他、地下に井戸を備え、階段に燃えにくい桐の木材を使用するなど、関ヶ原直後の軍事的緊張が伝わるような、実戦が想定された天守である。

全国屈指の規模を誇る山陰の名城

月山富田城

［がっさんとだじょう］

月山富田城空撮　城の中心地は山腹の曲輪群であり、山上は要害として利用された。城全体にわたり木々が伐採され、遠くからでも山上の石垣を確認することができる。

山中御殿　吉川氏以降に石垣や御殿が築かれ、城の中心として機能した。城下からの登城道が集まる防御の要でもあった。

山陰の雄・尼子氏の居城

出雲守護・佐々木《ささき》氏の居城として築かれ、後に守護代の尼子《あまご》氏の居城となった。全盛期の尼子経久《つねひさ》の時代には出雲・石見《いわみ》など中国9か国を領有する戦国大名となった尼子氏は、勢力拡大とともに城を拡張整備した。

永禄8年（1565）、毛利元就《もとなり》は力攻めで落ちなかった富田城を包囲し、兵糧攻めを決行。尼子勢は1年半耐えたがついに開城し、中国地方が統一された。その後は毛利氏や吉川広《ひろ》家《いえ》らが城主となるが、関ヶ原合戦で毛利氏が減封となり、堀尾吉晴が入城。しかし松江に新城を築城することになり、富田城は廃城となった。

島根県［出雲］

住所 島根県安来市広瀬町富田

立地 山上一帯

築城 建久3年（1192）頃［佐々木氏か］

改修 天正19年（1591）［吉川広家］

アクセス JR「安来駅」からバスで約40分、「月山入口」下車、登城口まで徒歩すぐ。道の駅・広瀬富田城の駐車場を利用

Point 晴久による新宮党謀殺

月山富田城の北東山麓に新宮谷と呼ばれる谷筋がある。ここには新宮党《しんぐうとう》を称する尼子一門の屋敷が構えられていた。尼子氏を山陰の太守として全盛時代をつくりだした経久の次男・国久は、精鋭2000の兵を率いてこの新宮谷に居していた。毛利元就は策略をもって当主の晴久に国久謀反の疑いをかけさせ、天文23年（1554)、ついに晴久は国久とその子・誠久を登城の道中で殺害、その一族もことごとく死に追いやった。この事件を境に尼子氏の勢力は弱体化していく。

新宮谷に祀られる一族の供養碑

三の丸の石垣 野面積で２段に分けて積まれている。城内でも最も古い形式の石垣となる。

三の丸からの眺望 広瀬の城下町と飯梨川を望む。晴れた日には遠く日本海が見える時もある。

月山全域に及ぶ巨大山城

月山と呼ばれる山全体を城域とする巨大な山城で、頂上に本丸・二の丸・三の丸を一直線に配しており、中腹におかれた山中御殿《さんちゅうごてん》と称する広大な曲輪が居館部に相当する。山中御殿は広さ約３０００㎡に及び、発掘調査の結果、巨大な礎石建造物が確認されている。曲輪は石垣によって築かれ、菅谷口《すがたにぐち》、御子守口《おこもりぐち》、塩谷《しおだに》口《ぐち》に虎口が構えられていた。

山頂の主要部と山中御殿の石垣は尼子氏時代のものではなく、尼子氏滅亡後に入城した吉川広家や堀尾吉晴が改修した時のものである。

一方、月山の東側尾根から谷筋に累々と残る数多くの曲輪は、尼子氏時代の遺構と考えられる。

樹木の伐採、園路や石垣の修復、掘立柱建物の復元など近年整備が進んでおり、史跡内はもちろん、麓からでも戦国時代屈指の巨大山城の遺構が確認しやすくなった。

丸亀城

［まるがめじょう］

瀬戸内海を睥睨する高石垣と現存天守

現存天守　万治3年（1660）造営の天守。三重三階で日本一低い天守ながら、唐破風などを配した凛とした外観が特徴的。

大手の枡形虎口　元は南側が大手、北側が搦手（裏口）だったが、京極氏の入城後に北側に大手が移され、枡形が構えられた。

一時は廃城になるも復活

高松《たかまつ》城を築いた生駒親正《いこまちかまさ》が、西讃《さぬ》岐《き》のおさえとなる丸亀に自らの隠居城として築城したが、元和《げんな》の一国一城令でいったんは廃城となる。その後、新たに山崎家治《やまざきいえはる》が入封し再建工事を開始。山崎氏に続いて入城した京極高和《きょうごくたかかず》の時に工事は完了した。

瀬戸内海を望む標高約66ｍの独立丘陵である亀山に、本丸・二の丸・三の丸を三段にわたって石垣で築いている。本丸には三重三階の層塔型《そうとうがた》で、現存12天守では最小の天守が建つ。京極時代の造営で、当時は三重櫓と称した。山麓に御殿を配し、亀山の周囲全体を水堀がめぐっている。

重文　天守、大手一の門、大手二の門

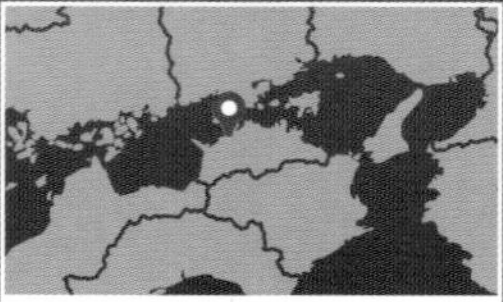

香川県［讃岐］

住所　香川県丸亀市一番丁

立地　山上一帯

築城　慶長2年（1597）［生駒親正］

改修　寛永20年（1643）［山崎家治］

アクセス　JR「丸亀駅」から徒歩約10分

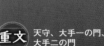

丸亀城空撮
大手のある北側から撮影。高石垣が階段状に築かれているのがよくわかる。山麓から山頂までの石垣の高さを合わせると60mになり、総高としては日本一高い。天守は見栄えが考慮され、大手側の本丸北縁に築かれている。

豪雨の被害　2018年7月の西日本豪雨の影響で東南側の石垣が崩落。6000個以上の石材が崩れたとされ、復旧工事が進められている。　丸亀市文化財課提供

城内一の高石垣　三の丸北辺の石垣は城内一の高さで22m程度ある。上にいくほど垂直に反り立つ扇の勾配が美しい。

扇の勾配を描く高石垣

石垣の城としても著名な丸亀城。麓から山頂まで三段にわたって積まれた高石垣は、平野部から見上げると圧巻である。石垣は山崎時代には完成していたものとみられ、扇《おうぎ》の勾《こう》配《ばい》と呼ばれる隅《すみ》部の曲線が美しい。

北面の大手は、現存遺構で国の重要文化財である二の門・一の門で堅固な枡形虎口を形成している。二の門をくぐると、正面の石垣に城主の威厳を示すように大きな鏡石が２つ据えられている。

御殿表門とそれに付属する番所も江戸時代初期の現存遺構で、城には珍しい薬《やく》医《い》門《もん》が用いられている。

２０１８年の大雨と台風により、帯《おび》曲《くる》輪《わ》南面・同西面・三の丸坤櫓の石垣が崩落した。この坤櫓の石垣は江戸時代にも崩落していた記録があり、修復が重ねられていた箇所だという。現在、２０２４年の完成を目指して修復工事が進められている。

山上に威厳を示す現存天守と櫓群

伊予松山城

［いよまつやまじょう］

本壇の現存天守　本丸より一段高い本壇に天守群が築かれている。中央の天守は三重で、一、二階を下見板張りにした古風な見た目である。

伊予松山城復元イラスト

城主の御殿ははじめ二之丸に置かれ、やがて三之丸に移された。本丸と二之丸を登り石垣で連結しているのも特徴である。

加藤嘉明が築城を開始

文禄4年（1595）に6万石で松《ま》前《さき》（正木）城に入った加藤嘉明《かとうよしあき》は、関ヶ原合戦の功で伊予半国20万石に加増され、新城を築くため松山に移った。しかし嘉明は築城途中で転封となり、蒲生忠知《ただとも》が引き継いで二之丸が完成。その忠知も改易となったため松平定《さだ》行《ゆき》が入城し、嘉明時代の五重天守を三重に改築した。この後も工事は続き、松平定直《さだなお》が城主だった貞享《じょうきょう》4年（1687）に三之丸が完成した。

築城期間は80年以上にわたったことになる。近代以降、落雷・失火・空襲で多くの建造物が焼失したが、それでも21棟の重文が現存している。

重文　天守、乾櫓、紫竹門など全21棟

愛媛県［伊予］

住所　愛媛県松山市丸の内

立地　山頂・山麓

築城　慶長7年（1602）［加藤嘉明］

改修　寛永19年（1642）［松平定行］

アクセス　伊予鉄道「大街道駅」から徒歩約5分で松山城ロープウェイ東雲口駅舎、徒歩約10分で二之丸史跡公園

伊予松山城空撮　連立式天守を構成する建物群の中では、大天守だけが現存建築であり、小天守・南隅櫓・北隅櫓は復元建築となる。本丸からは360度の眺望が楽しめる。

城下から見た松山城　城は市街地のどこからでも見ることができ、松山のシンボルとなっている。

登り石垣　ロープウェイの終着である長者ヶ平から二之丸に下る県庁裏登城道沿いに見ることができる。見逃さないようにしたい。

二之丸の大井戸　二之丸表御殿跡の大井戸。現在も水が湧き、枯れ果てることがない。東西2か所の階段から井戸底に降りることができる。

徹底した防御の工夫

松山平野の中央に位置する標高１３２ｍの勝山に位置し、山麓の三之丸、山腹の二之丸、山頂の本丸で構成される。本丸北端の一段高い本壇《ほんだん》には複雑な構造の連立式天守が建つ。当初御殿が置かれた二之丸には、東西18m、南北13m、深さ９ｍもの大井戸があり、必見。御殿は後に、水堀が囲む広大な三之丸に移っている。

松山城は、石垣と門を有効に活用した防御力の高さが特徴である。たとえば、高石垣によってＵターンを余儀なくされる敵を狙い撃ちにする太鼓《たいこ》櫓《やぐら》や、押し寄せた敵の背後を衝くために死角に築かれた隠門《かくしもん》など、実戦的な仕掛けが随所に見られる。また、斜面と並行に築いて二之丸と本丸を連結させた登り石垣は稀有な遺構である。

天守は幕末の再建で、現存天守では最も新しい。いくつもの門を通らないと中心まで辿り着けない複雑な構造になっている。

復興が進む天守　天守は明治初期に焼失し、1960年に外観復元された。現在、震災からの復興工事が進む。

熊本城［くまもとじょう］

復興を遂げつつある難攻不落の名城

宇土櫓　日本で唯一現存する五重櫓。最上階に廻縁を設けるなど天守の姿を呈しており、大天守・小天守に次ぐ第三の天守と称された。

重文　宇土櫓、東十八間櫓など全13棟

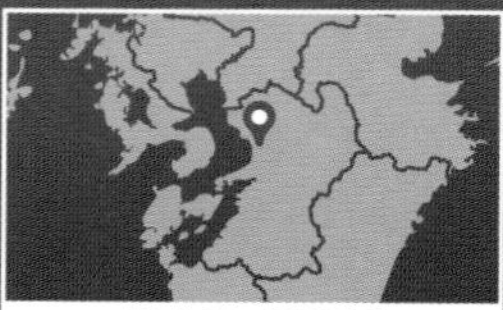

熊本県［肥後］

住所　熊本県熊本市中央区本丸

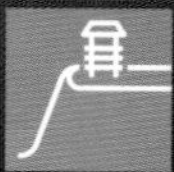

立地　台地突端

築城　慶長4年（1599）もしくは慶長6年（1601）［加藤清正］

改修　なし

アクセス　JR「熊本駅」から市電で「熊本城・市役所前」下車、徒歩約5分。または熊本城周遊バスしろめぐりんで「熊本城二の丸駐車場」下車

加藤清正による無双の名城

豊臣秀吉の九州平定後、肥後《ひご》は佐々《さっさ》成政《なりまさ》に与えられたが、国人一揆が勃発して所領没収となる。代わって肥後半国を与えられたのが加藤清正《きよまさ》であった。築城名人とされる清正は、舌状台地の突端にある茶臼《ちゃうす》山に新城を選地し、自ら縄張を行う。しかし、実際の工事は朝鮮出兵後、または関ヶ原合戦後に着手されたとされる。

慶長12年（1607）にようやく城が完成すると、清正は隈本の地を熊本と改称。河川の付け替えをともなう城下町の整備を進める。しかし、そのわずか4年後に清正は急死。加藤氏改易後、城は細川氏の居城となった。

写真はすべて2019年9月撮影

Point
復興への道のり

2016年4月14日から16日にかけて発生した熊本大地震は、城に大きな被害を与えた。倒壊した北十八間櫓と東十八間櫓を含め、13ある重要文化財はすべて被災し、城内の３割もの石垣が崩落などの被害を受けた。復旧工事は天守が最優先で行われており、2021年度には大・小天守の工事が完了する予定。また、現在は曜日限定で天守閣前広場まで入ることができるが、今後は新たな見学通路が設けられ、復旧中の城内が順次見られるようになる。城内のすべての工事が完了するのは、2033～37年度の予定だ。

石垣の崩落を防ぐため土のうが積まれる

二様の石垣　加藤時代の石垣を細川時代に拡張した二様の石垣。緩やかなカーブを描く石垣が熊本城の特徴である。

北十八間櫓の高石垣　18mと城内有数の高さを誇る石垣。崩落した建材と石材は回収・保管されている。

台地突端を利用した鉄壁の縄張

江戸時代を通して合戦の舞台にはならなかった熊本城だが、明治10年（1877）の西南《せいなん》戦争では、西郷隆《さいごうたか》盛《もり》軍の猛攻を受けるも、落城に至らなかったことで堅固さを証明した。

縄張は、台地の最高所に本丸を置き、それを取り囲むように平左衛門《へいざえもん》丸《まる》、数寄屋丸《すきやまる》を、さらに南に一段低く飯田丸、東竹の丸が配され、西側には鉤《かぎ》型に西出丸が構えられていた。これら中枢部はすべて高石垣で築かれており、各曲輪の要所には五階櫓や三階櫓が築かれ、石垣上には多聞櫓がめぐっていた。各曲輪がそれぞれ独立した城として機能するほどの鉄壁の防御力を誇ったのである。

一番の見どころは、扇《おうぎ》の勾配《こうばい》といわれる美しい曲線を描き、先端ではほぼ垂直になる「清正流《せいしょうりゅう》石垣」であるが、２０１６年の熊本地震で建造物とともに甚大な被害を受けた。現在、中長期的な復興計画が進んでいる。

琉球王国の政庁にしてシンボル

首里城 ［しゅりグスク］

首里城空撮　丘の突端を利用して築かれており、主郭は二重の石垣に囲まれている。カーブを描く石垣が特徴的だ。

守礼門　大手門の役割を担う門であり、主要な建造物に先駆けて、1958年に再建された。二千円紙幣の図柄に採用されている。

琉球王国の王府

14～15世紀の琉球《りゅうきゅう》では、按司《あじ》と呼ばれる領主がグスクを構えて激しく争っていた。北・中・南の3つの勢力が対立していたため三山時代《さんざんじだい》といわれる。この争乱に終止符を打ったのが、沖縄本島南部佐敷《さしき》の按司だった尚巴志《しょうはし》である。

尚巴志はまず中山《ちゅうざん》で勢力をのばして、父の死後に中山王を継承。北山・南山を滅ぼして1429年に琉球全土を統一すると、尚氏の居城であった首里城を王国の政庁に定めた。王府として本格的に首里城が整備されるのは、15世紀後半の尚真《しょうしん》王、尚清《しょうせい》王の時代とされる。

重文　園比屋武御嶽石門

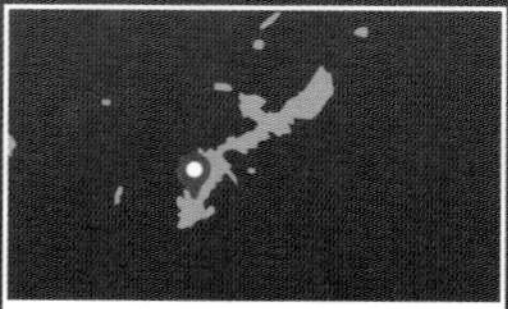

沖縄県［琉球］

住所　沖縄県那覇市首里金城町

立地　丘陵上

築城　14世紀末頃［尚巴志］

改修　なし

アクセス　ゆいレールで「首里駅」下車、徒歩約15分

写真はいずれも2019年の焼失前のもの

龍樋　16世紀前半、中国に渡った使節がお土産として持ち帰ったという伝承が残る。城内で最も古い構造物の一つ。

正殿と北殿　正殿は城の中心的建物で、中国建築の影響が見られる。北殿と南殿は御庭をはさんで向かい合って建つ。

瑞泉門　主郭に入る第二の門。石門に直接櫓が載っているのが特徴。隙間なく積まれた石垣にも注目したい。

園比屋武御嶽石門　「御嶽（うたき）」は琉球の信仰における拝所。国王はこの場で国家の安寧と繁栄を願った。

太平洋戦争の沖縄戦で全壊

首里城は東西に長い琉球石灰岩《りゅうきゅうせっかいがん》の丘の崖縁に位置する。石塁によって築かれた城壁は、急斜面の南西部は一重、緩斜面部分は二重になっている。内郭と外郭からなり、内郭の中心には琉球最大の建築物・正殿《せいでん》が置かれ、その前面の空間・御庭《うーなー》は、重要な儀式が行われる場所であった。

内郭に構えられた八つの門の一つ、瑞泉《ずいせん》門へ向かう石階段の下に清《せい》冽《れつ》な泉が湧き出ている。その井戸に設えられた石製の龍樋《りゅうひ》は、1523年に中国から渡って来たもので、城内に設置された彫刻物の中で唯一当時のものである。

太平洋戦争の沖縄戦で、城壁や建造物は破壊されてしまったが、1992年に公園として開園して以降は本格的な整備が行われ、正殿など多くの建造物が復元された。しかし、2019年の火災によって正殿など7棟が全焼。今後の復興が望まれる。

お城 Column

山城の整備で大切なこと

現在、全国の自治体で山城の整備が進む。持続的な活動にするためには何が必要なのか。

眺望の改善が重要

近年、山城の魅力が市民権を得たことで、「山城歩き」は歴史探訪の一大ジャンルとして定着した感がある。この山城人気の高まりは、城を管理する自治体にとっても、地域振興の大きなチャンスだ。山城を観光資源として活用するためには、登城道の整備や立看板の設置など、訪問者が気持ちよく散策できるような工夫が欠かせない。中でも大事なことは、城域に茂る樹木を伐採し、眺望《ちょうぼう》を確保することである。

木々が伐採された月山富田城は山麓からでも石垣を確認することができる。

なぜ、眺望が重要なのか。山陰の名城・月山《がっさん》富田《とだ》城（島根県）⬇P72は伐採により山頂から360度の視界が開け、城下の飯梨《いいなし》川やその河口の中海《なかのうみ》・美保《みほ》湾方面まで一望できるようになった。登城者は、この城が日本海と内陸部を繋ぐ水上交通の要衝に築かれたことを実感できるのである。また、月山富田城攻めで毛利元就《もうりもとなり》が陣を敷いた京《きょう》羅木山《らぎさん》を見ることもでき、数百年前の尼子兵と視点を共有できる。このように、眺望の確保は、城の役割や歴史を体感できる、大事な要素なのである。

「四位一体」の取り組み

上記のような、大規模な整備を行うには、住民と自治体、研究者が密接に協力する、「三位一体」の取り組みが不可欠だが、今後持続的な活動にするためには、地元企業も加えた「四位一体」の取り組みが必要になるだろう。その好例が、多くの山城がある岐阜県可児《かに》市の取り組みである。

可児では住民が城ごとにボランティアを組織し、整備を主導。行政は「山城連絡協議会」を通じて各団体を支援している。そして、各城の整備事業は地元企業がスポンサードすることで成り立っているのだ。このような自治体は他にもあり、山城を地域ぐるみで盛り上げていこうという、たいへん喜ばしい傾向が生まれつつある。

もちろん、山城の整備・保全には登城者の協力も欠かせない。ゴミは捨てない、山火事防止のために煙草は吸わないなど、山城を愛する一員として、しっかりマナーを守ることが重要だ。

第2章

お城鑑賞の基礎知識

「城の役目とは何か？」「城攻めの手順は？」「城にはどんな建物が建っていたか？」「石垣の内部はどうなっているの？」など、城を訪れれば様々な疑問が浮かんでくる。本章では、城の構造や建物・防御施設について解説し、城めぐりをより楽しむための基礎知識を紹介する。

基礎知識

城はなぜ築かれたのか

築城の目的を知れば城の本質が理解できる

城は身を守るための軍事施設

人はなぜ城を築くのか。これを考えるには何よりも、城の本質を理解することだ。建築や景色を楽しむなど、城の楽しみ方は人それぞれだが、本来の城は、身を守るために築いた「軍事的な防御施設」だということだ。この点に注目すると、城の変遷も興味深く見られるだろう。

城が爆発的に増えたのは、合戦が恒常化した南北朝時代と戦国時代。有事の際、人びとは急峻な山に籠もり、敵の攻撃を防いだ。当初は山そのものが城だったのだ。やがて人工的な防御施設を持つ山城が出現し、戦国時代には居住空間も備えた巨大な山城へと発達していく。

武士がいっせいに城を築いた

誰が城を築いたのかにも着目してみよう。古代山城《こだいさんじょう》の築城者が律令国《りつりょう》家である一方、中世（南北朝や戦国時代）の築城者は、全国の武士階級だった。特に戦国時代には、村落レベルの武士から国人《こくじん》領主・戦国大名クラスまでが、いっせいに山城を築いた。日本には3～4万の城が残っているとされるが、実はその99％は中世に築かれたものなのである。

城のサイズは築城者のランクに対応しており、村落・郡・国といった領地の規模によって城のキャパシティが異なっていた。村落レベルの城では郡や国レベルの軍が来襲すると防ぎきれず、降伏や逃亡が常だった。

城は権力や支配の象徴だった

中世には無数の山城が築かれたが、支配の拠点となった城をはじめ、兵站《へいたん》用の「繋ぎの城」⬇P114、城攻めに特化した「付城《つけじろ》」⬇P114など、多様な種類と役割があった。居住を目的とした城の方が少なく、役割を終えると使い捨てにされた。「誰」が「何のため」に築いたのかによって、城のサイズも縄張《なわばり》（構造）⬇P100、112も、まったく異なった。また、中世の山城が地域支配の象徴だったことも理解しておきたい。たとえば観音寺城《かんのんじ》⬇P199や飯盛城《いいもり》⬇P60の石垣は、防御というより城下へのアピールが目的だったと考えられる。城は権力や支配の象徴的な存在だったのである。

安土城天守　当時、誰も見たことのないような画期的な高層建築物だった。近世城郭の嚆矢となった城である。

防御施設としての城の変遷

弥生

環濠集落

集落のまわりに堀や柵をめぐらせた環濠集落が、城のはじまり。

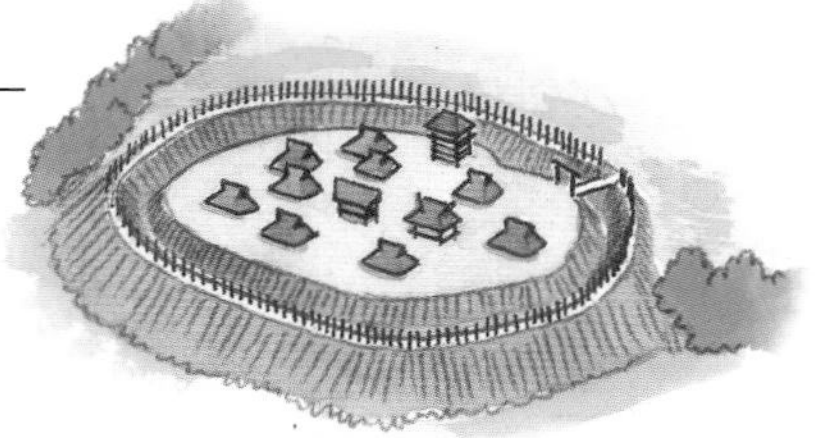

古墳～平安

古代山城

７世紀を中心に、倭国防衛のために近畿より西に築かれた。

古代山城の技術は継承されなかった。その謎はいまだに解明されていない。

東北支配のための城柵

蝦夷の統治のために、律令国家が東北地方に築いた軍事施設。

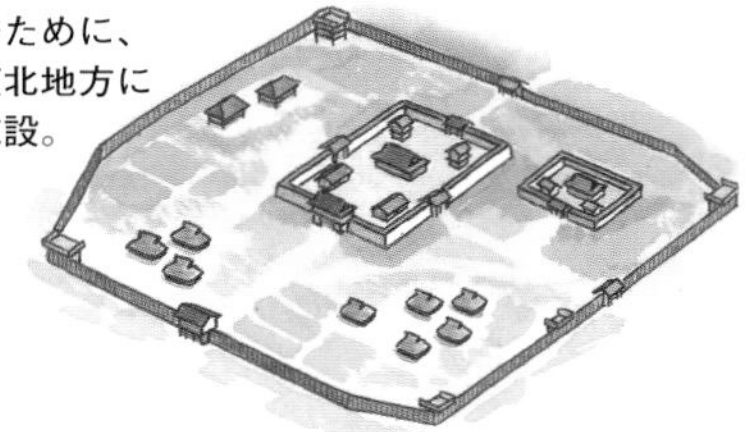

鎌倉・南北朝

南北朝の山城

急峻な山そのものを要衝としたり、山岳寺院を要塞化した。

方形館

居住場所を土塁や塀で囲み、防御を施した。

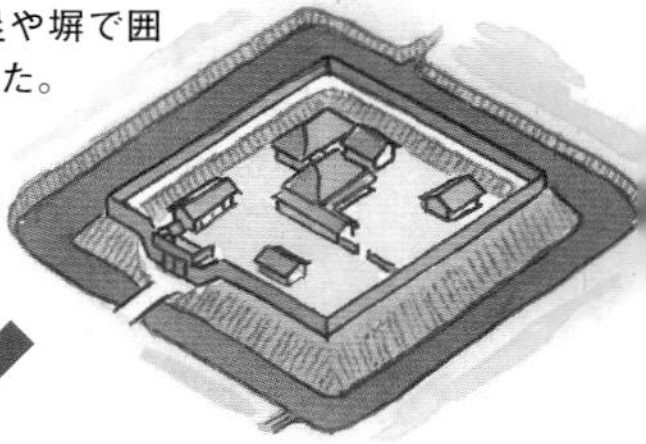

室町・戦国

戦国の山城

平時は山麓の居館に住み、戦時は山城に籠もり戦った。

織豊・江戸

近世城郭

石垣造りで天守を備え、他者に見せつけることを意識した城。城下町と一体化した城であるため、平地や丘に築かれることが多い。築城技術の向上と、統一政権の誕生により全国に近世城郭が広まる。

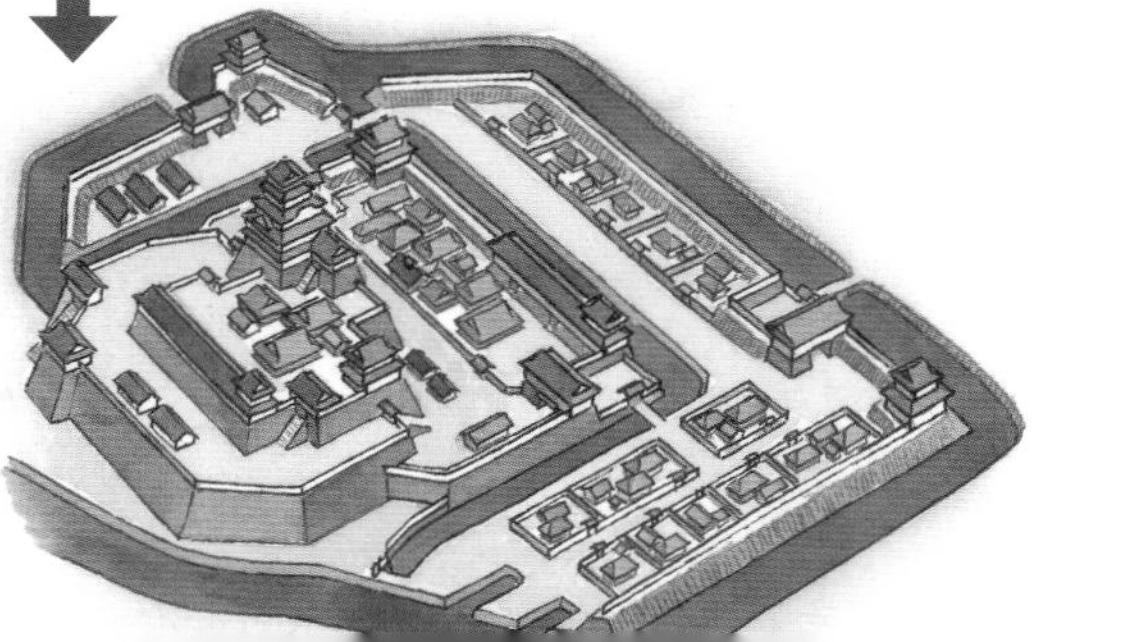

基礎知識

大規模な石垣の出現は織田信長以降

戦国の城と近世の城の違い

城の大多数は中世の山城

城とは軍事的な防御施設である。日本列島にはおおよそ3～4万もの城が存在していた。このうち99%は安土《あづち》城⬇P54築城以前の中世の城郭である。特に南北朝時代と戦国時代には爆発的に山城が築かれた。こうした山城は文字通り土から成る土木施設であった。土を切り盛りすることで、土塁《どるい》⬇P94や堀切《ほりきり》⬇P96といった防御施設を築き、平坦地となる曲輪《くるわ》を設けたのである。そうした土造りの城は「中世城郭」と呼ばれる。

南北朝時代の山城は比高300～400mという高所に選地するものが多いが、戦国時代の山城では比高100m前後が大半を占める。

安土城以降は石垣の城が主流に

一方、織田信長が築いた安土城以降の城は「近世城郭」⬇P102と呼ばれ、石垣⬇P106によって築かれる城郭が主流となる。さらに近世城郭では石垣上に重層建築が造営される。つまり土木施設であった城郭が、天守⬇P104や御殿⬇P108などの建築施設にも比重をかけるようになったのである。織田信長は石垣や天守を権威の象徴とすることで、「見せる城」を創出した。

また、近世城郭の選地では、山頂よりも丘陵上や平野部が大半を占めるようになる。城は軍事機能を保ちながらも、政治・経済の中心地としての役割がより求められるようになったからである。

お城マメ知識

『正保城絵図』による山城・平山城・平城の分類

「山城・平山《ひらやま》城・平《ひら》城」という城の分類は、江戸時代の『正保《しょうほう》城絵図』の記載がもとになっている。決して厳密なものではなく、その定義はあいまいだ。平山城は丘陵・台地とその山麓を利用して築かれた城のことだが、山城も山麓に居館を築くことがあり、その違いは不明瞭だ。城の分類は「山城・平山城・平城」よりも、「山頂」や「河岸段《かがんだん》丘《きゅう》」などの立地に注目するほうが適切であろう。

諏訪原城➡P40　牧ノ原台地に築かれた諏訪原城は、大井川が流れる金谷方面から見ると山だが、台地上に立つと平地で、「平山城」とするには違和感がある。写真は大井川越しに見た諏訪原城。

土造りの城から石造りの城へ

土造りの城＝戦国（中世）の城

[小机城➡P180]

中世の城は山頂や丘陵、河岸段丘など自然地形を利用して築かれ、土塁・切岸・堀切などを防御施設とした。山上の建造物は板葺きの掘立柱造りがほとんどで、櫓や倉庫など臨時的な建物が多かった。山上の城は有事のためのもので、平時は山麓の居館に居住するケースも多かった。

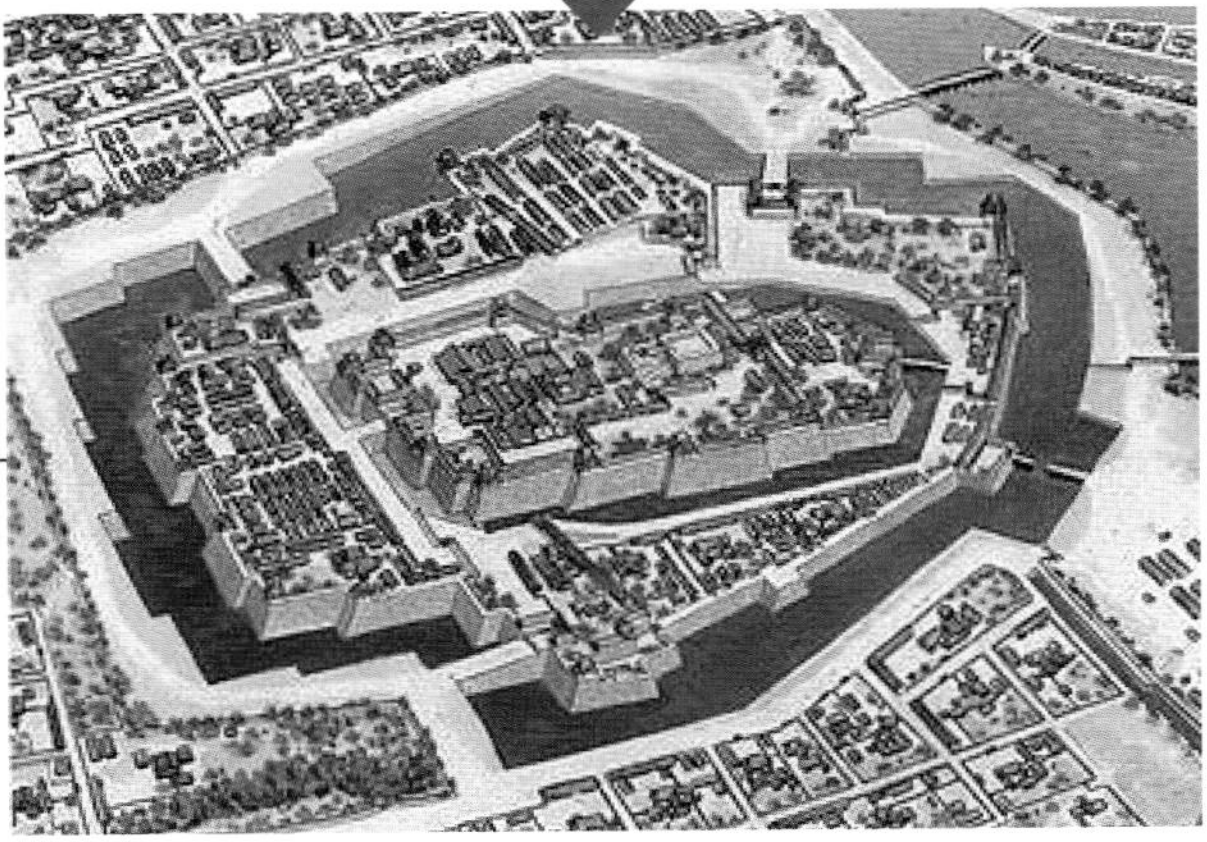

石造りの城＝近世の城

[徳川期大坂城➡P58]

近世の城は、石垣技術の向上により人工的な要害を築くことが可能になり、平地や低い丘を利用して築城された。建物は瓦葺きの礎石建造物が中心となり、天守のような高層建造物が誕生する。城と城下町が一体化して造成され、江戸時代を通じて城は政治・経済の中心地となった。

石垣の城へと変貌した山城

竹田城➡P66　国人領主・太田垣氏の居城だったが、秀吉が攻め落とし、その後に石垣造りの城へと改修した。

岩村城➡P191　武田氏と織田氏の攻防の舞台となった山城。秀吉政権下で石垣造りの城へと変貌する。

左で掲載した竹田城や岩村城をはじめ、石造りの山城のほとんどは、元は土造りの城であった。信長や秀吉の政権が拡大するとともに、彼らの家臣や臣下に降った大名らが、土造りから石造りへと改修を進めたのである。備中松山城のように、中世の城と近世の城が同居して残る山城も多い。

基礎知識

城はどのように造られたのか

城造りは当時最先端の土木工事

普請（土木）と作事（建築）

城造りにおける工事は、「普請《ふしん》」と「作事《さくじ》」に大別される。普請とは、多くの労働力を要する土木工事の総称である。土地を削り土を盛り、突き固めて曲輪用の平坦地を造成し、堀の掘削、土塁の構築といった土工事の後、石垣工事をする。

一方の作事は、専門の職人による建築工事の総称。曲輪や土塁に、門や櫓、天守・御殿などを施工する。戦国の城は、井楼《せいろう》組みの櫓や掘立柱の小屋といった簡易な建物が大半だったが、近世の城では、礎石建ち・瓦葺きの複雑な建物が導入され、付随する金具や建具、襖絵などが必要になり、作事の比重が高くなった。

城造りのプロセスとは

城造りの工程は、まずは城を築く場所を決める「地選《ちせん》」からはじまる。次に、その土地の〝どの範囲〟に〝どれほどの規模〟で築くかを決める「地取《じどり》」。続いて、城の設計「縄張」が行われ、曲輪の配置・広さ・形状、堀・土塁・石垣などの位置を決めていく。以上を経て、土木工事である普請が開始される。土工事、石垣工事を経て、近世の城の場合は天守・御殿・門・櫓などの建築と、それに付随する建具や襖絵などの製作も含む作事が行われる。

それと並行して、流通経済と防御を担う町割《まちわり》（城下町造り）も行われ、ようやく城が完成するのである。

『築城図屏風』　石垣に用いる大きな石を曳く人びとなど、城の普請を描いたもの。
名古屋市博物館蔵

城造りのプロセス

地選

城造りはまず、城を築く場所を決めることからはじまる。戦闘用の城であれば街道沿いの要衝に、居城を目的とするならば人口密集地など、目的に合わせて場所を選ぶ。

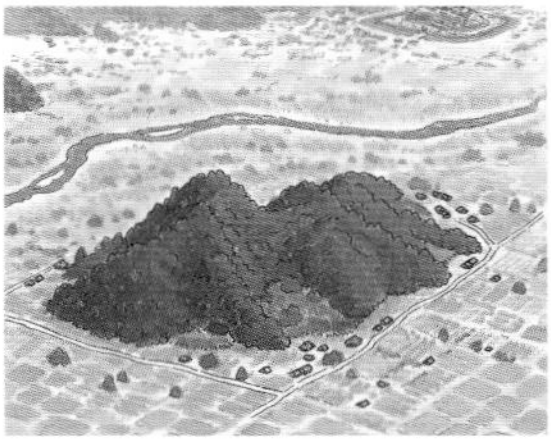

地取

地選により決めた地域に、どの程度の範囲や規模で城を築くのかを具体的に確定させる作業。

縄張

曲輪の位置や形状、堀、土塁、石垣などを、どの場所に配置するのかを決める作業。実際に縄を張って作業を進めたため、「縄張」と呼ばれる。

普請

曲輪の造成、堀や土塁、石垣などの構築を行う土木作業の総称。現代のように機械がないため、多くの労働力が必要とされた。

作事

天守や櫓、門などの上屋構造物を建てること。大工や左官などの専門的な職人が作業にあたった。

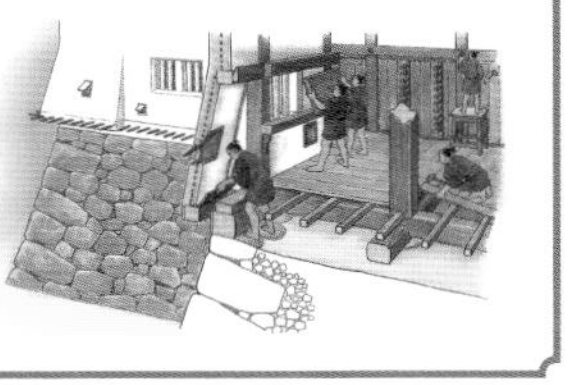

町割

大名などの大きな勢力の居城では、築城作業と同時に城下町が造られた。城下町は経済的な面とともに、防御施設としての役割も担った。

完成

以上の工程を経て城は完成となる。城の完成モデルは伊予松山城。

基礎知識

山城歩きでは服装や持ちものも要注意

戦国の城と近世の城の歩き方

戦国の城（山城）の鑑賞ポイント

戦国時代の山城は土から成る城で土木施設である。そこで鑑賞の対象となるのは曲輪、土塁、堀切といった施設。これらをどう機能的に配置したかが鑑賞の最大のポイントである。特に注目してほしいのは曲輪斜面の切岸。いかに敵を登らせないように削り込んだのかを見てみたい。

ところで、山城がなぜそこに構えられたのかを理解するために、山頂から必ず周囲を見下ろしてみよう。築城時と違って樹木が生い茂って見晴らしは悪いが、山麓を通る街道や集落、河川や港湾などを望むことができるだろう。

山城では草木を掻き分けて見学することが多い。したがって見学に最適なのは冬場である。もちろん服装は長袖、長ズボンに帽子着用で、靴もトレッキングシューズが必須。両手が使えるようにリュックをしょって、軍手も忘れずに。初心者は城跡の図面（パンフなど）を持参して迷わずに遺構を見学できるようにしたい。

近世の城の鑑賞ポイント

近世城郭の最大の特徴である石垣については、どの部分にどのような石材を用いているのかを見学してほしい。さらには築城以来何度となく改修されているので、様々な時代の石積《いしづみ》技法もチェックしてみよう。堀に関しては幅を重視したものと、深さを重視したものがあることに注目したい。また一つの城でも水堀と空堀を使い分けている点などにも注目したい。

軍事的施設としては、敵を射撃する窓はどのような構造であるのか、狭間《さま》⬇P122の位置や間隔も重要な視点である。また窓や狭間や石落《いしおと》し⬇P122からはどのようなものが見えるか、ぜひのぞいてみよう。

近世城郭は季節を選ばないので通年見学が可能であるが、夏草で石垣がまったく見えないこともあり、やはりベストシーズンは冬場である。すべてを見るためには事前にコースを決めておいて時間のロスのないようにしたい。また長い距離を歩くのでジョギングシューズが最適。

必需品

- □飲み物・軽食
- □タオル
- □着替え
- □縄張図・地図
- □雨具
- □ストック
- □熊除けの鈴
- □虫除け・薬

山城歩きの服装・持ち物と注意点

イラスト：仲佳

帽子
虫や日除け、枝から頭部を守る。

長袖の上着
日焼けや虫除けのために襟付きを推奨。暑い場合は腕をまくればよい。

カメラ
ストラップで肩や首に掛けて両手を空ける。

リュック
ショルダーバッグより疲れにくい。

ストック
登山が楽になり、蜘蛛の巣をはらうことにも使える。

手袋
軍手でも可。ケガの防止になる。

スニーカーや登山靴
整備された山城ならスニーカーでもOK。

長ズボン
ケガの防止のため夏でも長ズボンを。

縄張図の持ち運びとスマホ活用法

山城を歩く際は縄張図（平面図）と遺構を見比べて歩くと城の構造を理解しやすい。縄張図は紐付きのクリアファイルなどに入れて首から提げると便利だ。最近ではスマホに登山用GPSアプリをインストールすればGPSで現在地が表示されるため、山のどこに自分がいるのかがわかりやすいのでおすすめ。登山時から下山時までのGPSログを取れば、登山口や城の場所がすぐにわかり、写真を見返した時にどこの遺構写真なのかがわかりやすいというメリットもある。ただ、山ではネットがつながらない、電池がなくなったらスマホは使えないといったこともあるので、紙の縄張図は忘れずに携帯したい。

山城歩きのマナー

山城の遺構は崩れやすくもろいため、むやみに土塁や石垣に登ることは避けたい。山道では落下防止のために必ず山側に避けて道を譲ること。もしもすれ違いが難しければ道を譲り合うことが大切。また、危険防止のため、持ち物は落とさないように体に固定し、落石にも注意する。

服装の選び方

山城では山頂と山麓での温度差が大きく、天候も変わりやすい。そのため体温調節可能な重ね着がおすすめ。また、登山中に汗や雨で濡れてしまうことを考慮して、乾きやすい素材を選んだ方がよい。城の遺構を探すために藪や石を跨いだり、急な坂を登ったりすることもあるので、何より動きやすい服を選ぼう。

ワンポイント アドバイス

リュックで両手を空ける

木やロープを掴む場合が多く、転倒した時も危険なため両手は空けておくことが望ましい。

ストレッチを行う

登山では普段使わない筋肉を使うため、ケガやケアのために登山前後にストレッチした方がよい。

熊除けの鈴

人気のない山では熊除けの鈴も必要になる。最近では消音機能付きの鈴も発売されている。

NGな服装

×黒い服	暗闇に紛れてしまって危険。蜂にも好まれる色。
×ジーンズ	濡れると乾きにくく、重くなって伸縮しなくなる。
×サンダル	ケガの元。当然ヒールもNG。
×肌の露出	日焼けは疲労を加速させる上に、露出はケガに繋がる。

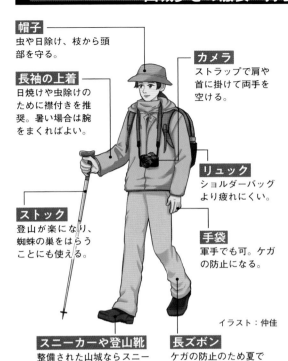

基礎知識

戦国の城の特徴と構造

大規模な土木工事で山全体を改造

戦国の城（山城）の特徴

A 多くの山城の主郭は山頂に設けられ、360度の視野が開けていた。礎石建物が存在した山城も確認されている。

B 山頂や尾根の先端には櫓が設けられ、城下や街道を見張った。櫓は木で組まれた簡易なものだった。➡P98

C 山城は有事の際の詰城として用いられ、平時の居館は山麓に設けられるケースも多かった。

D ほぼ直角に反り立つ人工的な崖を切岸と呼ぶ。山城においては防御の基本となる必要不可欠な施設だった。

E 山城の弱点は尾根伝いに敵に攻められる点である。そのため堀切によって尾根を断ち切り、敵の侵入を防いだ。

F 城の周囲をめぐる横堀や、城の斜面に設置された竪堀など、地形にあわせて様々な形態の堀が設けられた。➡P96

G 枝の付いた木を敵に向ける逆茂木や、先を尖らせた木を堀などに設置する乱杭は、バリケードとして機能した。

守りやすく眺望が効く山城

南北朝時代から戦国時代に築かれた城の多くは山城であった。なぜ、山に城が築かれたのか。

まず、軍事施設である以上、守りやすく攻め難いのが第一の条件となる。山自体が自然の要害となり、高い場所に位置する守備側が圧倒的に有利となる。自然地形に加えて、土を盛った土塁や尾根伝いを断ち切る堀切などの防御施設を設けて守りを強固にした。

また、眺望が良いことも山に城が築かれた理由の一つである。現在は木々に覆われた山城が多いが、当時は樹木が伐採され、視界は四方に開けていた。

戦国時代後半に飛躍的に発達

山城はたいへん防御に優れているが、不便なことには変わりない。当時の人も日常的に山城を使用していたわけではなく、平時の居館は山城の山麓に構えられ、そこで日常生活が営まれていた。関東地方を中心に山麓の居館は「根小屋《ねごや》」と呼ばれ、現在も地名として多く残されている。山麓の居館に対して臨時の防御空間である山城は、「詰」や「詰城」と呼ばれた。

戦国時代後半になると、山城は飛躍的に発達を遂げる。戦国大名の居城では山全体が城域と化し、上杉氏の春日山城➡P186や毛利氏の吉田郡山城➡P208のように、山上部に居住空間を持つ山城が出現する。防御機能も発展し、横矢《よこや》（側射）➡P120を掛けるために土塁は屈曲し、畝状空堀群《うねじょうからぼりぐん》➡P96や堀障子《ほりしょうじ》➡P96など堀にも工夫が凝らされ、虎口《こぐち》➡P120には枡形《ますがた》や馬出《うまだし》➡P120が設けられるようになった。

戦国の城

山城の最もポピュラーな防御施設

土塁の構造と種類

曲輪と土塁で侵入を遮断

山城の場合は、まず山頂部を削平して平坦地を造成し、兵の駐屯地を確保する。こうして削り取った平坦面を曲輪（郭）と呼ぶ。曲輪は山頂部に構えられた主郭を中心に階段状に配置することにより防御を強固なものとしている。

曲輪の周囲には土を盛って築いた堤状の土盛りをめぐらせ、敵の攻撃や侵入を遮断していた。これが土塁である。戦国時代の城は掻揚城《かきあげじろ》と称するが、土を掻き揚げて築いた土塁は、戦国期の城郭で最もポピュラーな防御施設であった。

土塁の勾配は、緩すぎず、きつすぎない45度ほどが最適とされる。

山城には不可欠な切岸

戦国時代の山城にとって土塁以上に重要な防御施設として切岸《きりぎし》がある。曲輪直下の傾斜地面のことで、できるだけ傾斜面を削り込んで垂直に近い壁にして敵に取りつかせないようにしていた。

現在見ることのできる切岸は風化によって傾斜が緩み、樹木が茂っているが、もちろん当時は草木も削り取られており、手掛かりのない切岸は登れなかった。山城の場合、山へ登らせないということが最大の防御なのである。戦国時代の山城である関津《せきのつ》城（滋賀県）には、城山の山裾を削った切岸が発掘調査によって確認されている。

お城マメ知識　縄張の分析により歴史の深層を探る

縄張を読み解くことで、これまで知られていなかった歴史が浮かび上がることがある。たとえば甲賀市にある土山《つちやま》城。これまでは土豪の土山氏による築城とされてきたが、調査によって虎口に角《かく》馬出が設けられていたことが判明した。しかし角馬出は地域の土豪が築ける施設ではない。さらなる調査を行ったところ、土山城は小牧・長久手の戦いに際し、羽柴秀吉の陣所となっていたことが新たに判明したのである。縄張の分析は歴史の研究にも役立つのだ。

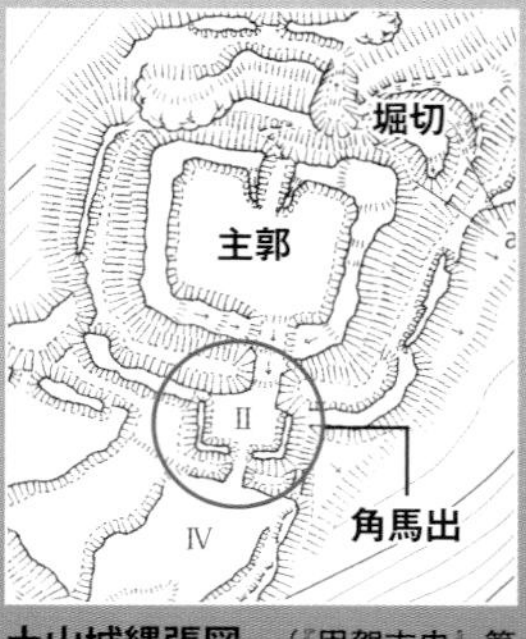

土山城縄張図　（『甲賀市史』第7巻より、福永清治作図）

土塁はどのように築かれていたのか

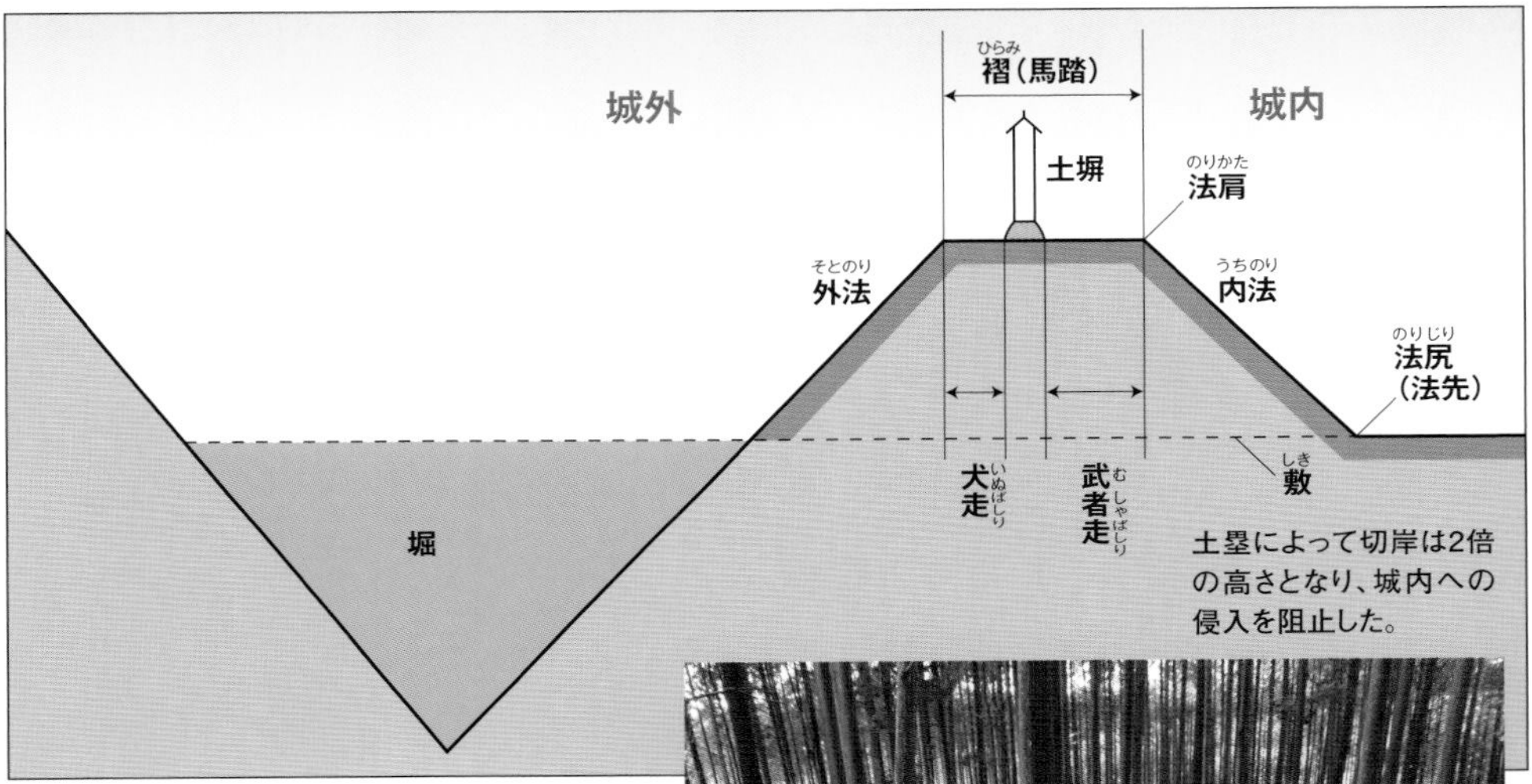

土塁の構造

土塁の上辺を「褶」、底辺を「敷」、斜面を「法」または「法面」という。法の内側は「内法」、外側は「外法」と呼ばれ、法と褶が交わる部分を「法肩」、敷と交わる箇所を「法尻（法先）」と呼ぶ。また、「褶」の部分は平坦のため兵や馬が動き回ることができ、柵や塀が築かれることが多い。その場合、城内側の平坦面を「武者走」、城外側を「犬走」と呼ぶ。

古宮城➡P193　曲輪に円を描くよう築かれた土塁。丸馬出ともいえる形をしている。

人工的に斜面を削って築く切岸

月山富田城➡P72　大規模に削られた切岸。具足を着た体でここを登ることは困難極まる。

久々利城　垂直に立ち上がるような切岸。近年の整備により美しい遺構が蘇った。

戦国の城

簡易的かつ高い防御力を誇る

堀の構造と種類

敵を防ぐ堀切と竪堀

戦国時代の山城最大の防御施設は曲輪周辺の山斜面を削り込んだ切岸と堀切である。いずれも敵を城へ取りつかせないための遮断線として設けられたものであった。

特に堀切については城背後の尾根筋からの敵の侵入を防ぐため、二重、三重に設けられることも少なくなかった。

また、山の斜面に対して平行に掘り込んだ竪堀《たてぼり》は、敵の斜面移動を封鎖する目的で築かれたものである。こうした堀切の断面はV字となっており、堀底の通行ができないようになっていた。製薬器具の薬研《やげん》に似た形状から薬研堀と呼ばれる。

畝状空堀群の登場

戦国時代の後半には畝状空堀群と呼ばれる空堀群が出現する。曲輪直下の緩斜面地や曲輪そのものに空堀を連続して設けたもので、空堀間の巨大な土塁が畑の畝のように見えることから畝状空堀群と呼ばれている。

ほぼ日本全国に設けられている防御施設であるが、とりわけ秋田県、新潟県、高知県、福岡県の山城に集中して築かれている。

その規模は20~30本程度の竪堀が連続して緩斜面に設けられる場合が大半であるが、なかには一乗谷《いちじょうだに》城⬇P50や、豊前長野《ぶぜんながの》城のように曲輪周囲全体を取り巻くように１００本以上めぐらせる山城もある。

お城マメ知識　北条氏の城に特徴的な堀障子

戦国時代後半に関東で一大勢力を築いた北条氏の城では、空堀の堀底に土手を掘り残した堀内障壁《ほりないしょうへき》が多用されている。堀に対して直交に設けたものを畝堀《うねぼり》、堀内に障子の骨組みのように設けたものを堀障子《ほりしょうじ》と呼んでいる。これらは空堀内に侵入した敵の動きを封鎖するものであった。豊臣秀吉来襲に備えて築かれた山中城⬇P189では堀障子が累々と築かれている。

山中城の堀障子　ロームの壁面は滑りやすく、一度落ちてしまえば格好の標的となる。

山城の堀の種類

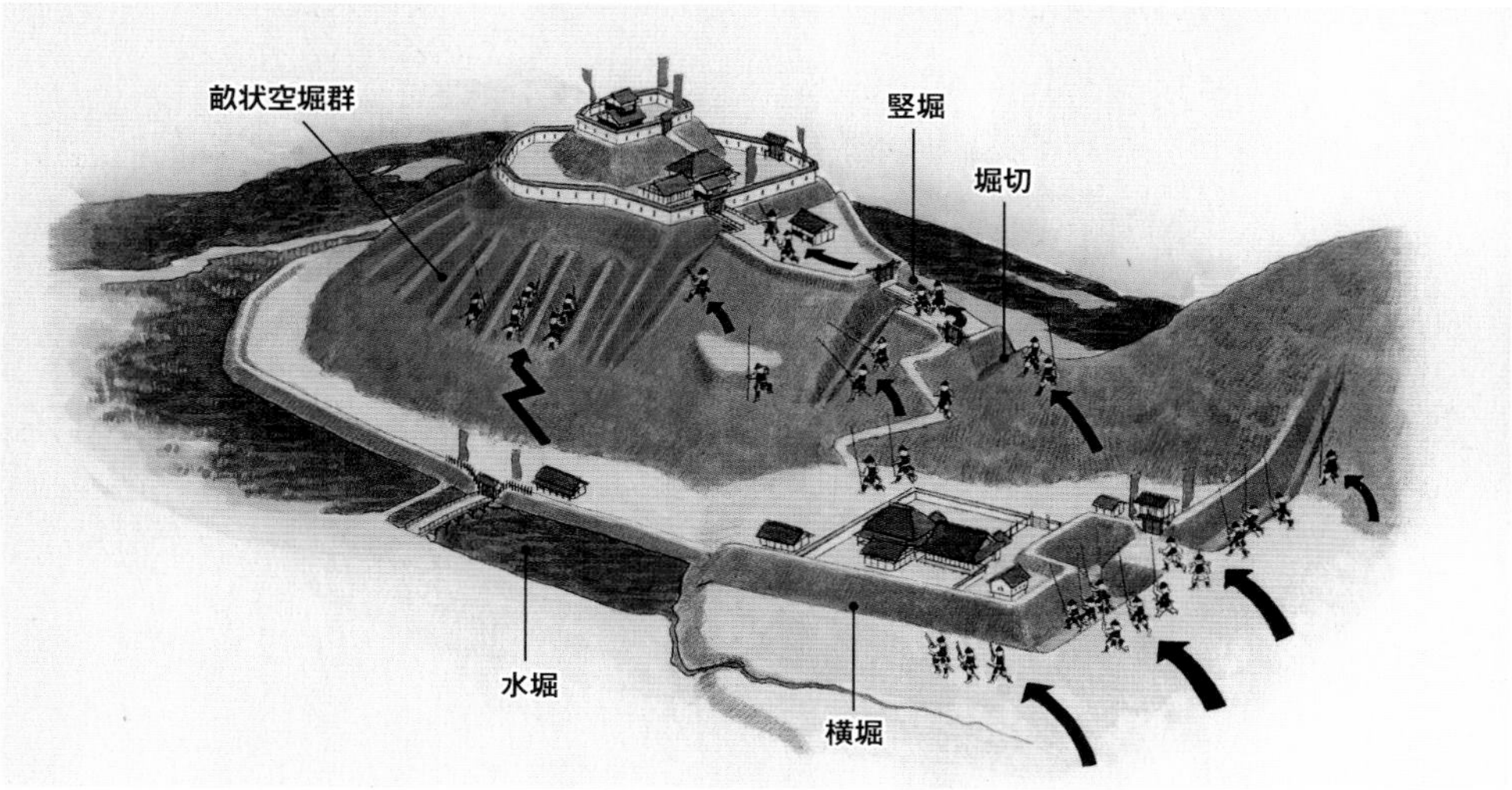

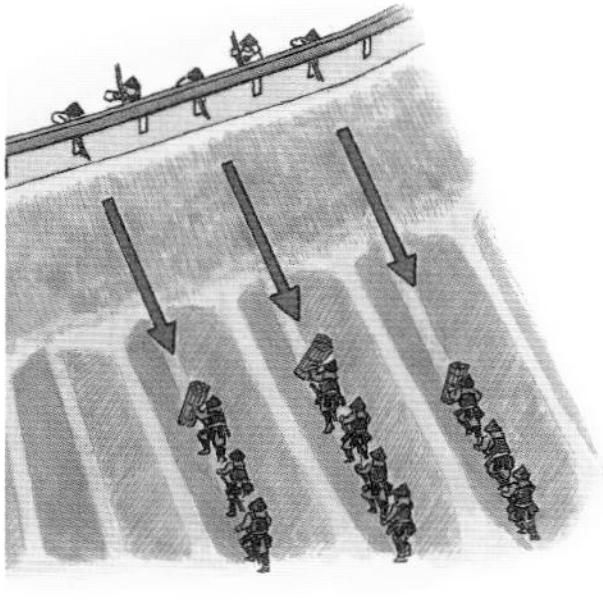

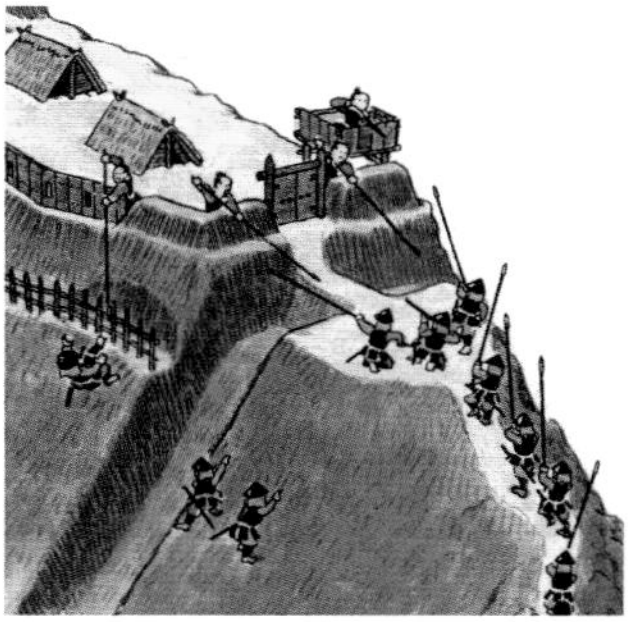

畝状空堀群　敵が横に移動することを防ぐ効果があるとともに、防御の堅さを見せつける目的があった。

横堀と堀底道　空堀の底が狭く、大勢での移動が困難で、頭上から槍や矢などの攻撃にさらされる。

堀切　尾根筋や丘陵を遮断して築かれる空堀。山城では曲輪間の区切りとして用いられることが多い。

様々なタイプの堀底

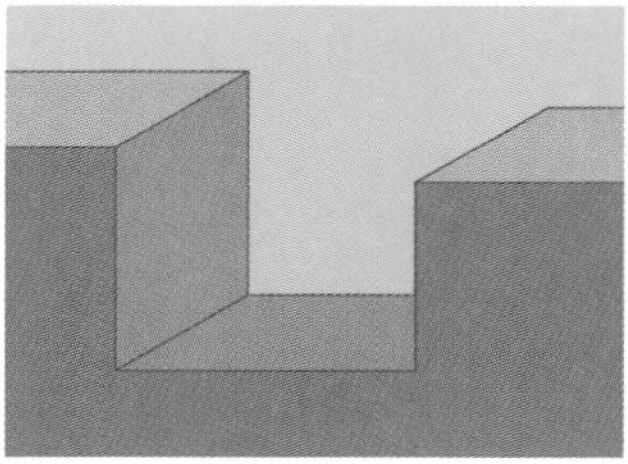

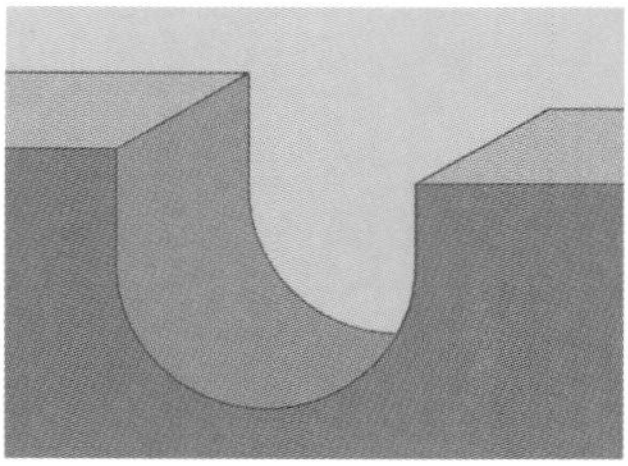

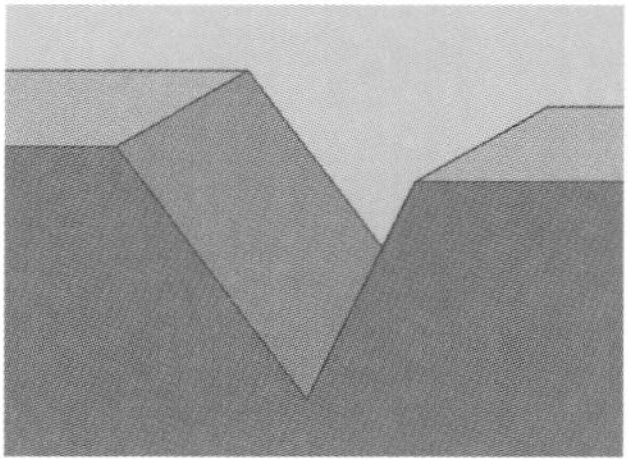

箱堀　箱のように底部が平らなために、堀底道としても使われた。近世城郭では水堀として使うことが多い。

毛抜堀　堀底が丸みをおびているもの。登りにくい構造になっており、水を入れれば水堀ともなる。

薬研堀　断面がV字型をしているもの。土を掘る手間が少なく、防御力も高いため戦国時代の山城に多い。

戦国の城

山城にはどんな建物が建っていたのか

簡素だった山城の建造物

掘立柱建物が中心

土木施設が主体となる戦国時代の城郭では建築はあまり重要視されず、簡単なものが多かった。もちろん戦国時代の城郭建物で現存するものは皆無であり、その姿は絵巻物や発掘調査によって知ることができる。たとえば『真如堂縁起絵巻《しんにょどうえんぎえまき》』では楯を並べた塀に陣幕を張り、井楼に組んだ櫓が描かれている。

また、山城の大半は掘立柱《ほったてばしら》建物で構成されていることが発掘調査で判明している。その規模も2間(約3・6m)×2間、2間×3間程度の小さなもので、小屋懸けと称される簡素な居住施設か倉庫として用いられたものであろう。

礎石建築物が登場

なお、曲輪の端部や、土塁の隅部では1間×1間の掘立柱建物が検出されるが、これは井楼組みの櫓であったと考えられる。浜松市の高根《たかね》城では発掘調査で検出された遺構から櫓の復元が行われており、戦国期の姿を知ることができる。

ところで戦国時代後半になると規模の大きい山城では礎石建物が導入される。それも主郭に設けられる場合が多い。芥川山《あくたがわさん》城⬇P203、小谷城⬇199などでは御殿に相当する建物であり、こうした規模の山城では山上部分に詰城という防御施設だけではなく、居住空間も設けられていたことが明らかとなった。

お城マメ知識

戦国時代の城のテキスト『築城記』の内容とは

越前《えちぜん》の戦国大名である朝倉氏には戦国時代の築城テキストと呼べる『築城記』という書物が伝えられている。

ここには城郭を築く際の留意点や、城郭の各部位の寸法などが具体的に記されている。たとえば塀の上にムシロを掲げる指示があるが、これは敵の放つ矢を防ぐ目的があった。また、柵の結び目は必ず城内側で結ぶことや、城内の樹木については1間おきに残しておくことなど、細かい点にまで書き及んでいる。

最後には「たつ堀しかるべき候」とあり、竪堀は当然設けるべきであると指示している点は興味深い。『築城記』は決して朝倉氏特有の築城術ではなく、戦国時代の日本の城の築き方全体を記したものと考えられる。

簡易的だった山城の建築物

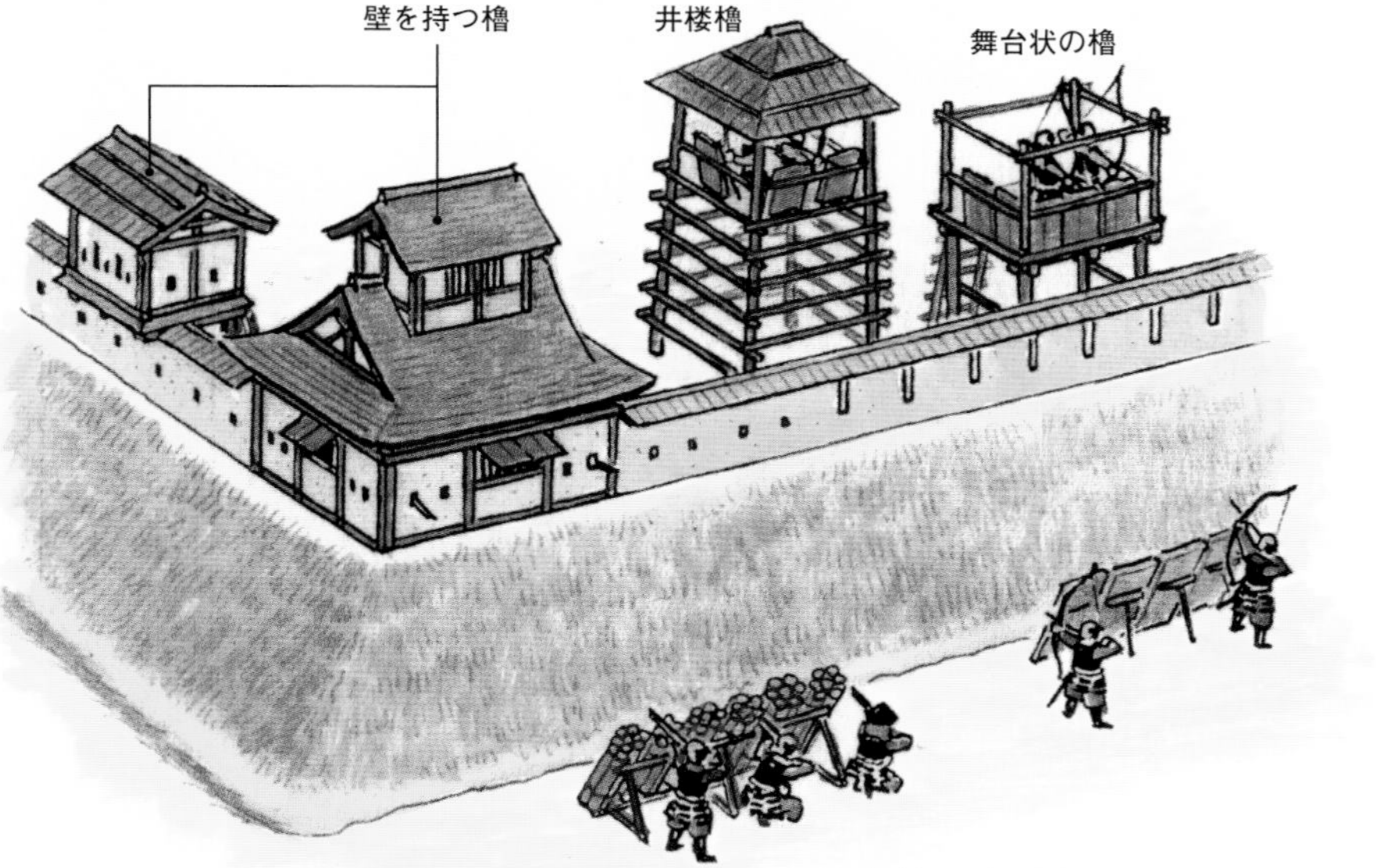

櫓を使った防御

井楼櫓は丸太を組んだ簡易な造りのため、少ない人手で造ることができ、山城ではよく使われた。また、多くの山城では、塀ではなく木柵が用いられた。

掘立柱建物

築城の際に伐採された木材をつかって、柵や建物が造られた。建物といっても簡易な掘立柱建築である。

足助城　発掘調査をもとに推定復元されたカマド小屋。他にも、高櫓・長屋・物見矢倉などが復元されている。

高根城　戦国期の山城の復元事例。井楼櫓は、釘を使わず当時の技術で復元されている。

戦国の城

平面で見て脳内で立体化させる

縄張の読み方とケバの表し方

縄張は城の設計図

城歩きを楽しむために大切なのは、「縄張」を理解することだ。初めて訪れる城や、石垣があっても建物のない城、また土の遺構がほとんどである山城では、どう歩いて何を見ればよいかわからないものだ。そんな時、城歩きの〝水先案内人〟となるのが、「縄張図（概要図）」である。

本来、縄張図とは築城時の設計図（グランドデザイン）を指すのだが、現在では、曲輪や堀などの遺構の形状・規模や配置から城の構造を読み取り、図示したものを縄張図と呼ぶ。なお縄張という言葉は、曲輪の配置などを決める際に、土地に縄を張って示したことが語源とされる。

「ケバ」を読んでみよう

山城歩きには特に携行したい縄張図。最大の特徴は、「ケバ式図法」で書かれていることだ。「ケバ」とは短い線のことで、これを使って城の人工的な斜面が表現できるのだ。

高い方から低い方に向かってケバを引き、実線で曲輪や土塁の輪郭線（上端）を、破線や点線で堀などの底部（下端）を示す。実線・破線（点線）でケバを読めば、遺構の形や配置・規模がわかるのだ。斜面の高低差が大きい場合は、ケバを何段かに分けて引く。ただし垂直に近い斜面は、高低差に関わらず短いケバになる。ケバの長さと高低差は、必ずしも比例しないので、注意しよう。

お城マメ知識

山城を楽しむためにケバの見方を知る

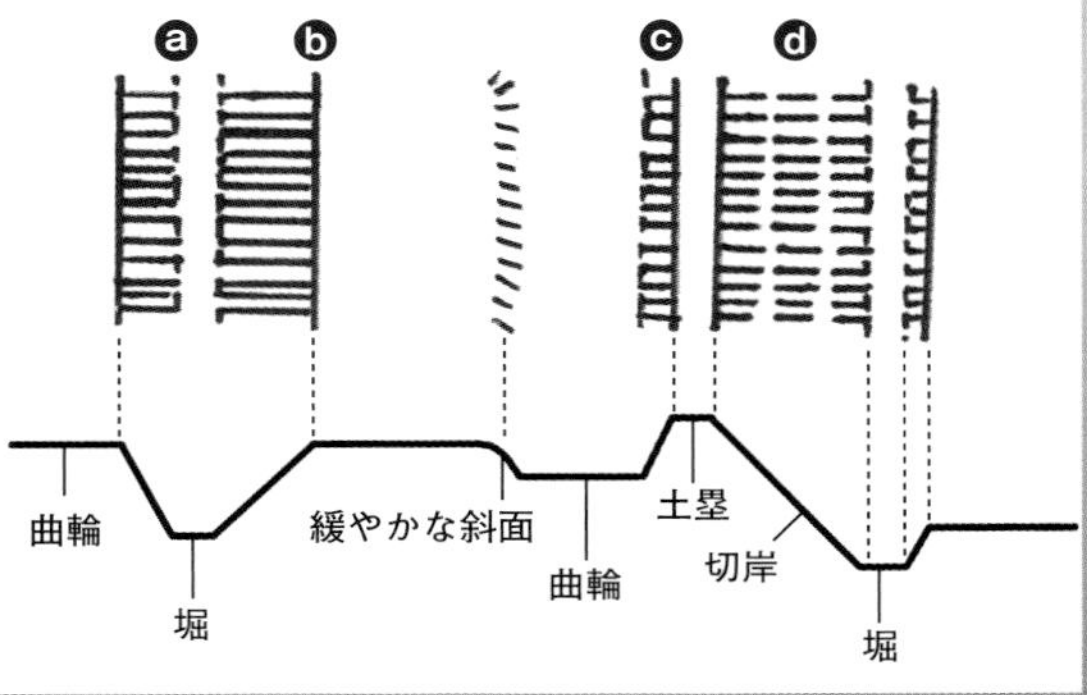

ⓐ 破線は斜面の一番低いところを示す
ⓑ 実線は斜面の一番高いところを示す
ⓒ 密度の濃いケバは傾斜がきついことを示す
ⓓ ケバの長さは斜面の長さに比例する

ケバとは人工的な傾斜を表現するために用いられる線のこと。

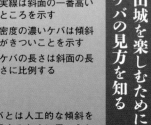

縄張図の読み方

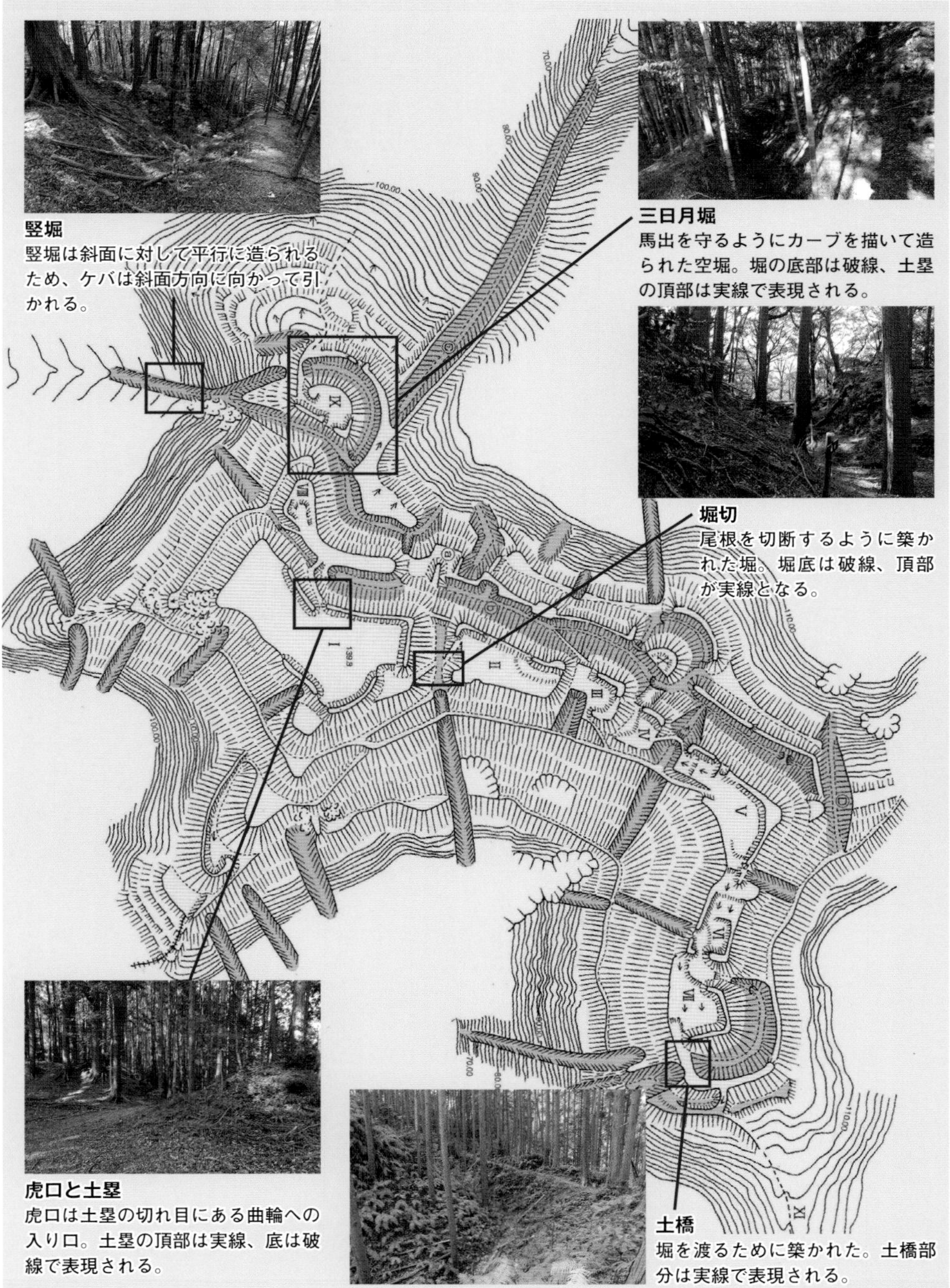

竪堀
竪堀は斜面に対して平行に造られるため、ケバは斜面方向に向かって引かれる。

三日月堀
馬出を守るようにカーブを描いて造られた空堀。堀の底部は破線、土塁の頂部は実線で表現される。

堀切
尾根を切断するように築かれた堀。堀底は破線、頂部が実線となる。

虎口と土塁
虎口は土塁の切れ目にある曲輪への入り口。土塁の頂部は実線、底は破線で表現される。

土橋
堀を渡るために築かれた。土橋部分は実線で表現される。

丸子城／中井均作図

近世の城

近世の城の特徴と構造

近世城郭を構成していた建造物やパーツを知る

A 信長が創出した天守は、権威を示すシンボルタワーとしての役割を持ち、様々な意匠に彩られていた。ただし、天守が建てられなかった城も多い。➡P104

B 城主の住まい兼、幕府や藩の政庁でもあった御殿は、城の中心的役割を果たした。本丸御殿に藩主が住み、二の丸以下の御殿は前藩主や家族の住まいとなるのが一般的だった。➡P108

C 中世までの簡易な櫓と異なり、礎石上に建つ恒常的建物へと発達。泰平の世になると防御ポイントとしての軍事的役割は薄れ、倉庫や遊興的施設として用いられるようになった。➡P110

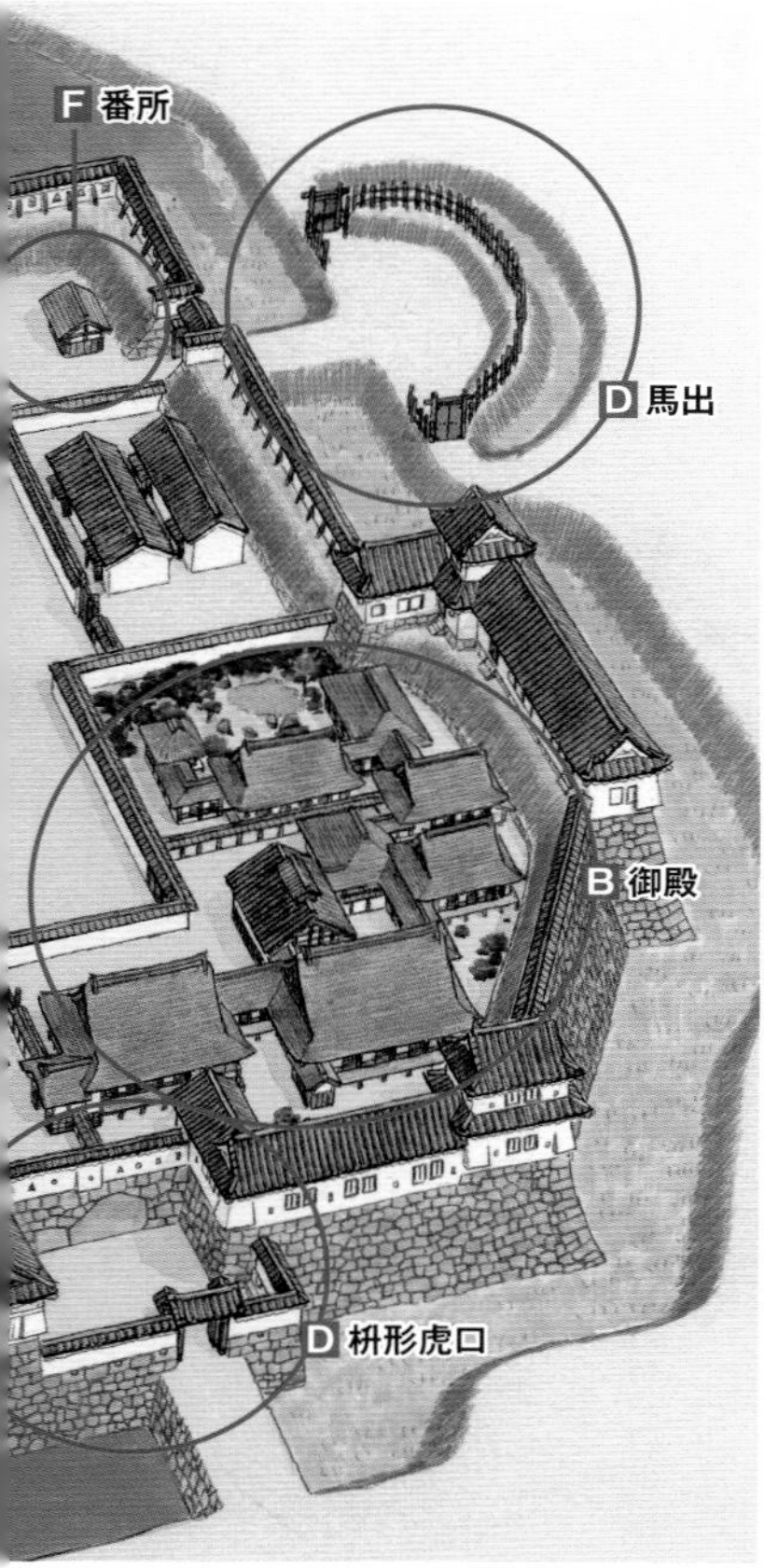

軍事の城から見せる城へ

「城」と聞いて私たちがイメージする、水堀や高石垣に囲まれ、天守がそびえる城は、織田信長が創出した近世城郭の姿である。近世城郭では石垣が導入され、礎石建物が築かれ、屋根は板葺きから瓦葺きへと変わった。「石垣・礎石建物・瓦」が近世城郭の三要素といえる。

信長の築城思想を受け継いだ豊臣秀吉は、天守や石垣を用いることで、城を統一政権のシンボルとした。城は軍事施設であるとともに、権威を「見せる城」⬇P86、138という役割を付加されたのである。また、御殿が築かれたことで、防御空間と居住空間が一体化することになった。

近世の城の特徴

D 戦国時代からあった馬出や枡形虎口は近世城郭にも用いられた。特に石垣と多聞櫓に囲まれた枡形虎口は鉄壁を誇り、全国の近世城郭に普及した。➡P120

E 高石垣や堀の築造技術の発達により、平地でも山城に負けない要害を築くことが可能になる。石垣は野面積から、打込接、切込接へと技術が進化した。➡P106

F 幕府や藩政のための政治空間として発達した城には、米や武器、金銀を保管する土蔵、登城者や不審者を見張る番所、軍馬を飼育する馬屋など様々な役割の建物が建てられていた。

城は身を守るための軍事施設

信長が築いた安土城以降、近世城郭は段階を経て発達・普及する。

安土城よりも巨大な大坂城を築くことで自らが天下人であることを示した秀吉は、統一政権の樹立とともに、配下武将や従属した諸大名に新城築城を許可した。諸大名は聚楽第・伏見城・名護屋城といった秀吉居城の割普請《わりぶしん》を通じて石垣や建造物の築城技術を習得し、新城で発揮することになる。こうして近世城郭は徐々に全国へ普及していく。

関ヶ原合戦後、軍事的緊張を背景とする「慶長《けいちょう》の築城ラッシュ」➡P142と、徳川幕府が主導する「天下普請」➡P144によって、近世城郭は一気に全国へと広まった。そして大坂の陣後に発布された一国一城令➡P146により、ほとんどの中世城郭が破却され、政庁となった近世城郭が残されたことで、「城＝近世城郭」という状況が生み出されたのである。

近世の城

城とイコールで語られる高層建築物

城の顔となった天守の構造

初期の天守は望楼型

天正《てんしょう》4年（1576）、織田信長によって築かれた安土城⬇P54には五重七階の天主《てんしゅ》（信長時代はこの漢字をあてる）と呼ばれる高層建築が本丸の中心に出現した。そしてそれ以後の城郭には必ずといってよいほど天守が造営され、近世城郭イコール天守というイメージとなる。

なお、天守の構造は初期の望楼《ぼうろう》型と後期の層塔《そうとう》型に分類することができる。望楼型とは天守出現期の構造で、一階または二階建ての入母屋造《いりもやづくり》の建物の上に、二階または三階建ての建物を載せる。巨大な屋根上に物見の望楼を載せたような形状から望楼型と呼ばれている。

層塔型の天守と外観

一方、層塔型は慶長13年（1608）に藤堂高虎が造営した今治城《いまばり》⬇P213が最初である。層塔型は各重の屋根を四方に均等に葺《ふ》き下ろし、上階を下階より規則的に逓減《ていげん》（小さくすること）させて積み上げていく構造となる。その構造が三、五重塔と同じであることから層塔型と呼ばれている。

天守は外観の重数と内部の階数が一致しない場合がある。このため外観の屋根の数を重で表し、内部の階数を階で表す。たとえば姫路城⬇P64では五重六階と表し、彦根城⬇P56では三重三階と表している。なお、「天守閣」とは明治以降の呼称であり、江戸時代は天守と呼ばれていた。

お城マメ知識　城主は天守に住んでいたのか

大名の権威の象徴だった天守。城主は天守から城下を見下ろしているようなイメージがあるかもしれないが、実は天守に住んだのは織田信長だけ。戦時の最終拠点としての役割もあったものの、普段は倉庫代わりに使われていたようだ。なるほど、現存天守の内装はいたって簡素で、ほとんど人が立ち入らない場所だったことにも納得がいく。生活や政務の場は御殿であり、就任時の一度だけしか天守に登らなかった城主もいたほどだ。

高知城の天守　江戸時代に再建されたこの天守には、いったい何人の殿様が登ったのだろうか。

天守の構造と構成

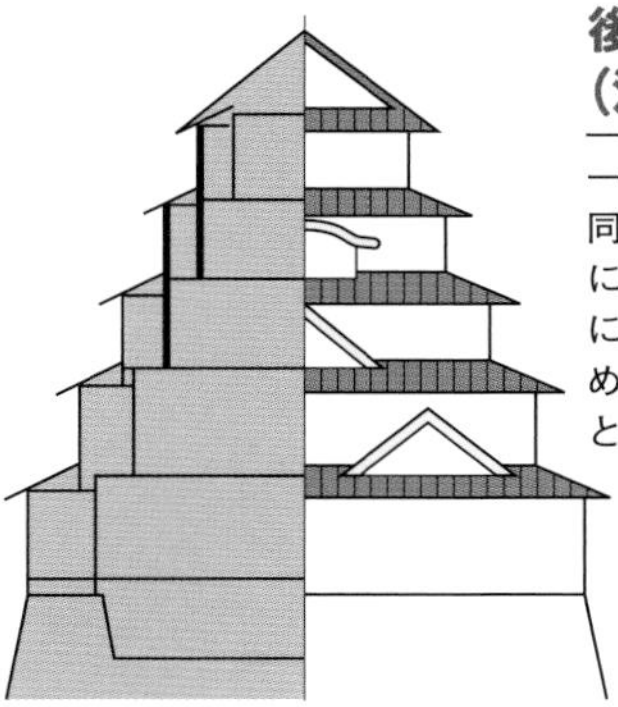

後期層塔型（江戸城天守）

一階から最上階まで、同じ形の建物を規則的に小さくしながら順番に積み上げていくため、巨大天守を築くことができる。

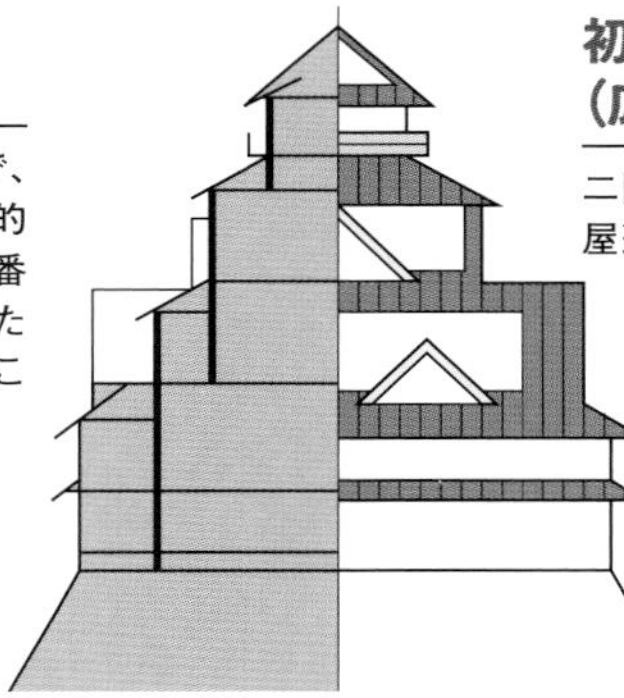

初期望楼型（広島城天守）

二階建ての大きな入母屋造の建物の上に、三階建ての望楼を載せた典型的な望楼型の天守。望楼の形は自由なため豪華に見える。

層塔型の宇和島城天守➡P212

望楼型の犬山城天守➡P44

天守の構成

天守は単独で構成されるものから、櫓や小天守などの建築物が附属するものまで様々あり、大きく分けて4つの種類に大別される。

独立式

天守だけが単独で建てられている。宇和島城、丸岡城など。

複合式

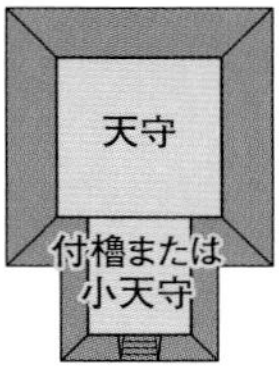

天守に付櫓や小天守が接続する。松江城、彦根城など。

連結式

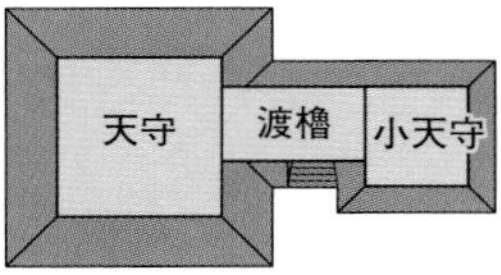

天守と小天守が渡櫓で結ばれる。名古屋城、松本城など。

連立式

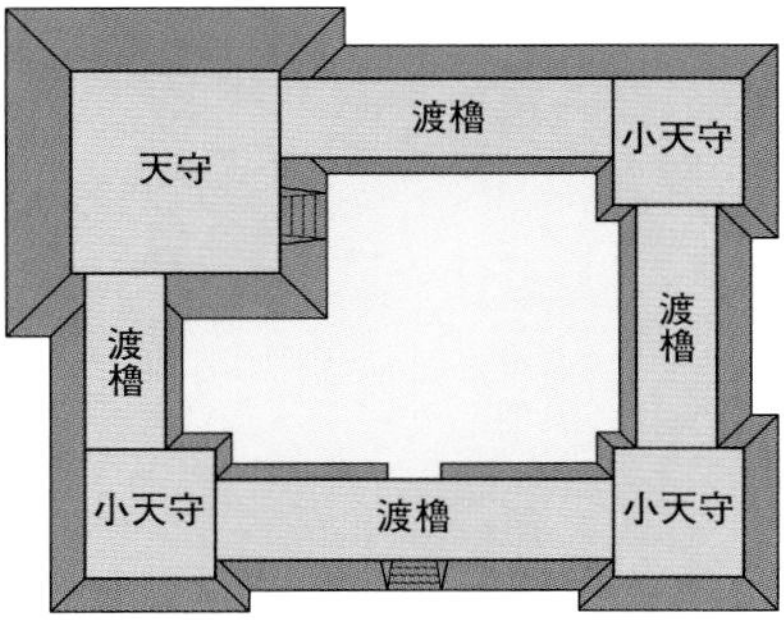

大天守と2基以上の小天守が渡櫓で結ばれる。姫路城、伊予松山城など。

近世の城

石の積み方や加工方法にも種類がある

石垣の加工法とその種類

石材の加工法は3種類

近世城郭の大きな特徴として石垣がある。この石垣は石材の加工によって野面積《のづらづみ》、打込接《うちこみはぎ》、切込接《きりこみはぎ》の3種類に分類される。これらの用語は荻生徂徠《おぎゅうそらい》が『鈴録《けんろく》』で使用したのが最初である。野面積は自然石を加工せずに積み上げた石垣で、石材間に隙間が開く。法面《のりめん》（斜面）は緩やかで高さも低い。打込接は粗割石《あらわりいし》を用い、特に接合部を加工して石材間の隙間を減らし、隙間には間詰石《まづめいし》を打ち込み積み上げた石垣である。法面は野面積に比して急となり、反りも出現する。切込接は切石《きりいし》と呼ばれる加工石材を用いて石材間の隙間をなくしている。法面は急傾斜となる。

石の積み方は主に2種類

こうした石材加工とは別に石の積み方による分類がある。

乱積《らんづみ》は石材が不揃いのため横に目《め》地《じ》（継ぎ目）が通らない積み方。布《ぬの》積《づみ》は石材を横方向に並べて据え、横目地が通るように積まれた石垣である。さらに江戸時代中期以降になると石材を斜めに交互に積み上げる落《おとし》積《づみ》（谷積《たにづみ》）や、石材を六角形に加工して積み上げる亀甲積《きっこうづみ》も出現する。

関東から東北では石垣を用いず、土塁のみで築かれた近世城郭も多いが、これは石材が供給できなかったというよりも、むしろ関東以北の大名たちの戦国以来の伝統的な築城法として捉えられる。

お城マメ知識　オシャレのために行う石垣の「化粧」とは?

石垣の中には、表面に装飾を施したものがある。「化粧」といって、石材一つ一つの表面の凹凸を、ノミで丁寧に打ち欠く（はつる）のである。この化粧には2種類あって、はつりを全体にまんべんなく行うのが「はつり仕上げ」、すだれ状の細かい縦筋を入れるのが「すだれ仕上げ」だ。同じ石材・積み方でも、化粧の有無と種類でまったく違った表情になるので注目してみよう。こんなところも、大名の権威や美意識のアピールポイントになっているのだ。

江戸城➡P28　汐見坂の石垣。左側が「はつり」を施した石垣。右側は「はつり」の後に「すだれ」が施されている。

石垣の構造

駿府城➡P38　整備中の駿府城天守台の石垣。大量の栗石が入っていることがわかる。

名古屋城二の丸の落積

駿府城大手門の亀甲積

石垣の構造

石垣は石材と石材を組み合わせて築かれる。石材同士の奥の隙間を埋める石を飼石（かいいし）、さらにその奥に詰める排水用の石を裏込石（栗石）と呼ぶ。

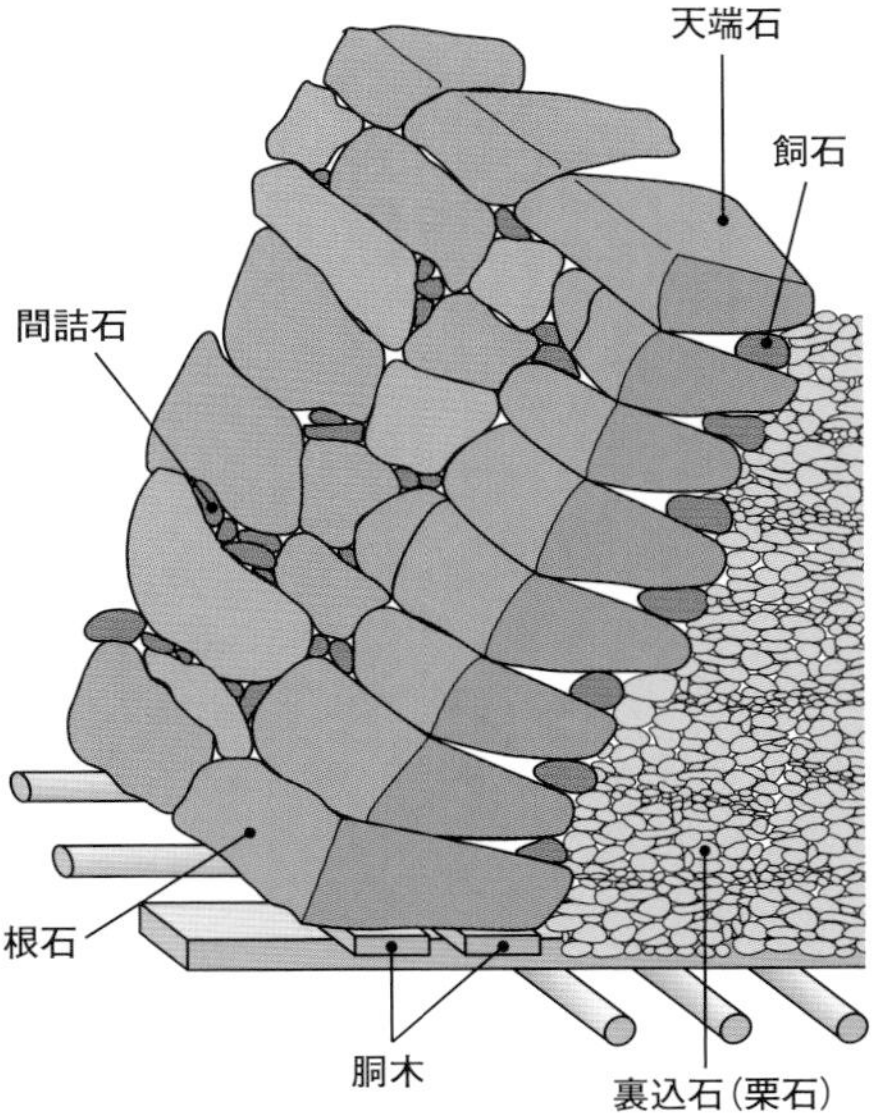

石垣の加工と積み方

	野面積 自然石を加工せずに積む	**打込接** 接合部を加工して間詰石を打ち込む	**切込接** 石を加工して隙間をなくする
布積 石材を選び横目地が通るようにする	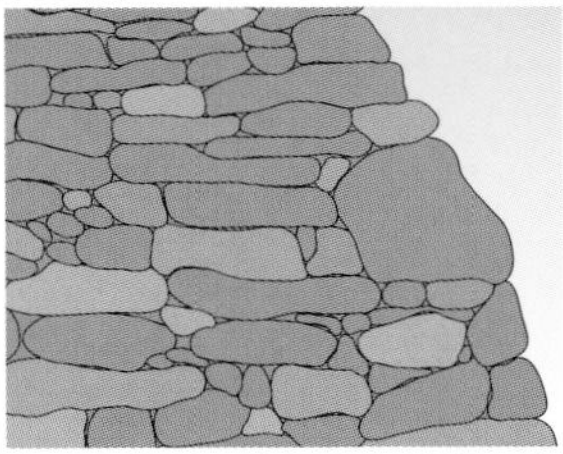	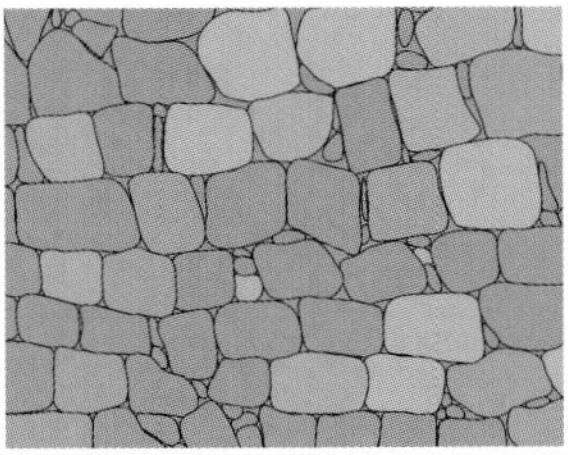	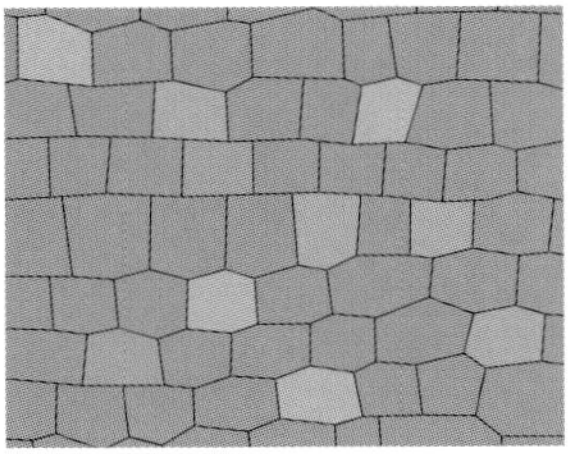
乱積 不揃いの石材を使い横目地を通さない	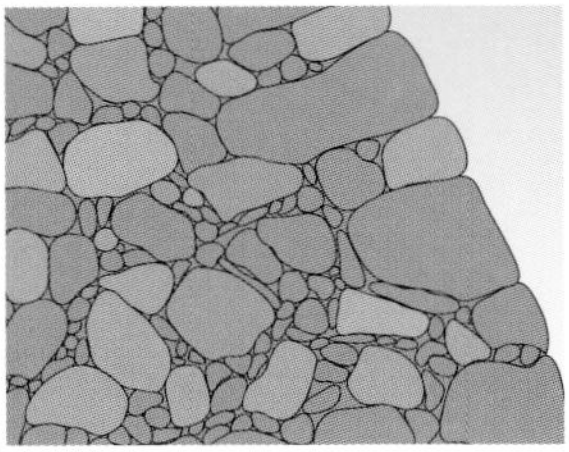	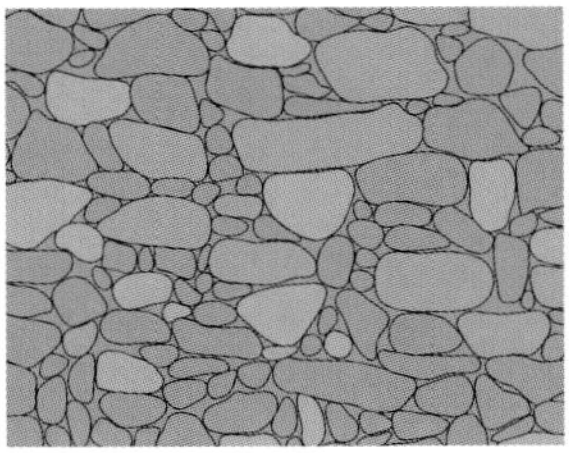	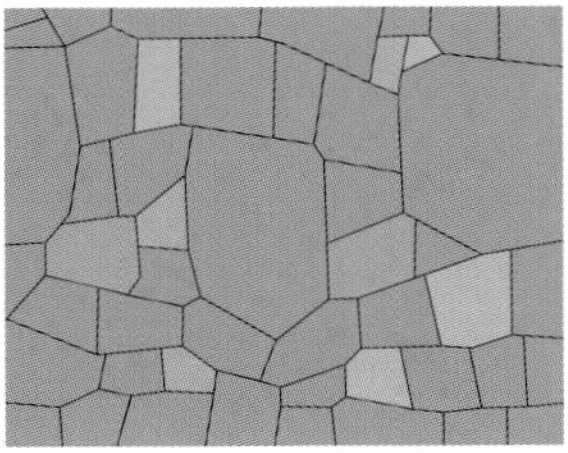

近世の城

城の中枢は天守ではなく御殿

御殿の役割と機能を知る

近世の城の中心は「御殿」

近世の城は、軍事だけではなく、領地支配の拠点として様々な機能を兼ね備えていた。実質的な城の中心は、天守ではなく御殿だった。対面・饗応、儀式、政庁といった公的役割を担ったのが表御殿で、城主と家族、女中たちが居住した私的空間が奥御殿だ。この「表と奥」の構造は、豊臣秀吉の大坂城本丸御殿を嚆矢《こうし》に、全国でスタンダードとなっていった。

しかし御殿も、明治の廃城令で大半が取り壊された。現存するのは、江戸初期築の二条城二の丸御殿、天守に直結した高知城本丸御殿、幕末に建てられた川越城本丸御殿と掛川城二の丸御殿の4か所のみである。

様々な付属施設が立ち並ぶ

軍事拠点・政庁・住居の一体化にともない、近世の城には多くの付属施設が立ち並ぶこととなった。代表的なものが蔵である。その中で最も多かったのが、年貢米や兵糧米を貯蓄した米蔵だ。この他にも、火薬庫や武器庫、金蔵、文書蔵、塩蔵、薪蔵など、多岐にわたる物資を多くの蔵で管理していた。また、最も重要な付属施設といえるのは、平時にも籠城時にも必須の井戸である。

その他、門の開閉・監視のための番所、中枢部に設けられた馬場付きの馬屋（厩）など。これらの作事は簡易で小規模だったため、残念ながら現存しているのはごくわずかだ。

お城マメ知識

武士に必須の生き物 城内で馬を飼育する

武家社会において欠くことのできない馬。飼育用の施設である「馬屋」は戦国時代にもあり、城内には城主専用の馬を飼育する馬屋が必ず建てられていた。近世の城では、中枢部に設けた馬場に接していた。城によって馬屋の規模は異なり、数頭程度から数十頭もの馬が飼えるものまであった。唯一の現存例である彦根城の馬屋は、21室構造。長屋門が付属していて、門の南側の1室が管理用の小部屋と番所を兼ねていたとみられる。

彦根城の馬屋　現存する唯一の馬屋は彦根城にある。建物はL字形で、21頭の馬を収容することができた。

居住空間と政庁機能をあわせ持つ御殿

名古屋城➡P42　江戸時代の記録や古写真をもとに本丸御殿の復元が行われ、2018年にすべて完成した。

寛永期の江戸城

江戸城の本丸御殿は、公的な空間である「表」、居住空間である「奥」に分けられ、さらに「奥」の中に将軍の家族が住む「大奥」がある。西の丸御殿は隠居所や次期将軍の住まい、二の丸御殿は前将軍の住まいとして使用された。

様々な付属建築物

二条城の米蔵　年貢米の貯蔵に使われていた土蔵（南側のもの）。二条城には米蔵が3棟現存する。

大坂城の焔硝蔵　火薬の保管庫。耐火、防水などのために花崗岩が使われている。

近世の城

城の守りの要となった建造物

様々な種類がある櫓と門

多様な名称と用途

櫓とは矢倉、矢蔵とも表現されたように、弓矢を常備する防御施設で、中世以来の城郭施設である。戦国期には物見と射撃の拠点となり、曲輪の要所に配備されていた。慶長年間になると種類と数が急増し、門と並んで城の重要な防御施設だった。

櫓の形状は様々で三重櫓、二重櫓、平櫓と、長屋状の多聞《たもん》櫓があった。こうした櫓は規模・形状による名称の他、設置場所、収納品、機能、由来、伝承、地名・人名などによる名称が付けられていた。

城の防御力を高める櫓も、太平の世になると戦闘目的ではなく、物置や長屋として使われるようになる。

守りの要だった櫓門

櫓とともに城郭にとって最も重要な防御施設として門がある。戦闘時には防御の最前線となるため、特に虎口に設けられた城門は厳重に築かれていた。

中でも城門として最も特徴的かつ厳重に造られていた櫓門は、門の上に櫓を構えた構造で、正面には連続格子窓を開き、石落しを設けるなどして、門の頭上より攻撃を加えられるようになっていた。そして高麗《こうらい》門と連結して枡形門を形成することが多かった。

門の種類としては櫓門、高麗門の他に、薬医《やくい》門、棟《むね》門、長屋門、塀重《へいじゅう》門、冠木《かぶき》門、唐門、埋《うずみ》門などがある。

弘前城の天守　日本最北端にある現存天守。一度焼失し、櫓という名目で再建された。

お城マメ知識

天守造営禁止のため三重櫓を天守の代わりに

櫓の中でも特に三階櫓、御《ご》三階と呼ばれるものがあった。これらは天守に相当する施設であるが、元和以降の築城では武家諸法度による築城規則により、天守造営は許可されなくなる。そこで天守相当の三重櫓を造営しても天守と呼ばず、三階櫓や御三階と称したのである。実は現存する天守の中でも弘前城➡P22や丸亀城➡P74は御三階櫓であった。

様々な形状を持つ櫓

江戸城富士見櫓　江戸城の櫓としては唯一現存する三重櫓。本丸東南隅に位置する。

福岡城多聞櫓　高石垣の上に造られた防御性の高い櫓。内部は16の部屋に分かれている。

彦根城天秤櫓　中央の門を支点にした天秤のように見えることからその名がついた。

多種多様な門

二条城の唐門　屋根に唐破風がついた装飾的な門。織豊時代の豪華な遺風を今に伝える。

駿府城の高麗門と櫓門（復元）　高麗門は３つの屋根を持ち、櫓門と連結し枡形を形成した。

水戸城の薬医門　櫓門に次ぐ格式を持つ薬医門。名前の由来は定かではない。

高松城の埋門　埋門は石垣の間に築かれた小型の門で、主に裏門として使われる。

近世の城

曲輪の配置から縄張の全体像をつかむ

代表的な縄張の分類形式

代表的な縄張と特徴

近世城郭では曲輪のことを丸と呼んでいる。これは軍学で「城は小円をよしとする」とされたことに由来する。この曲輪配置を縄張というが、近世城郭では縄張に規則が認められ、軍学者たちによって分類が試みられている。その代表的な縄張の形式が輪郭式《りんかくしき》、連郭式《れんかくしき》、梯郭式《ていかくしき》である。

輪郭式とは本丸を中心に同心円状に二の丸、三の丸がめぐらされる縄張である。本丸を防御する上では強固であるが規模が大きくなってしまうという欠点がある。

連郭式とは本丸、二の丸、三の丸を並列に配置する縄張である。大手（城の正面）からは縦深となるものの本丸側面の防御は手薄となる。

梯郭式とは本丸の二、三方を二の丸が囲い込み、さらに二の丸の二、三方を三の丸が囲い込む縄張である。本丸の囲まれない方面には崖面や河川、湖沼といった天然の要害が位置している。

どの配置にも当てはまらないもの

縄張の呼称は決して築城当時に分類されたものではなく、既存の城郭の構造を近世の軍学者たちが形式で分類したものに過ぎない。このため形式に当てはまらない姫路城は螺旋式として分類されている。

その他には、五稜郭など西洋式城郭に用いられる稜堡式《りょうほしき》、階段状に築かれる階郭式《かいかくしき》などがある。

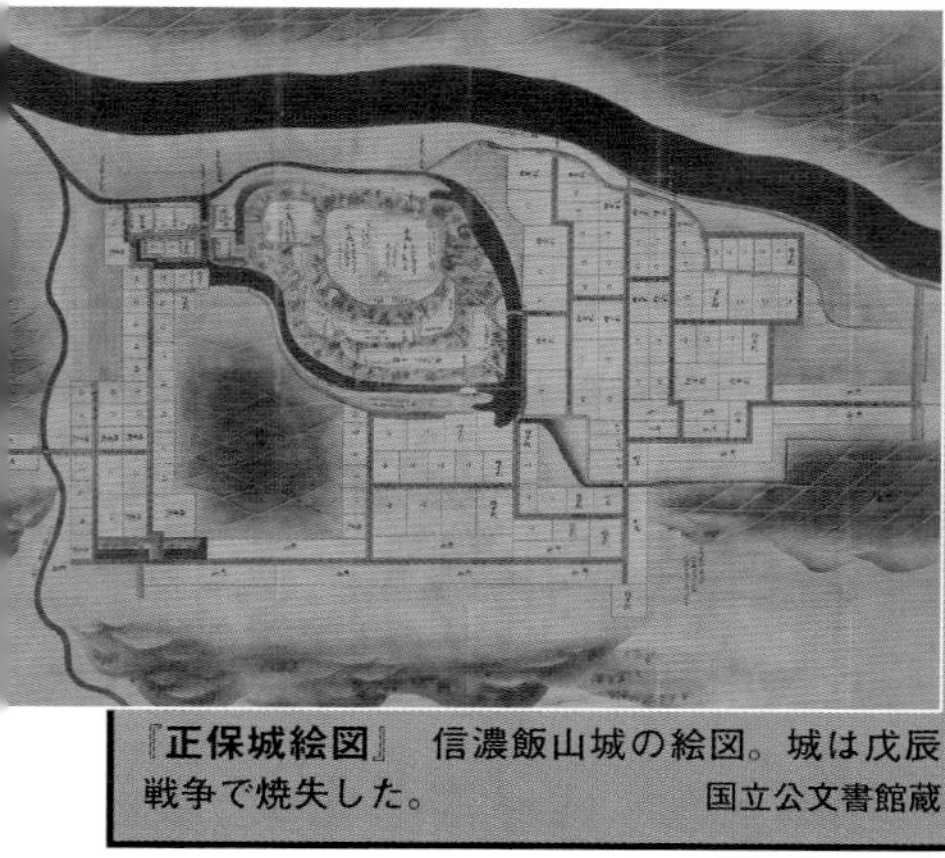

『正保城絵図』 信濃飯山城の絵図。城は戊辰戦争で焼失した。 国立公文書館蔵

お城マメ知識 江戸幕府が提出させた『正保城絵図』とは

正保元年（１６４４）、江戸幕府は諸藩に命じて国絵図と城絵図を作成させ提出させた。この城絵図を『正保城絵図』と呼んでいる。石垣や堀、塀の幅や高さなどが明記され、中には山城、平山城、平城などと明記したものもある。約１６０枚作成されたが、現在国立公文書館にそのうち63枚が保管され、重要文化財に指定されている。

主な縄張の分類方法

輪郭式

城の中心に本丸を置き、周囲を他の曲輪で囲ったもの。

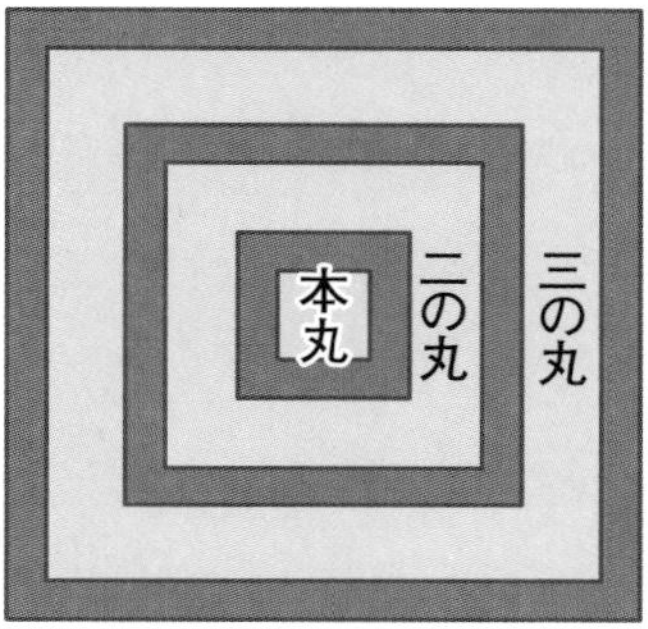

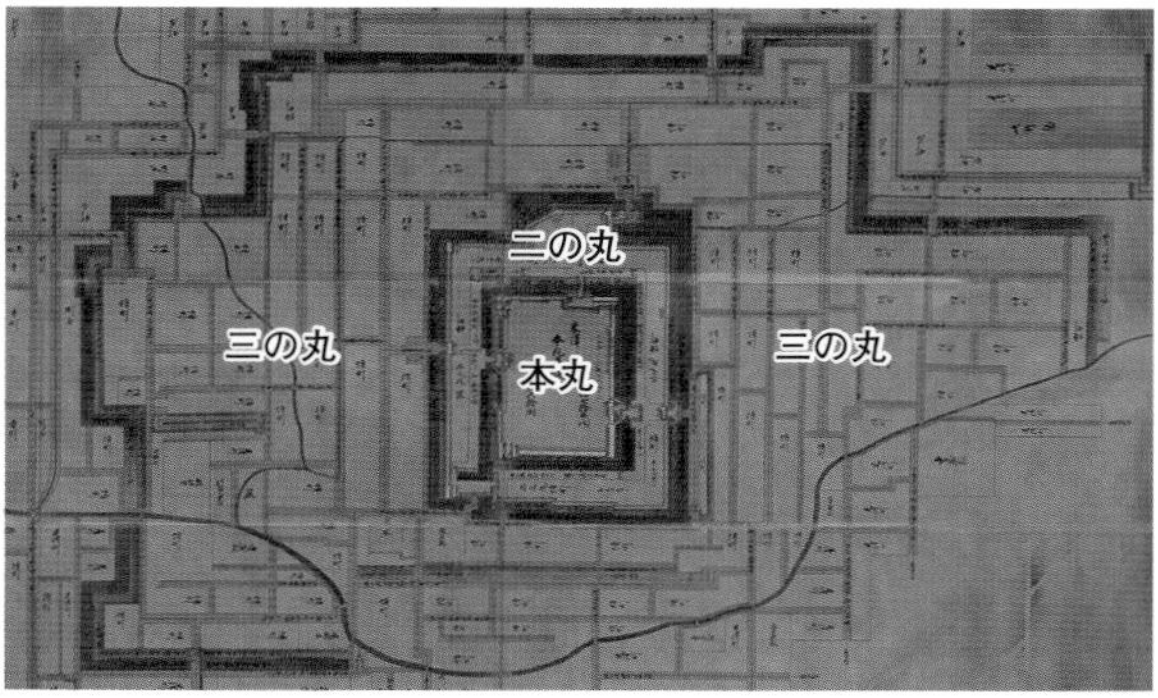

米沢城絵図／国立公文書館蔵

連郭式

本丸とその他の曲輪を並列に配置したもの。

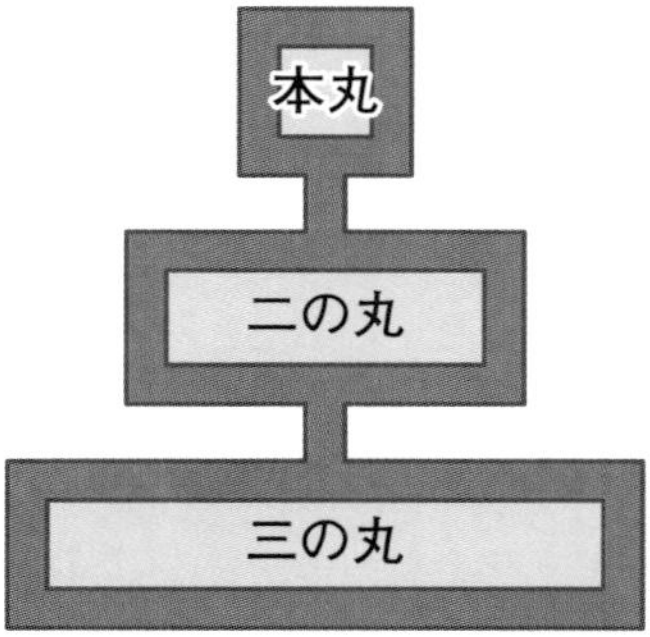

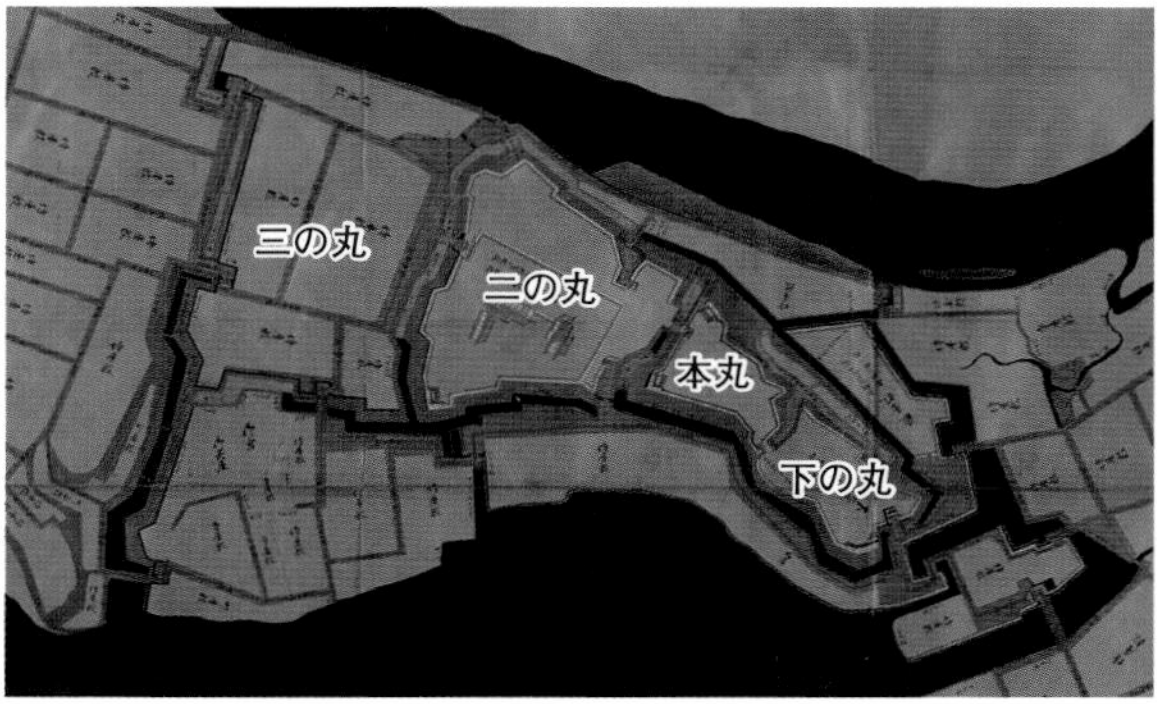

水戸城絵図／国立公文書館蔵

梯郭式

天然の要害を背に本丸が築かれ、その他の曲輪が周囲を囲う。

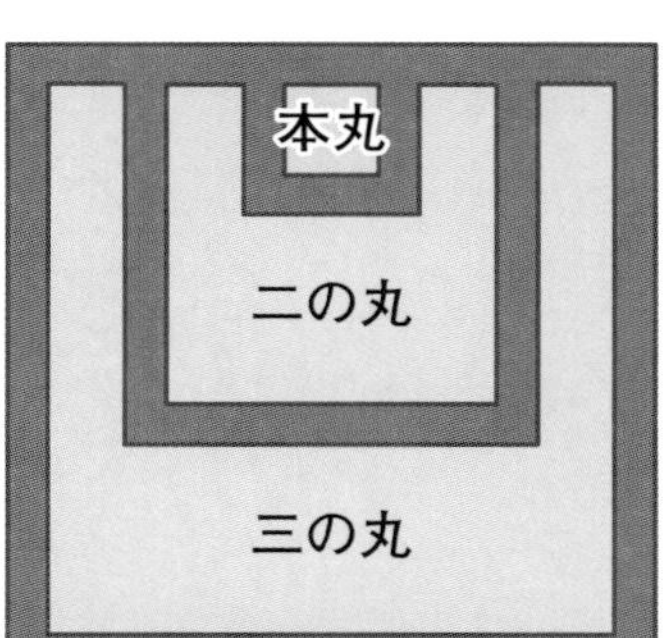

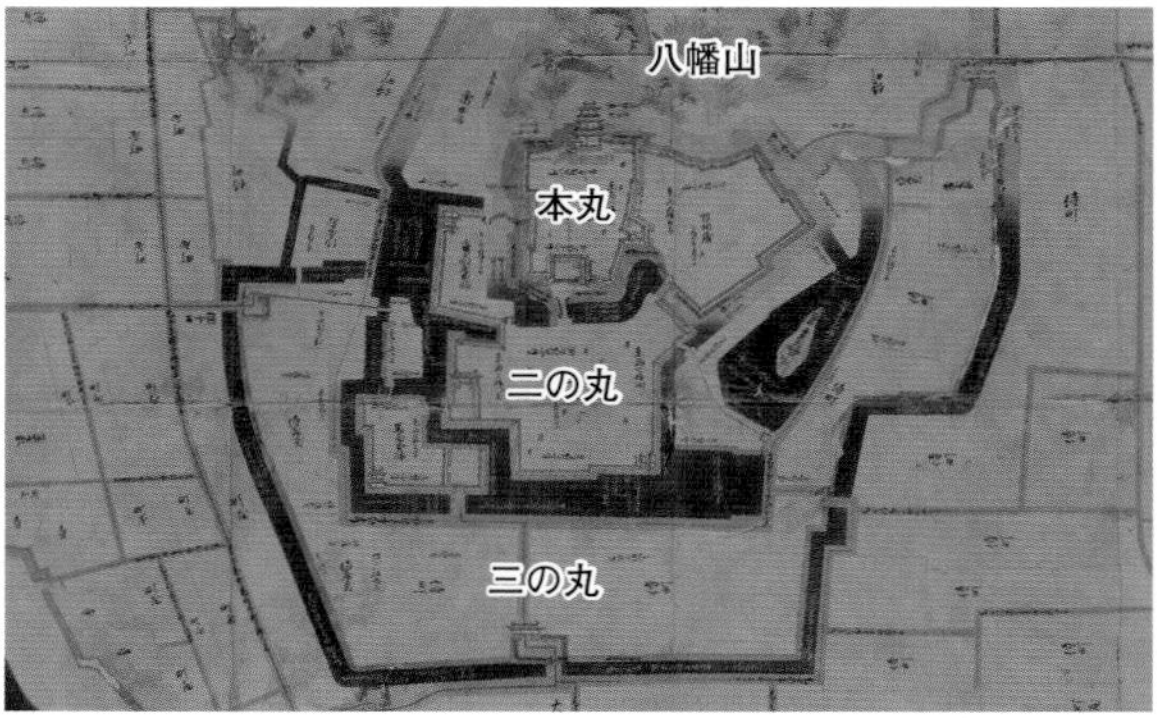

小田原城絵図／国立公文書館蔵

城をめぐる攻防

本城を守るための防衛システム

支城ネットワークを構築

領国支配に有効な支城

戦国大名は領国を支配するために本城を中心に領国内の要衝に支城を配してネットワークを整備していた。本城は大根城《おおねじろ》と呼ばれ、各地域の拠点となる支城は根城《ねじろ》と呼ばれていた。戦国時代には平地や山麓に本城が置かれ、有事の際に籠もる詰城《つめじろ》を山上などに設置した。

こうした大根城と根城、あるいは根城と根城との間で情報を伝達するために宿駅・街道が整備され、さらには伝馬制が配備された。たとえば北条氏は伝馬制の充実を図っていたし、武田氏は棒道《ぼうみち》と呼ばれる直線的な道路を築いて兵の移動をたやすくしていたといわれている。

つまり軍の素早い進攻を可能とし、物資の運搬や後方との連絡線としても利用されたのである。さらに武田氏は狼煙《のろし》網を整備していた。狼煙台は見晴らしの良い山上にあり、支城と重なって構えられた狼煙台も多かった。

隣国への攻撃にも威力を発揮

こうした道路上には根城間の中継地点として繋ぎの城が築かれ、さらに早急に情報を伝えるために通信基地として伝えの城が配置されていた。また、領国の国境には前線基地となる境目《さかいめ》の城が築かれ、最前線の防御を担っていた。

こうした本・支城体制は領国防衛だけではなく、隣国への攻撃にも大きな威力を発揮する。

北条氏の支城ネットワーク　小田原城を本城として、伊豆の韮山城、相模の玉縄城、武蔵の八王子城、上野の松井田城などを支城として防衛網を構築していた。

支城ネットワークと各城の役割

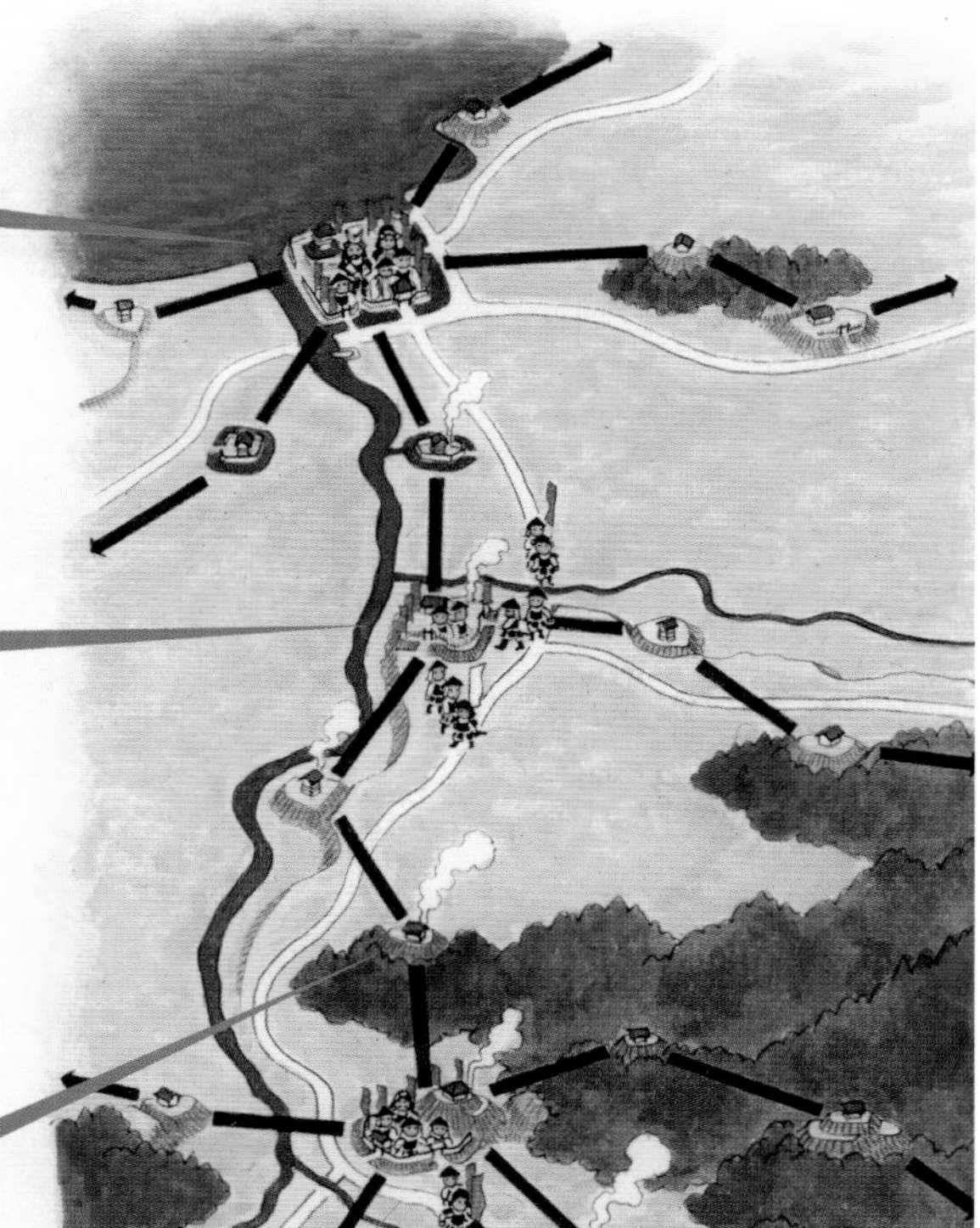

大根城(本城)

領国経営の中心となる城で、多くの支城を束ねる本拠地。

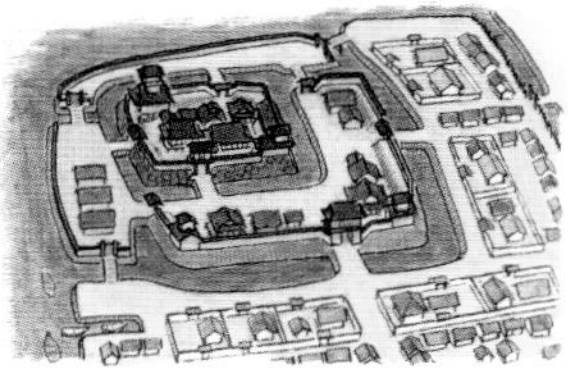

繋ぎの城(中継地点)

2つの重要拠点を結ぶ中継点に位置する城。広い駐屯地を確保していた。

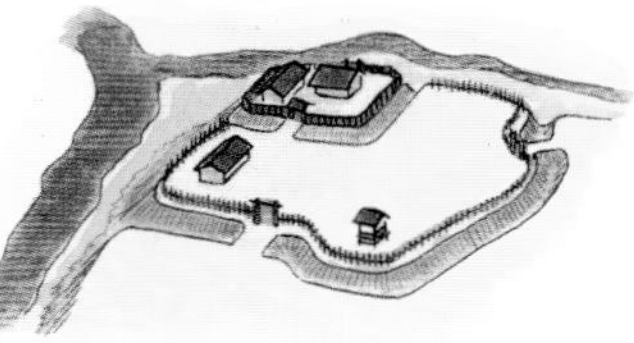

伝えの城(通信基地)

城と城の情報伝達のための城。狼煙を上げるために見通しのきく所に築かれた。

根城(有力支城)

各地域の拠点になる有力な支城のこと。中継基地にもなった。

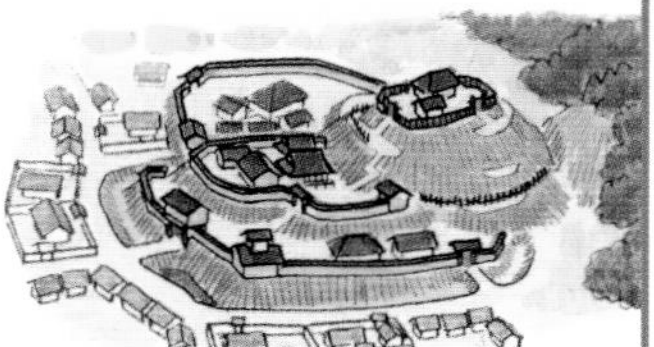

境目の城(前線基地)

国境付近に築かれた最前線の城。防衛の要であり、侵攻の拠点でもある。主要街道をおさえる山上に築かれた。

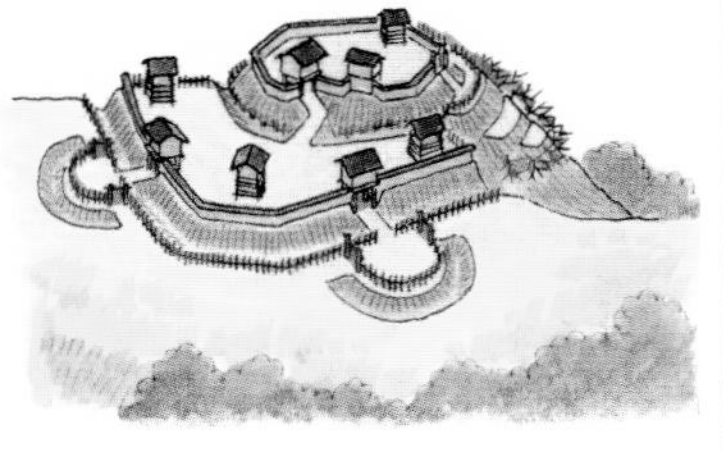

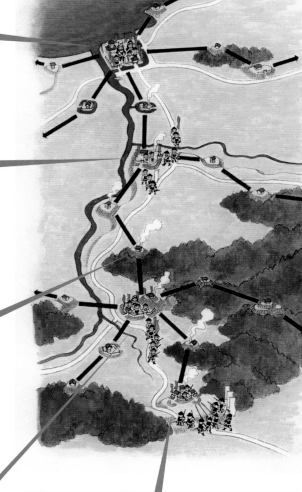

城をめぐる攻防

攻城戦の方法と後詰め

陣城を築き敵城を囲む

長引く攻城戦では陣城も登場

攻城戦ではまず、標的の城の近くまで進軍し、陣を構える。そして城下の民家を放火・略奪し、収穫直前の田を刈る刈田《かりた》などの狼藉をはじめる。また、城内に向かって罵詈雑言を浴びせる言葉合戦なども盛んに行われるたようである。

長期戦の場合、この段階で付城《つけじろ》と呼ばれる陣城《じんじろ》が攻める相手の城郭の周囲に構えられる。さらに陣城とともに、落とす城の全体を囲む柵や、竹束牛《たけたばうし》の塀を互い違いにセットして城内からの攻撃を避け、城に近づく仕寄《しよ》りには仕寄り道と呼ばれる空堀が付随するが、こうした構造は近代戦の塹壕《ざんごう》戦と同じものであった。

後詰めが籠城戦の勝敗を決める

一方、籠城する側は援軍なしには勝算は立たない。城に攻められている間、後方の援軍を想定し、これが敵の背後を攻めることにより挟撃を可能とするわけである。

こうした後方の援軍を後詰《ごづ》めといい、籠城戦の勝敗を決する重要な兵力であった。

たとえば武田氏と徳川氏の領国の境目にあたる長篠城⬇P193では、両軍による激しい争奪戦が繰り広げられていた。武田の大軍に囲まれた長篠城救援のために行われた長篠の戦いで、長篠城が攻城戦に耐えることができたのも徳川家康、織田信長軍の後詰めがあったからである。

石垣山城から小田原方面　小田原城や相模湾を一望できる立地にある石垣山城。関東で最初に造られた総石垣の城でもある。

お城マメ知識　攻城戦が多かった織田・豊臣の陣城

織田信長・豊臣秀吉は、付城となる陣城を築く攻城戦が多い。その陣城は土塁を築き、虎口に対しては横矢が掛かるよう塁線に屈曲がつけられ、曲輪周辺には横堀をめぐらせて遮断線としている。

こうした陣城は極めて臨時的なものであった。秀吉は鳥取城攻めでは太閤平《たいこうがなる》と呼ばれる陣を築き、小田原城攻めでは、石垣山城⬇P180と呼ばれる石垣造りの陣城まで築いている

城攻めの開始

城を攻めるにあたっては、まず補給路を確保し、本陣となる陣所を構え、目標の城を取り囲むように陣城を配置する。さらに城下の田畑の刈り取り、民家への放火や略奪、言葉合戦などが行われた。

陣城を造る

攻城戦用の陣城を付城、対の城などと呼んだ。空堀、土塁などで構えられるが、その規模は極めて小さい。また構造も方形といったシンプルなものが大半である。こうした陣城に入るのは武将クラスであり、大半の軍勢は陣城の外側に小屋などを設けて露営していた。

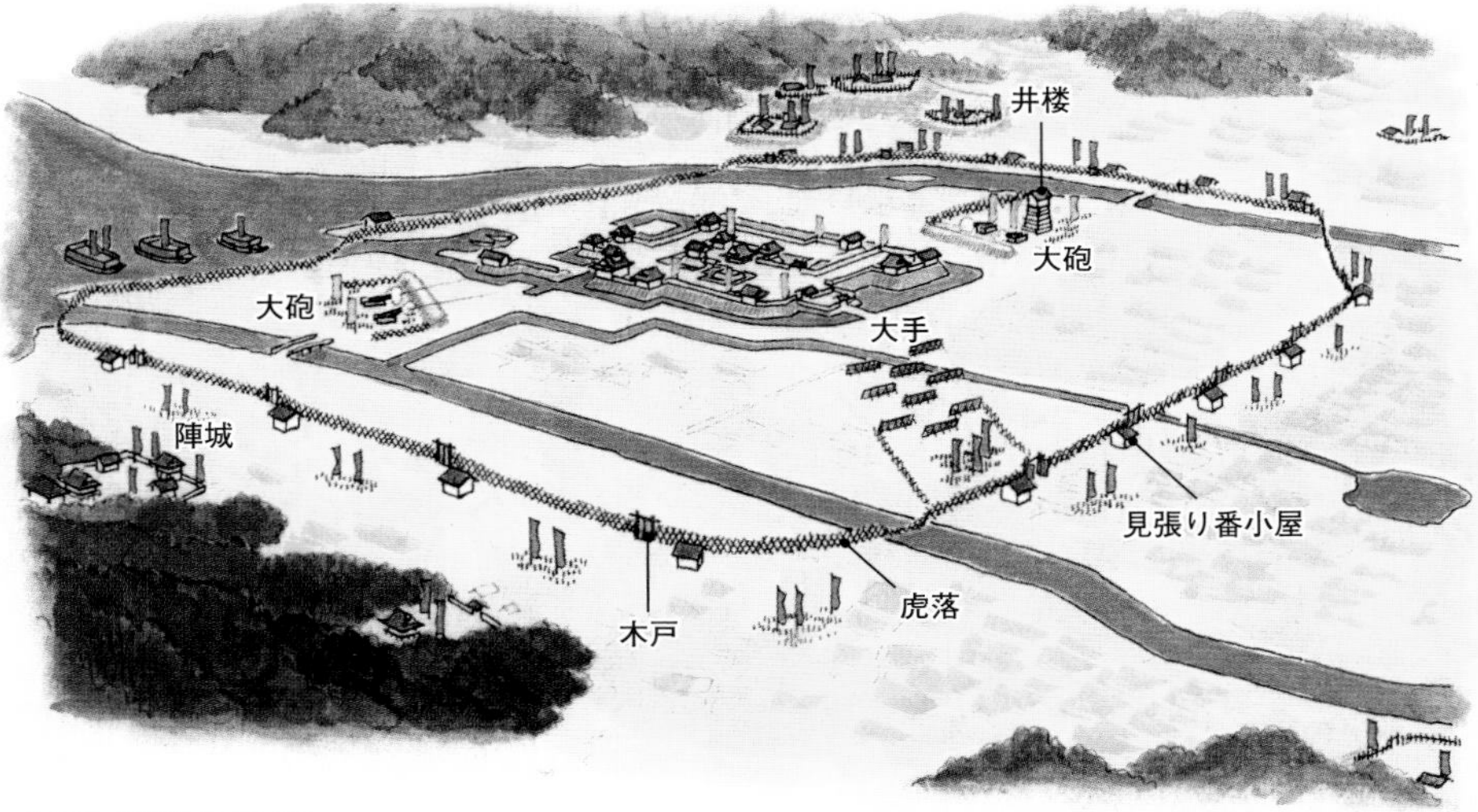

城の包囲の仕方

攻める城を囲むように陣城を構え、さらに柵列をめぐせて、這い出る隙間もなくしてしまう。柵は虎落（もがり）、鹿垣（ししがき）などと呼ばれていた。そしてこの柵列の内側に攻撃用の施設を構築していったのである。

城をめぐる攻防

城攻めの方法と攻城兵器

どのようにして城攻めを行ったのか

凄惨を極める城攻め

攻城戦には様々な方法があった。弱点となる場所から一気に城内への侵入が行われる場合が最も多いが、四方に陣を構えて包囲し、兵糧攻めを行ったり、水の手を断ち切る枯渇《こかつ》攻めを行ったりもした。豊臣秀吉による三木城攻めは三木の渇《かつ》え殺し、鳥取城攻めは干殺しと呼ばれ、餓死者がでるほどの凄惨な籠城戦であった。また特異な例ではあるが、秀吉による高松城攻めや太田《おおた》城攻め、忍《おし》城攻めでは、低地に位置する城の周囲に堤を築いて河川の水を引き入れた水攻めが行われた。また、武田信玄は坑道を掘削して地下から城内に侵入する城攻めを行っている。

軽火器から大砲まで多様な兵器

こうした城攻めには多くの兵器が用いられた。基本的には鉄砲、火矢といった軽火器が中心であったが、関ヶ原の前哨戦の大津籠城戦、大坂冬の陣・夏の陣では大砲も登場する。大津城攻めでは城を見下ろせる山上より城内に向かって砲撃を加えた。この大砲による攻撃に京の町衆《ちょうしゅう》は手弁当で見物にいったという。大坂の陣では城の前面に築いた築山より砲撃した。しかし、いずれも前装砲で砲弾は炸裂せず、建物の壁を打ち破る程度の威力しかなかったが、城内兵への心理的効果は大きかった。また、仕寄《しよ》りには竹束《たけたば》などが使われ、井楼から援護射撃を行った。

お城マメ知識

屏風絵に描かれた提灯と鳴子

慶長19年（1614）の大坂冬の陣を描いた屏風の下絵が残されている。この「大坂冬の陣図屏風」には緊迫した大坂城の様子が実に見事に描かれており、その一つが水堀に乱雑に打ち込まれた乱杭《らんぐい》と、櫓や塀に張られた鳴子《なるこ》と提灯である。夜間の城攻めを警戒して提灯を張り、敵が引っ掛けると鳴るように鳴子が吊り下げられたのだろう。

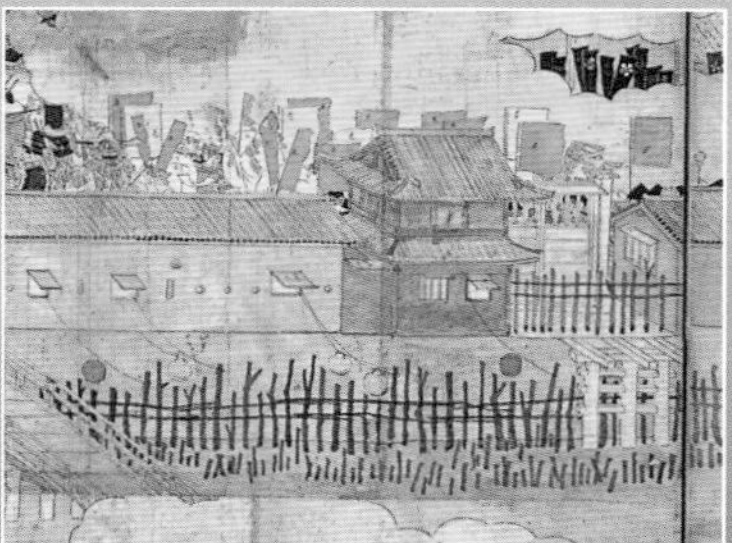

『大坂冬の陣図屏風』 屏風に描かれた提灯と水堀の乱杭。提灯は乱杭と塀の間に渡した縄に掛けられている。 東京国立博物館蔵

仕寄りの方法

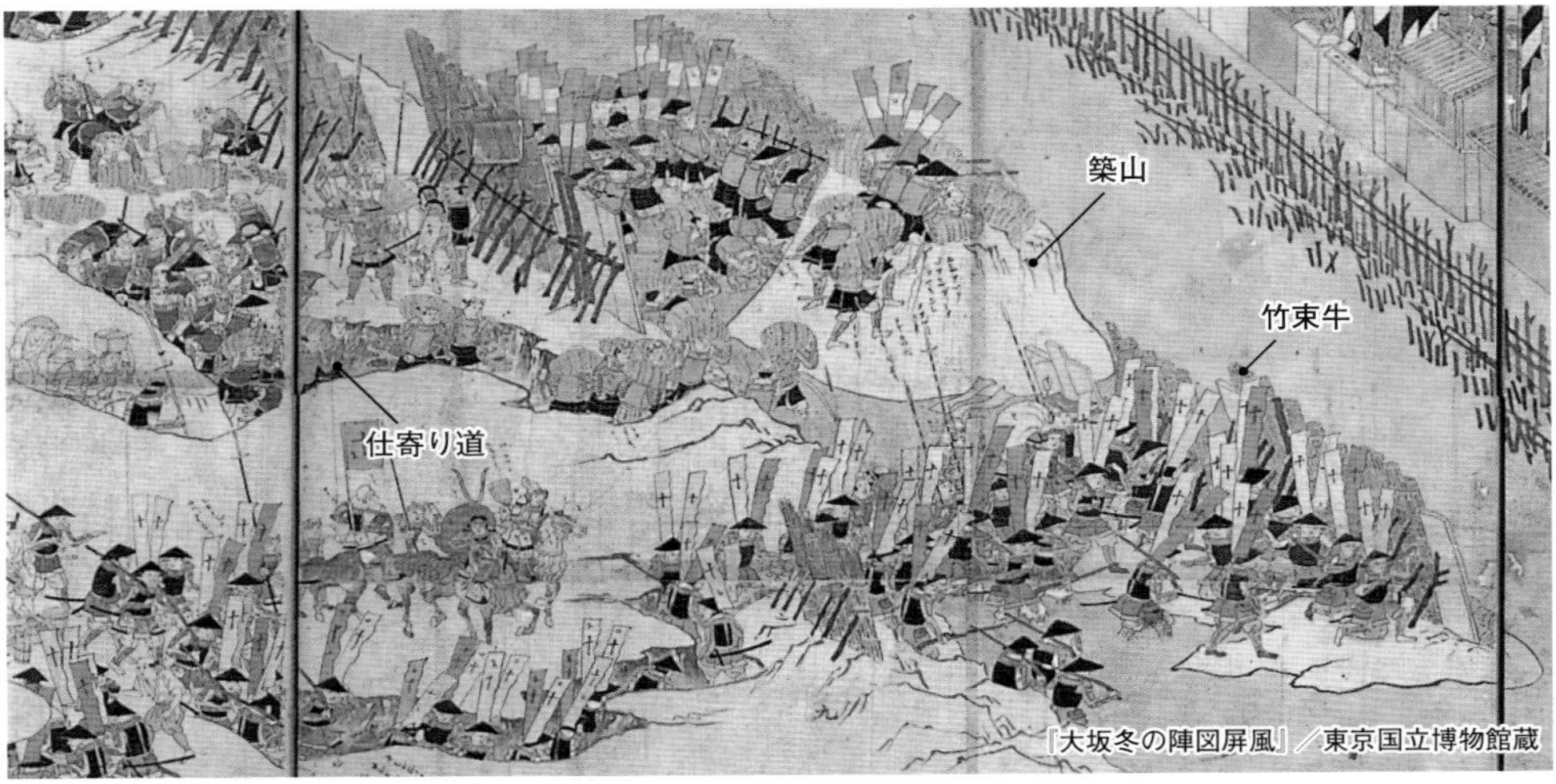

「大坂冬の陣図屏風」／東京国立博物館蔵

仕寄りを使った攻め方

「大坂冬の陣図屏風」や、「島原の乱図屏風」などには仕寄りが描かれている。イラスト右は竹束牛で造った仕寄りで、埋草（うめくさ）と呼ばれる土嚢なども用いられた。中央は竹束牛の後ろに仕寄り道をジグザグに設けたもので、近代戦の塹壕そのものである。左は井楼を組み、柵をめぐらせたものである。

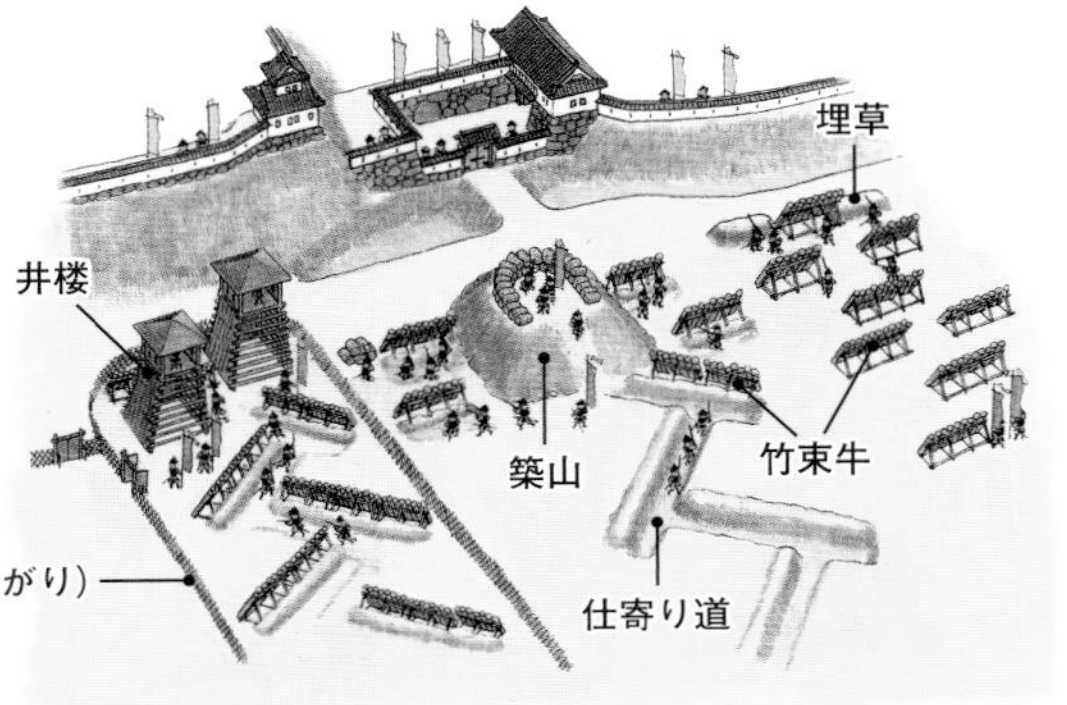

様々な攻城兵器を用いた

仕寄りに使う道具

一番簡単な道具は竹束や楯であるが、竹束を三角に組んだ軸木に固定した竹束牛も多用された。また移動できる仕寄りとして車竹束や、楯を並べた持備えなどもあった。攻撃方法としては、火矢や接近して炮烙を投げるということが行われた。

城をめぐる攻防

最も防御が堅い虎口での攻防

重要な拠点のため守り方が進化する

防御の要となる虎口

城の出入り口を虎口という。当初は出入り口を小さく造ることから小口と称していたが、その後、虎口と称するようになった。城への進入口として最も防備を固める場所である。

戦国時代後半までは単純な平《ひら》虎口であったものが、軍事的に発達して強固な虎口が誕生した。

喰違《くいちがい》虎口とは虎口の両側の土塁の塁線をずらしたり、交互に配して直進を妨げたものである。枡形は容量を計る枡のように四角に虎口を囲い込み、前面と片側側面に門を開口させるもので、枡形内に侵入した敵は前面と両側面の三方向からの攻撃にさらされることとなる。

虎口を守る馬出と横矢

特に枡形虎口は織豊系城郭以降に多用され、近世城郭の虎口の大半がこの枡形を導入している。塁線より突出した外枡形と、城内側に引っ込んだ内枡形がある。

また、虎口前面に小曲輪を設けて虎口を防御する馬出も戦国時代後半に出現する。小曲輪が半円形となる丸馬出と、方形となる角馬出があり、丸馬出は武田信玄が多用している。

さらに、虎口に取り付く土塁や石垣上より虎口を攻める敵に対して側射できるように塁線を屈曲させる工夫がされているものもあり、これを横矢と呼んでいる。横矢には両脇の塁線を屈曲させる相《あい》横矢もある。

お城マメ知識

城を枕に討死はほとんどなかった!?

戦国時代の籠城戦は「城を枕に討死」というイメージが強いが、実際の戦国時代の籠城戦では後詰めが望めずに勝てる見込みがなくなると、無理な戦いはせずに自ら城を焼く「自焼」を行って逃げるか降伏かを選んだ。

たとえば越後の上杉氏と相模の北条氏の二大勢力に挟まれた唐沢山城⬇P175をめぐる佐野昌綱《まさつな》と上杉謙信の攻防では、昌綱が降伏、謙信が奪い返す、昌綱が離反、ということが実に8回も繰り広げられた。

配下の降伏と引き換えに城主が切腹した高松城や鳥取城での戦い、城兵が全滅した高天神城での戦いは例外といえる。

武士道の美学とされる「城を枕に討死」は江戸時代以降に儒学が世間に浸透してから生まれた考えなのである。

枡形虎口の構造と虎口の種類

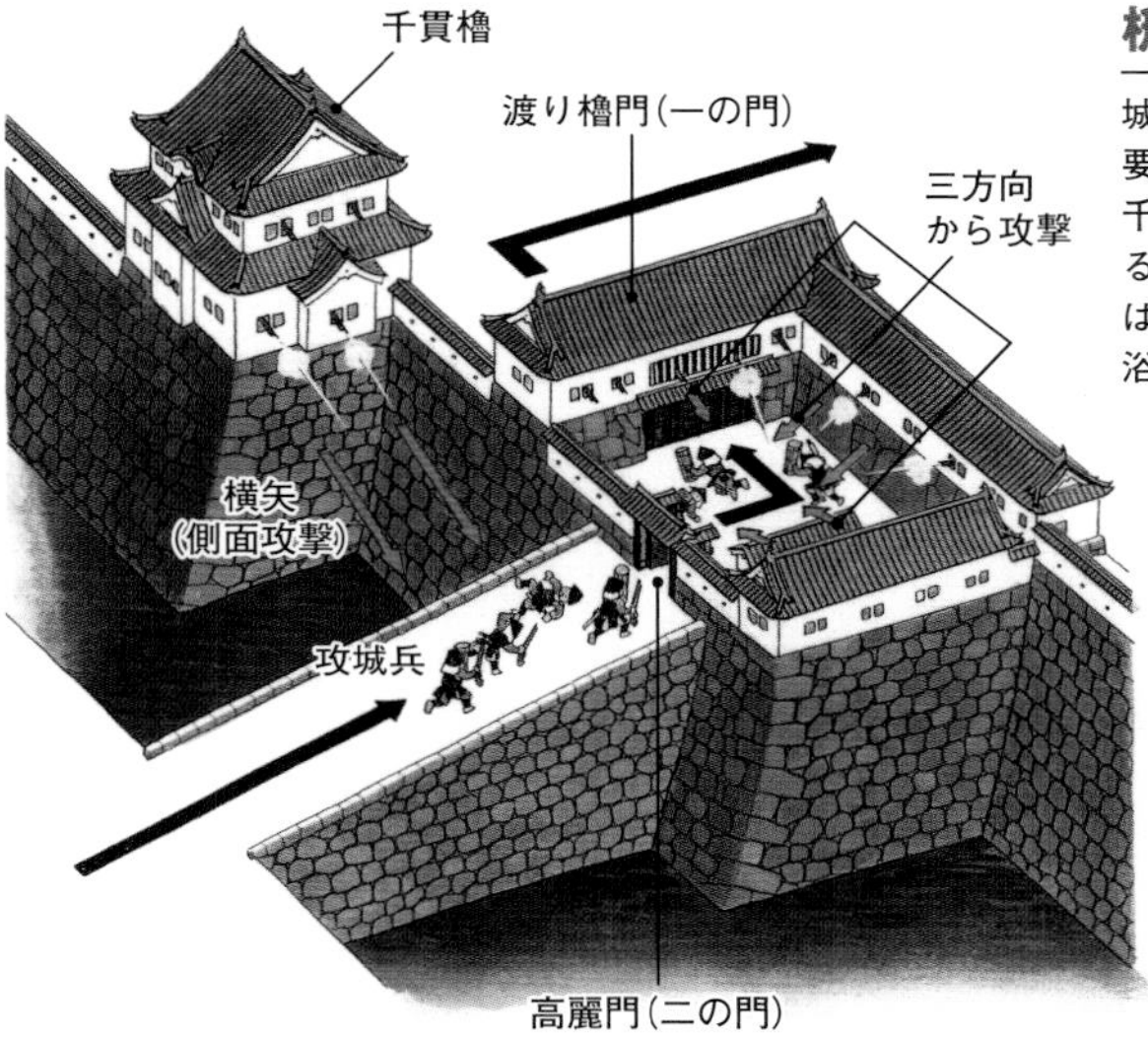

枡形虎口による防御

城の出入り口にあたる虎口の構えは城内防御の要であった。イラストは徳川期大坂城の大手で、千貫櫓が土橋に対して有効に横矢を効かせている。また、門内に突入すると左に屈曲しなければならず、正面と両側面の三方から十字砲火を浴びせられるようになっている。

大坂城➡P58　櫓門と連結して枡形虎口となっている大手門と、土橋や水堀に横矢を効かせる千貫櫓。

障壁・木戸

虎口の城外側に置くものを茀（かざし）、城内側のものを蔀（しとみ）と呼び、見透かされないようにしていた。

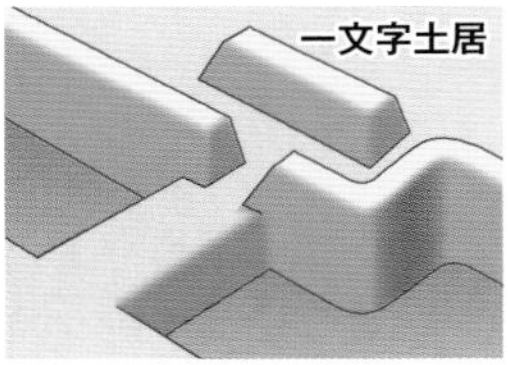

蔀と同様に虎口の城内側に設けた土塁で、虎口内へ敵が一気に乱入するのを防いだ。

枡形

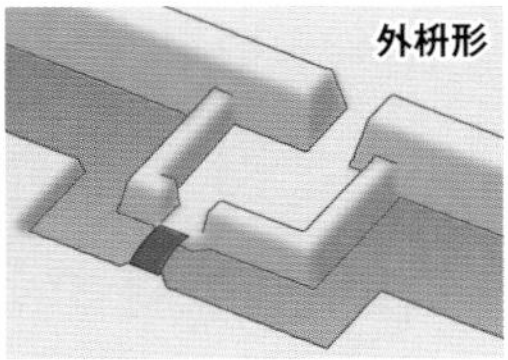

虎口に四角い区画を設け、2か所に城門を設けて、敵の直進を妨げた。塁線より突出して築かれたものを外枡形という。

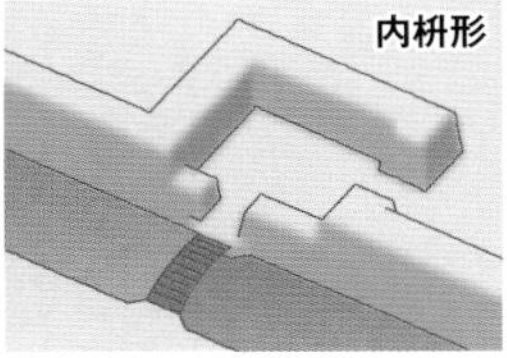

四角い区画を城内に設け、2か所の城門を直角にずらして構えた枡形を内枡形という。

屈折・喰違

山城では登り道をわざと折れて入れる折坂虎口の例が多く認められる。

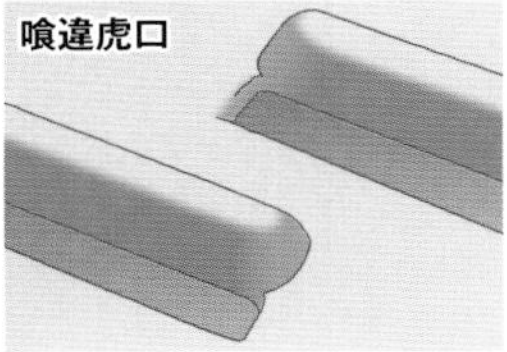

虎口両側の土塁をずらしたり、虎口内の通路を屈曲させたりして敵の直進を妨げた。

馬出

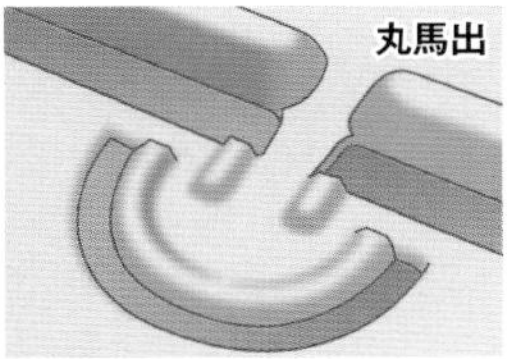

虎口の防御だけではなく、攻撃の起点となる橋頭堡的な施設として馬出がある。半円形のものを丸馬出という。

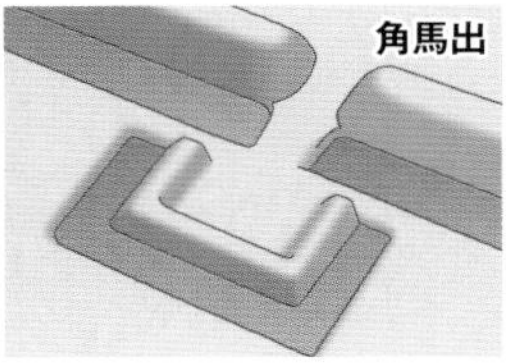

方形の馬出を角馬出という。丸馬出は武田氏や徳川氏が多用したのに対し、角馬出は北条氏が多用した。

城をめぐる攻防

石落し・狭間の役割と構造

城への侵入を阻むための防御装置

石落しは狭間の一種

石落《いしおと》しは、天守や櫓、門、塀などに設けられた防御施設で、下に迫る敵に石を落したものをいう。隅部《すみぶ》に突出して設けられるものと、床を石垣より張り出させて、その床面に開口部を設けたものがある。後者の場合、柱間に石落しを設置する場合が多く、横幅は1間(約1・8m)が一般的である。普段は木製の蓋によって閉じられていた。江戸時代の軍学では石落しは石垣を攻め上る敵の頭上に石を落とす施設とするが、外側から石落しとわかるところに攻め上る者はいない。石落しの実際の効用は狭間の一種で、鉄砲を下方斜位に側射する目的で構えられたものである。

壁に穿たれた攻撃装置

狭間《さま》とは天守や櫓、塀などの壁面に設けられた、矢や鉄砲を放つための小窓のことである。

狭間には長方形の矢狭間《やざま》と、鉄砲を放つ正方形の箱狭間《はこざま》、三角形の鎬《しのぎ》狭間《さま》、円形の丸狭間があった。矢狭間は、弓を立って引くことから床面よりおおよそ2尺5寸（約75㎝）の位置に構えられ、鉄砲狭間は鉄砲を片膝をついて撃つことから床面よりおおよそ1尺5寸（約45㎝）の位置に構えられた。

狭間は通常ほぼ1間おきに配置されるが、彦根城➡P56のように例外的に半間（約90㎝）おきに配置されたものもある。

お城マメ知識

総構の総延長距離ランキング

戦国時代の城はどの城が一番大きかったのだろうか。それを導き出す指標の一つに縄張の総延長がある。それでは、城の最も外側である惣構の総延長距離を比べてみたらどうなるか。

1位はやはり**江戸城**➡P28。天下人の城らしく約1万5千mという圧倒的な規模を誇る。2位は**小田原城**➡P32。関東に覇を唱えた北条氏の居城で約9千m。3位は豊臣秀吉により築かれた天下人の城である**大坂城**➡P58の約8千mと、難攻不落の名城が並ぶ。ただし、惣構が残っている城が少ないため、実態が不明な城も多い。また山城の場合は、山全体が内郭となるので「縄張の総延長」がイコール「城の面積が広い」とはならない。そのため縄張の総延長は、城の規模と比例するわけではないのだ。

石落しと狭間の構造

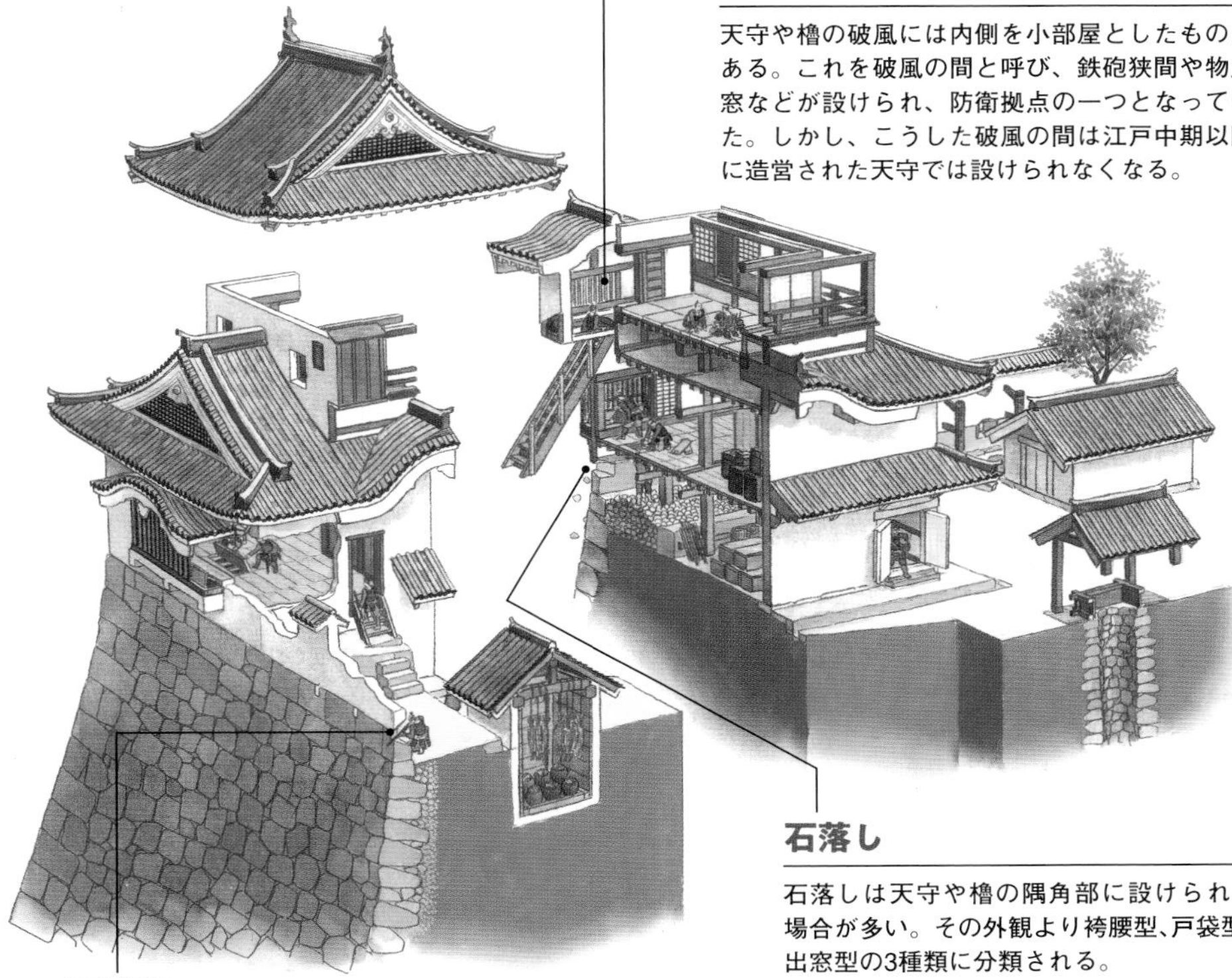

破風《はふ》の間

天守や櫓の破風には内側を小部屋としたものがある。これを破風の間と呼び、鉄砲狭間や物見窓などが設けられ、防衛拠点の一つとなっていた。しかし、こうした破風の間は江戸中期以降に造営された天守では設けられなくなる。

石落し

石落しは天守や櫓の隅角部に設けられる場合が多い。その外観より袴腰型、戸袋型、出窓型の3種類に分類される。

石狭間

徳川期大坂城、江戸城、岡山城などに設けられた狭間。石垣上端の石自体に狭間を彫り出し、その上部には土塀や櫓を載せたため、壁と石垣間に小さな狭間が出来上がった。

松本城の石落し　大天守の石落しを真下から見る。天守から張り出す形で設けられ、使用する時は閉まっている蓋を開ける。

姫路城の狭間　土塀に穿たれた様々な形の狭間。弓矢から鉄砲に武器が移り変わるとともに狭間の大きさも小さくなっていった。

お城
Column

城に復元建築は必要か？

近年、木造復元が正しいという風潮があるが、そもそも城に復元建築は必要なのだろうか。

木造だから正しいのか

近年、名古屋城（愛知県）⬇P42天守の再建計画が世間の注目を集めている。名古屋城の現在の天守は、１９５９年に再建された鉄筋コンクリート建築で、耐震構造ではない。そのため、これを期に取り壊し、旧国宝だった江戸期の天守と同様に木造の新天守を建てようというのが、再建計画のおおまかな内容だ。

まず、注意しなければならないのは、木造であろうと、鉄筋コンクリート製であろうと、双方とも復元であって本物ではないことには変わりがない。木造復元の方が正しいなどということはないのである。名古屋城の現在の天守は、戦禍と復興の象徴という意味合いも持つ。コンクリート天守を耐震補強し、後世に戦争の愚かさを伝えて行くことも大切なのではないだろうか。

失われたものには失われた歴史があるのであり、その復元にこだわるよりも、現存する遺構を保存・活用すべきではないかと思われる。

史料に乏しい戦国の山城

復元建築の抱える問題は、戦国期の山城でも同様である。昨今の山城人気により、曲輪や土塁、堀切など、縄張の可視化は飛躍的に進んだ。だが、やはり自治体や地元には、「目に見える建物が欲しい」という意見が根強くあるようで、城門などを復元するケースが多々見られる。

だが、戦国期の山城は、現存する建築物は皆無であり、絵図などの史料もほぼないというのが現状なのだ。発掘調査で礎石などが検出されても、復元のための参考資料が残されていないのである。軽はずみに復元建築を建てると、登城者に間違った知識を植え付ける恐れすらあるのだ。

山城を訪れた際は、縄張を見ることに集中するのが正解だろう。往時の姿はイラストやCG、VRなどで楽しみ、それを参考に想像するのが、健全な有り方なのではないだろうか。

議論の対象となっている名古屋城天守。竣工時期の延期が発表された。

第3章

日本城郭史
——古代から現代まで

日本の城はどのように発達してきたのか——弥生時代の環濠《かんごう》集落からはじまり、戦乱の中で生まれた山城、権威の象徴として築かれた近世城郭、そして近代以降における城の役割と動向まで、時代のニーズに応じながら変化してきた城を、時代を追って解説する。

古代

環濠集落にはじまる日本の城 古代山城の技術は継承されず

城の先祖、環濠集落

濠や柵を周囲にめぐらせた集落は縄文時代中期頃に出現するが、これは区画が目的だったと考えられる。防御施設としての環濠集落は、弥生時代に出現する。中期の巨大な環濠集落・吉野ケ里遺跡（佐賀県）では、環濠に柵列がめぐり、出入り口付近には物見櫓《ものみやぐら》も構えられていた。

朝日遺跡（愛知県）では環濠内に逆茂木《さかもぎ》(乱杭《らんぐい》)がみられ、伊場《いば》遺跡(静岡県）では三重の環濠の間に土塁を設け、防御性が高められている。会《え》下山《げのやま》遺跡(兵庫県)や大盛山《おおもりやま》遺跡(同)は、集落から離れた丘陵上の「高地性集落」で、監視用として機能したとみられる。

国防用の古代山城と城柵

天智天皇が百済《くだら》再興のために朝鮮に派兵し、惨敗を喫した663年の白村江《はくそんこう》の戦い。日本側は唐《とう》・新羅《しらぎ》連合軍の来襲に備えるため、北九州・大和間のルート上にいくつもの山城の築城を開始。九州統治の中心・大《だ》宰府《ざいふ》背後の大野城《おおのじょう》と基肄城《きいのき》、対馬《つしま》の金田城《かなたのき》、瀬戸内海沿岸の長門城《ながとのき》・屋《や》嶋城《しまのき》・高安城《たかやすのき》を、百済の亡命高官の指揮で築いた。最前線の金田城には、総延長5・4kmにも及ぶ石垣をめぐらせた。これら6城の築城は『日本書紀』にも記された、国防のための国家事業だったが、この築城技術は継承されなかった。

東北では、「化外《けがい》の民《たみ》」蝦夷《えみし》を支配するための軍事拠点として、城柵《じょうさく》が築かれた。発掘調査によって、柵列だけでなく築地塀や板塀などをめぐらせていたことが判明した。その中心が、陸奥国府《むつこくふ》と鎮守府の機能を併せ持った多賀《たが》城（宮城県）である。

弥生時代の環濠集落

稲作が広まり集落（ムラ）ができると、集落同士の争いが起こるようになり、防御施設の発達をもたらした。イラストは大塚遺跡（神奈川県）の遺構をもとにした、弥生時代中期頃の推定復元。

北九州と瀬戸内海に分布する古代山城

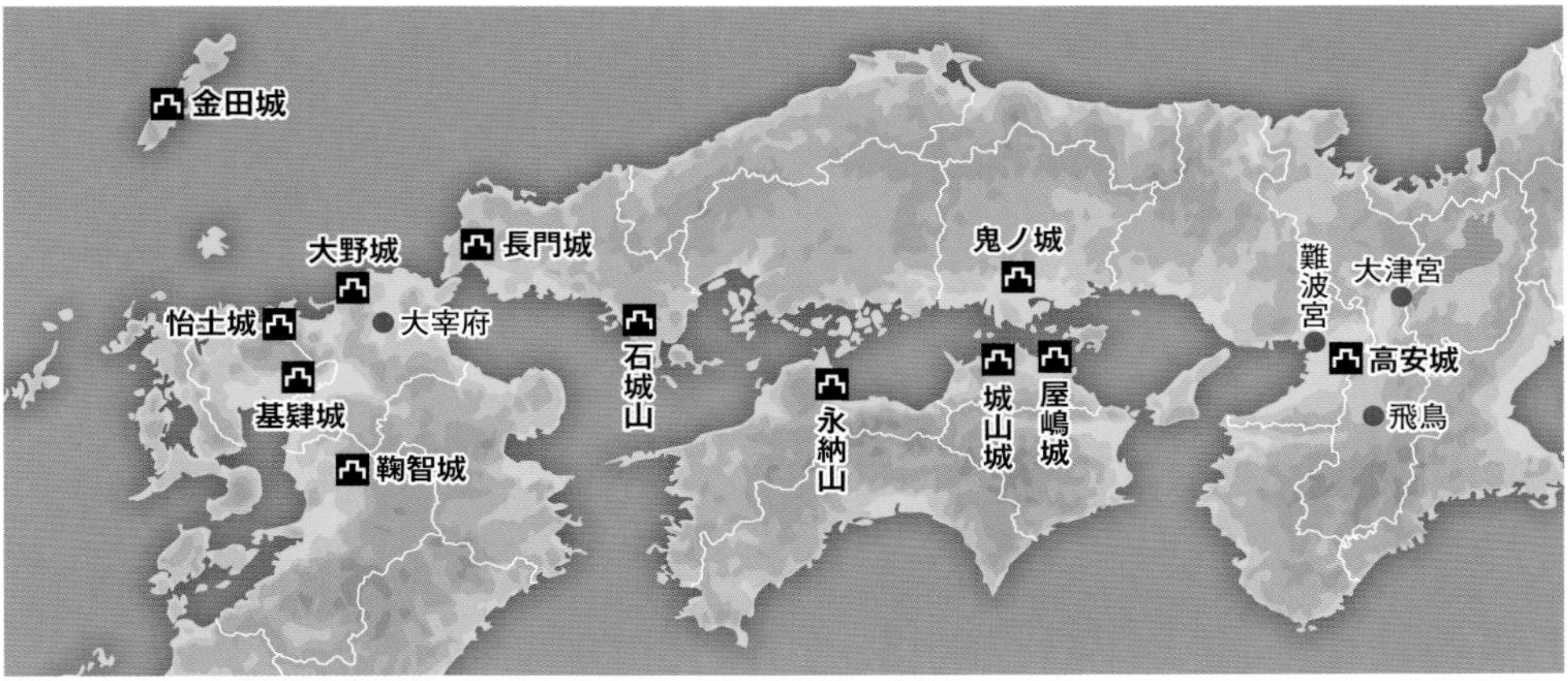

基肄城の石積み　水門跡の高さ10mほどの石積み。石積み技術は後世に伝わることなく途絶えてしまった。

大宰府と大野城　九州の拠点となる大宰府の背後の山地に大野城が築かれた。山の形状に沿って石塁がめぐる。

東北支配のための前線拠点

払田柵(秋田県)　復元された払田柵(ほったのさく)の外柵南門。払田柵跡の総面積は87万㎡と広大であり、蝦夷支配のための拠点とされる

多賀城政庁の復元模型 東北歴史博物館蔵

官衙の構造と役割

官衙(かんが)とは役所のことである。各国ごとに国衙が、郡には郡衙が置かれていた。国衙の中心施設が国庁で、都城の宮を模した正殿と後殿、さらにその前には儀式を執り行う前庭(広場)が配置されていた。多賀城も城とは呼ばれているが、中心域の政庁はこうした国庁と同じ構造であり、役所的な施設だったのである。

鎌倉

防御施設を備えた武士の屋敷
元寇に備えて築かれた防塁

政庁と軍事を兼ねた御家人の館

鎌倉幕府は強力な武家政権を確立するため、御家人を組織した。各地の武士の本領や地位を安堵する代わりに、有事における軍役や、平時における持ち回りでの鎌倉・京都の警護、納税といった義務が定められた。

御家人たちは、水源に近い高台など領内の重要拠点に、住居・政庁・軍事拠点を兼ねた館を構えていた。まわりを土塁や堀で囲んで矢倉《やぐら》付きの門を構え、住居と対面施設を兼ねた主屋《おもや》・副屋を中心に、厨《くりや》、薪小屋、武器庫や納屋、蔵などが置かれ、郎《ろう》党《とう》用の遠侍《とおさぶらい》、厩《うまや》、田畑も併設していた。『一遍上人絵伝《いっぺんしょうにんえでん》』などの絵図や文献に、その様子が描かれている。

元軍を阻止した「元寇防塁」

一方、鎌倉時代の城として最も注目されるのが、「元寇防塁《げんこうぼうるい》」である。中国を統一したフビライ＝ハンは日本侵攻を試み、文永《ぶんえい》11年（1274）に元《げん》・高麗《こうらい》3万の軍勢で対馬・壱岐《いき》に襲来、博多沿岸に上陸した。この時は暴風雨により撤退したものの、幕府はこの直後より、再度の襲来に備えて防塁の構築を開始した。当時「石築地《いしついじ》」と称されたこの防塁は、博多湾に沿って今津《いまづ》～香椎《かしい》間の約20kmにわたって築かれた。

防塁の構築と完成後の警備には、九州の御家人が動員された。その規模は高さ2～3m、幅2mほど。内側に砂と粘土を詰めて突き固めた築地で、背面には武者走《むしゃばしり》状の通路を設けていた。弘安《こうあん》4年（1281）の元軍の再来時には、この防塁が効果を発揮し、元軍の上陸を阻止している。生《いき》の松原《まつばら》（福岡県）では、復元された元寇防塁が見られる。

『蒙古襲来絵詞』

生の松原の防塁の前を行軍する御家人たち。
宮内庁三の丸尚蔵館蔵

政庁と軍事拠点を兼ねる武士の館

『一遍上人絵伝（模本）』／東京国立博物館蔵

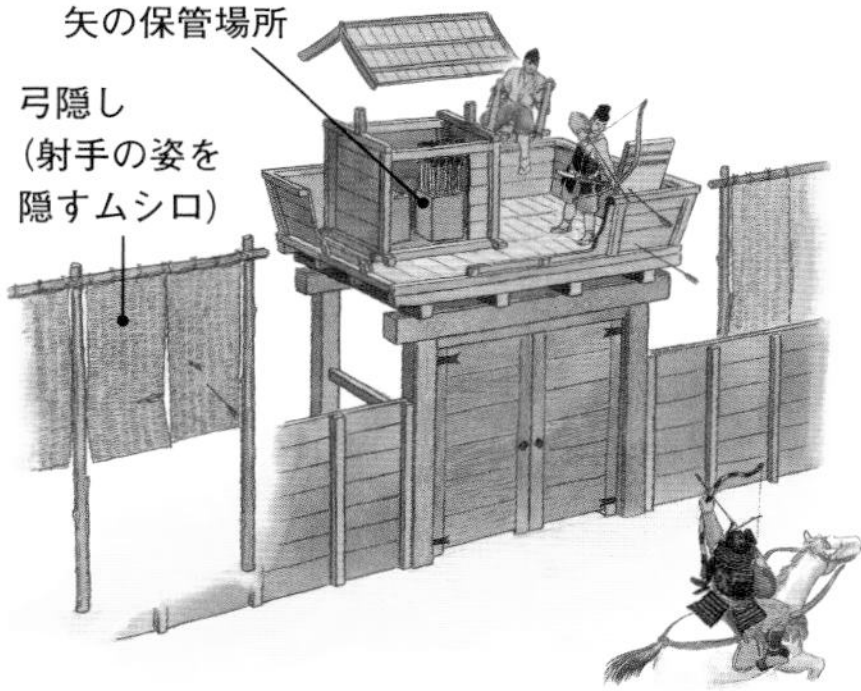

御家人の館

御家人の館は、水源に近く防衛に有利に働く高台に築かれることが多かった。館は敵に備えて土塁と堀で囲まれ、戦いに必要な馬を飼育する厩や防衛のための矢倉も備えていた。

鎌倉～室町時代の矢倉門

周囲を見渡せて高所から攻撃が可能な櫓は、中世の書物などで矢倉と書かれていることから、当初は武器庫だったと考えられる。

元寇防塁（石築地）

復元された石築地　防塁の一部が当時の高さで復元された生の松原の元寇防塁。福岡県の長垂海岸から小戸海岸にかけて約2.5㎞にわたって築かれていた。

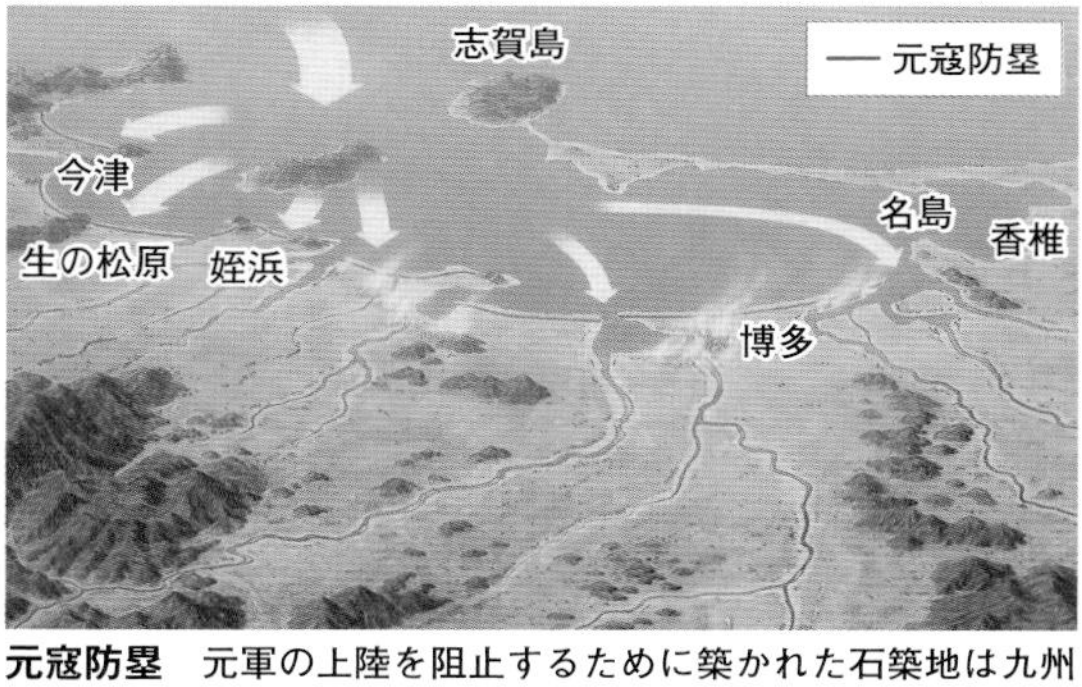

元寇防塁　元軍の上陸を阻止するために築かれた石築地は九州各地の御家人により半年で築かれた。そのため担当箇所により積み方が異なっている。

南北朝

南北朝の動乱を発端として山城が爆発的に増えていく

対騎兵に有効だった山城

　鎌倉武士は騎兵だったため、源平合戦や鎌倉時代の合戦で築かれた城には、騎馬兵を遮断するための空堀や乱杭があった。鎌倉時代後期からは、急峻な山頂に山城が築かれはじめ、対騎兵にさらに有効になった。

　元寇以降の鎌倉幕府の弱体化にともない、西国で勢力を強めていた「悪党《あくとう》」と呼ばれた武装集団は、山城を活用して幕府の大軍勢を阻んだ。この代表格が、河内《かわち》の赤坂《あかさか》城や千早《ちはや》城⬇P201を本拠地にした楠木正成《くすのきまさしげ》である。この勢力と後醍醐《ごだいご》天皇が行った鎌倉幕府を打倒した戦いや南北朝の内乱は、全国を二分した戦いであり、爆発的な数の山城が築かれた。

内乱終結で平地の居館が発達

　これらの山城は、急峻な山の細い尾根を利用したものが多かった。個々の防御力は未発達だったが、これらが群となって機能した。また、山岳戦をより有利にしたのが、後醍醐天皇と関係が深かった密教系の山岳寺院である。

　修行に適した難所に位置し、堂塔《どうとう》伽藍《がらん》のための広い平坦地も備えおり、要塞化が容易だったのだ。たとえば、倒幕挙兵の地・笠置山《かさぎやま》には笠置寺があり、南朝の拠点・吉野は、修験の聖地だった。

　京都に室町幕府が開かれると、武士は平地に居館を構えた。方形の敷地に土塀と門を構え、内部には池付きの庭園、会所や主殿などが並んでいた。これは「室町殿《むろまちどの》」や「花の御所」と呼ばれた将軍邸を模したものだ。守護大名から在地の国人領主までが倣って権力を誇示し、武家の屋敷として定形化していった。

室町殿

室町幕府３代将軍・足利義満によって築かれた邸宅。幕府の中心として機能した。この絵の室町殿は、13代将軍・義輝が新築したものである可能性が高い。　米沢市上杉博物館蔵

南北朝時代の山城

山岳寺院を利用

急峻な山自体を防御の要とした南北朝時代の山城は、城郭化するのが容易な山岳密教系の寺院を城として改築することが多かった。

三岳城　井伊直政の先祖・道政が標高約467mの山頂に築いた城。山頂からは浜名湖が一望できる。

霊山城　北畠顕家が山岳寺院を利用して築いた城。陸奥の国府がここに置かれ、南朝の拠点となった。

室町時代の領主の館

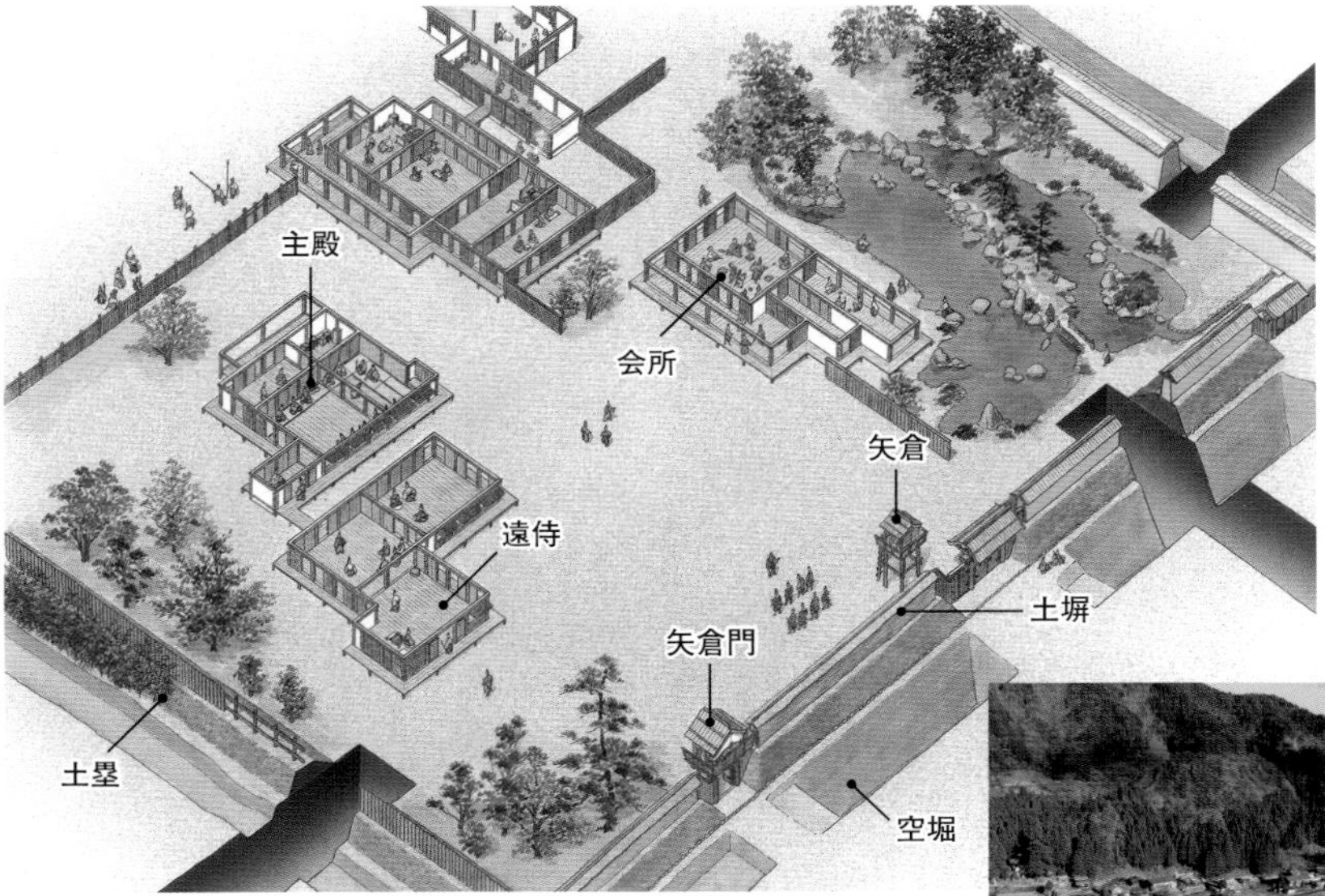

国人領主の館

方形館と呼ばれる形式の屋敷。各地の守護大名が将軍の邸宅を摸した館を建てるようになり、やがて、在地の国人領主も権威の象徴として守護の館を真似て、屋敷を造るようになった。

江馬氏館　復元された北飛騨の土豪・江馬氏の館。有事には高原諏訪城を詰城として使っていた。

戦国の城1

戦乱が恒常化した戦国時代に山城が巨大化していく

再び全国で山城が築かれる

南北朝の内乱の収束とともに、武士も平地の居館に落ち着いたが、応《おう》仁《にん》・文明《ぶんめい》の乱を契機に全国的な内乱が巻き起こると、再び全国でいっせいに山城が築かれることになった。守護大名の支配体制が崩壊し、独自の領地経営を強化した国人・土豪層が、数郡から数か国を支配した。「戦国大名」と呼ばれたこれらの武士が、戦国時代の山城の主である。

戦国大名の山城は、南北朝期のような臨時的なものとは違い、管理された恒久的な施設として詰城《つめじろ》が築かれた。平時は山麓の居館で生活し、戦時は山上の詰城に籠もって戦うという二段構えの構造だった。

巨大化する戦国大名の居城

築城技術が発達した戦国時代の山城は、自然地形のみに頼らず、山を削り土を盛る大規模な普請《ふしん》が行われて、様々な人工的防御設備が施された。尾根上を削平して曲輪《くるわ》を設け、直下の崖を削って切岸《きりぎし》とし、尾根筋は大きくV字に断ち切って堀切《ほりきり》とし、敵の侵入を阻止した。出入り口である虎口《こぐち》は、喰違《くいちがい》虎口や枡形《ますがた》虎口など複数のタイプが考案され、土塁の折れや馬出《うまだし》などともに、横矢掛《よこやがか》りの工夫が発達した。さらに、城の外周から曲輪の足元まで、竪堀《たてぼり》・横堀《よこぼり》・堀障子《ほりしょうじ》など、効果的な堀が設けられ、籠城を想定した井戸も設置された。

戦国大名の強大化にともない、一つの山や連山丸ごとを要塞化した巨大な山城が誕生するようになる。西国の覇者・毛利元就の吉田郡山《よしだこおりやま》城➡P208や、越後の虎・上杉謙信の春日山城➡P186などは、数百規模の曲輪を持つ巨大山城だった。

武田信玄　虎口の前面に丸馬出を多用する武田流築城術を築き上げた。
東京大学史料編纂所所蔵模写

平地の居館と詰城

躑躅ヶ崎館➡P183

戦国時代になり各地で戦闘が多発するようになると、戦いに備えて山を掘削して城を築くことが多くなる。平時は山麓の居館で過ごし、戦闘になると詰城に籠もるという戦い方が一般化するようになる。イラストは甲斐武田氏が本拠とした城で、要害山を詰城として機能した。

躑躅ヶ崎館から見た要害山　館の北東約2.5kmにある要害山に、詰城が築かれていた。

巨大化した山城

春日山城　標高約180mの山を要塞とした春日山城。山麓には約1.2kmに及ぶ惣構が築かれており、山頂から一望できる高田平野には無数の砦と山城が築かれ、平野全体を防衛していた。

小谷城　標高約495mの急峻な山に築かれた小谷城は、東西の尾根伝いに各曲輪が配され、山全体を要塞とした巨大な山城。麓の清水谷には重臣たちの屋敷が立ち並んでいた。

戦国の城2

民衆を守る役割を備えた城と宗教勢力により築かれた城

村人が避難するための城

戦乱の世においては、自分たちの身は自分たちで守らなければならない。群雄割拠で世の中がどう転がるのか先が読めない状態で、各地の領主も自領での権力を維持するために、村人たちに様々な便宜を図ることが必要だった。

領主は平時に用水の確保や喧嘩の仲裁といった役割があるが、戦時には、それに加えて避難場所の提供を行った。万が一に備えて、村人などの一般民衆に城を開放したのである。たとえば、北条氏の支城だった滝山城⬇P30の外郭最北端に位置する山の神曲輪は、戦時に村人たちが避難した場所だという説がある。

寺の城塞化と宗教勢力の築城

戦国期は要害に位置する山岳寺院も再び要塞化され、武家が陣所とした例もあるが、宗教への権力の介入を嫌った寺が武家と対立することも多かった。寺が武力として僧兵を擁し、堀や土塁をめぐらせて城さながらの防衛力を持たせたのである。僧兵の鉄砲隊が有名な根来《ねごろ》寺（和歌山県）は、戦乱に備えて堀・土塁・高石垣などを構築し、完全に城塞化していた。

領主権力以外が城を築いた唯一の例は、宗教勢力による寺や門徒を守るための築城である。山科本願寺は当時城と称されており、また木曽川・長良川・揖斐《いび》川の木曽三川が運んだ砂が溜まってできたデルタ地帯の砂州に築かれた長島《ながしま》城は、本願寺系の寺院・願証寺の領域として、事実上の治外法権を有する土地にあった。他にも、加賀《かが》一向一揆の拠点として築かれた鳥越《とりごえ》城⬇P197などがあった。

本證寺　三河の一向一揆の拠点となった寺。周囲を土塁と水堀で囲み、鼓楼を備えている。太鼓を鳴らすことによって緊急を知らせる役割を持つ鼓楼は、宗教施設などに築かれた。

宗教勢力の城

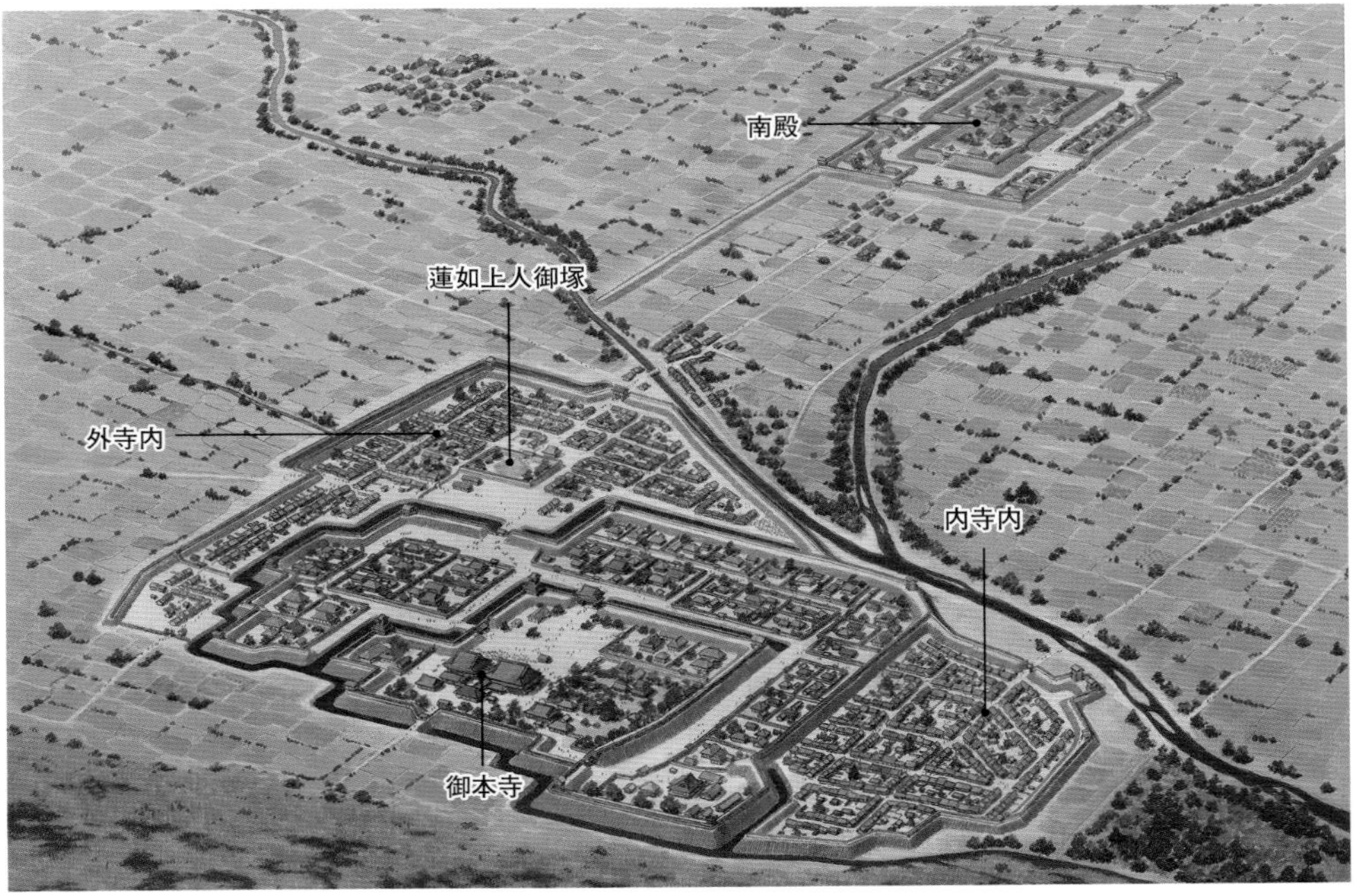

寺や門徒を守る

浄土真宗などでは道場（御坊）、寺院を中心にした自治集落が造られた。山科本願寺は御本寺を中心として周囲を土塁や堀で囲み、隅角には櫓を備えた寺内町である。発掘調査によって幅約12m、深さ約4mに及ぶ規模の堀があったことが判明している。

山科本願寺の土塁　山科中央公園に残された土塁。内寺内の北西部にあたる。山科本願寺は1532年に攻められて焼け落ちた。

根来寺大塔　豊臣秀吉に攻められて灰燼に帰した根来寺で、燃えずに残った大塔。高さ約40ｍを誇る。

鳥越城　発掘調査によって石垣や門が復元されている。標高約312mの城山山頂に築かれている。

戦国の城3

関東特有の土地を生かした北条氏 高度な築城術を編み出した武田氏

縄張が巧みな北条・武田の城

戦国時代の関東・中部地方で勢力を誇った北条氏と武田氏は、縄張の工夫が凝らされた土造りの城を数多く築いている。

関東の覇者・北条氏は、本拠地の小田原城⬇P32を中心に、関東一円の領国内に強力な支城ネットワークを形成していた。関東の地形と掘りやすい関東ロームを巧みに利用した高度な築城技術は、土造りの城の到達点ともいわれる。北条氏照《うじてる》が修築した滝山城は、多摩川の河岸段丘《かがんだんきゅう》を利用した広大な城郭で、枡形虎口と角馬出の採用や屈曲させた横堀など、至る所で横矢が掛かる縄張となっている。

豊臣・徳川も取り入れた築城術

また、豊臣秀吉の侵攻に備えて修築された山中城⬇P189では、堀内の歩行を封鎖するための堀障子《ほりしょうじ》や畝堀《うねぼり》が多用されている。

一方、武田氏の築城技術も、戦国最強といわれるほど高度なものだ。その真価は領国である甲斐《かい》ではなく、侵略地で発揮された。

たとえば、武田信玄が信濃《しなの》から駿《する》河《が》へ進出する中で各中継点に築いた牧之島城、大島城、田中城などに共通するのが、虎口前面に設けた小曲輪に三日月堀をめぐらせた、丸馬出である。武田氏の城を特徴づけるもので、虎口への直進を防ぐと同時に出撃拠点にもなる。

北条・武田氏のこれらの優れた築城技術は、豊臣秀吉が聚楽第などの自らの城に角馬出を用いたり、徳川家康が諏訪原《すわはら》城⬇P40に7か所もの丸馬出や巨大な横堀を配するなど、天下人の城造りにも取り入れられた。

北条氏康　関東に覇を唱えた北条氏は、石垣をあまり用いず、関東ロームを利用した巧みな城造りが特徴的である。

小田原城天守閣蔵

丸馬出が特徴的な武田の城

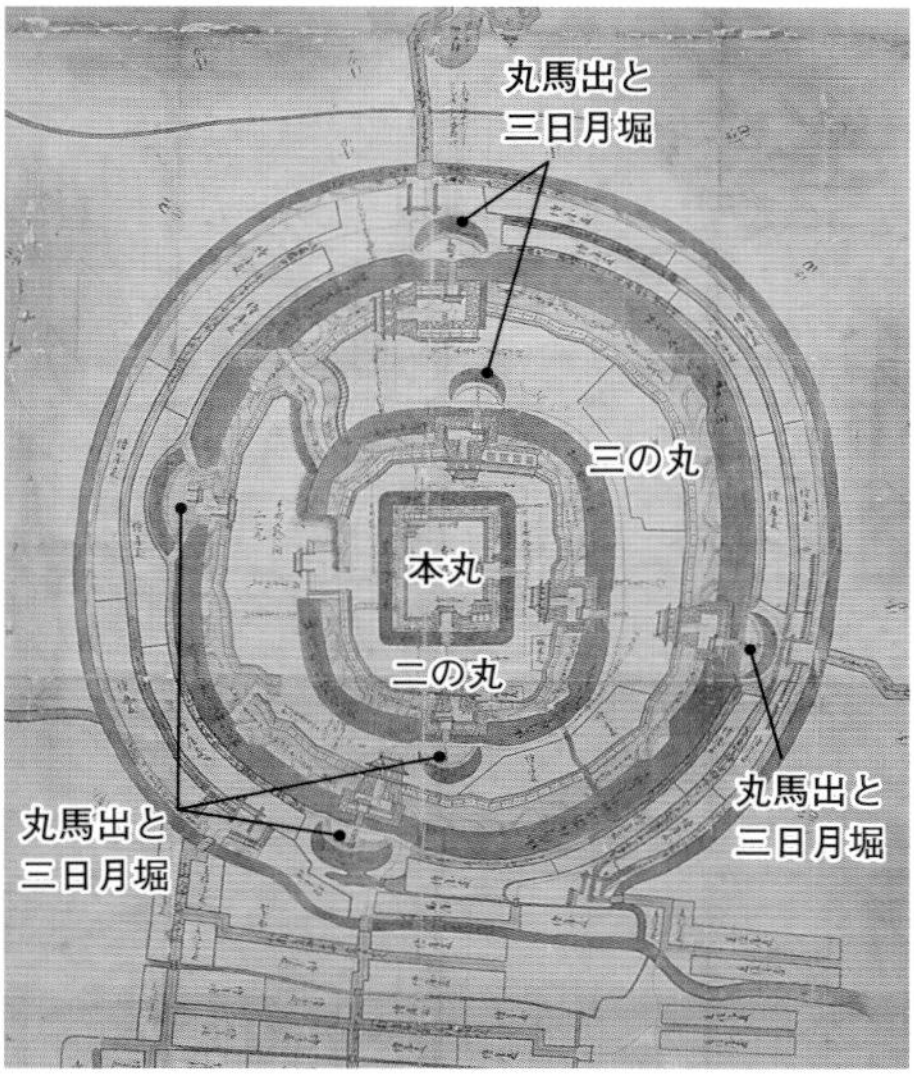

諏訪原城　二の曲輪中馬出の三日月堀。堀の法面は垂直になっており、一度落ちると登るのは困難だったろう。

丸馬出と三日月堀　外側の塁線が円を描く形の馬出を丸馬出と呼び、その堀は三日月のような形となる。武田氏の築いた城に多く見られる形状である。図の田中城は、三の丸に東西南北４か所、二の丸に２か所の丸馬出を備えていた。

横堀を巧みに利用した北条の城

小峯御鐘ノ台大堀切　北条氏が豊臣秀吉の襲来に備えて築いた小田原城惣構の一部。惣構は全長約9㎞にも及んでいた。

堀障子　山中城の岱埼出丸（だいさきでまる）。横堀内に土手を等間隔に配して、堀内移動を封鎖した。

織田信長

『見せる城』を誕生させた信長による近世城郭

居城移転を重ねながら天下へ

織田信長ほど居城を移した戦国武将はいないだろう。居城が、単に軍事的な防御施設というだけではなく、父祖伝来の聖地でもあった時代に、信長はいとも簡単に何度も居城を移した。天文《てんぶん》3年（1534）に勝幡《しょばた》城で生まれ、那古野《なごや》城で少年期を過ごし、弘治《こうじ》元年（1555）には、一族の織田信友《のぶとも》を滅ぼして清須城を大改修して居城とした。

永禄《えいろく》3年（1560）、桶狭間の戦いで駿河の今川義元を討ち取った3年後、美濃攻略のために、小牧山城⬇P190を築城して移転する。小牧山城は山城構造ながら、曲輪前面に巨大な石材で数段の石垣を築いており、後の安土城に通じる石造りの城を志向していることがわかる。さらに、家臣にも移動を命じて城下集住政策も試みている。

近世城郭を創出した城革命

永禄10年（1567）、美濃を手中にした信長は、稲葉山《いなばやま》城に本拠を移し、「岐阜」と命名する。岐阜城⬇P46では山麓部に居館が構えられたが、ここでは巨大な石材を用いた枡形虎口を設けるなど、石による築城理念が色濃く見える。

そして、畿内の大部分も制圧した信長の最後の居城となったのが、安土城⬇P54である。天正《てんしょう》4年（1576）に築城が開始された安土城の誕生により、3万もの山城が造られた戦国時代の城の歴史に終止符が打たれた。城全体に石垣をめぐらせ、本丸には絢爛豪華な天主がそびえ立ち、天主以外にも瓦葺きの建造物が立ち並んでいた。軍事拠点としての城とは明らかに一線を画す、権力を誇示するための「見せる城」近世城郭の誕生である。この後、天守を持つ近世城郭は、織田家中から全国に広まっていく。

織田信長像　清洲城に立つ信長像。桶狭間へ出陣する姿をイメージして造られた。

織田信長の城の変遷

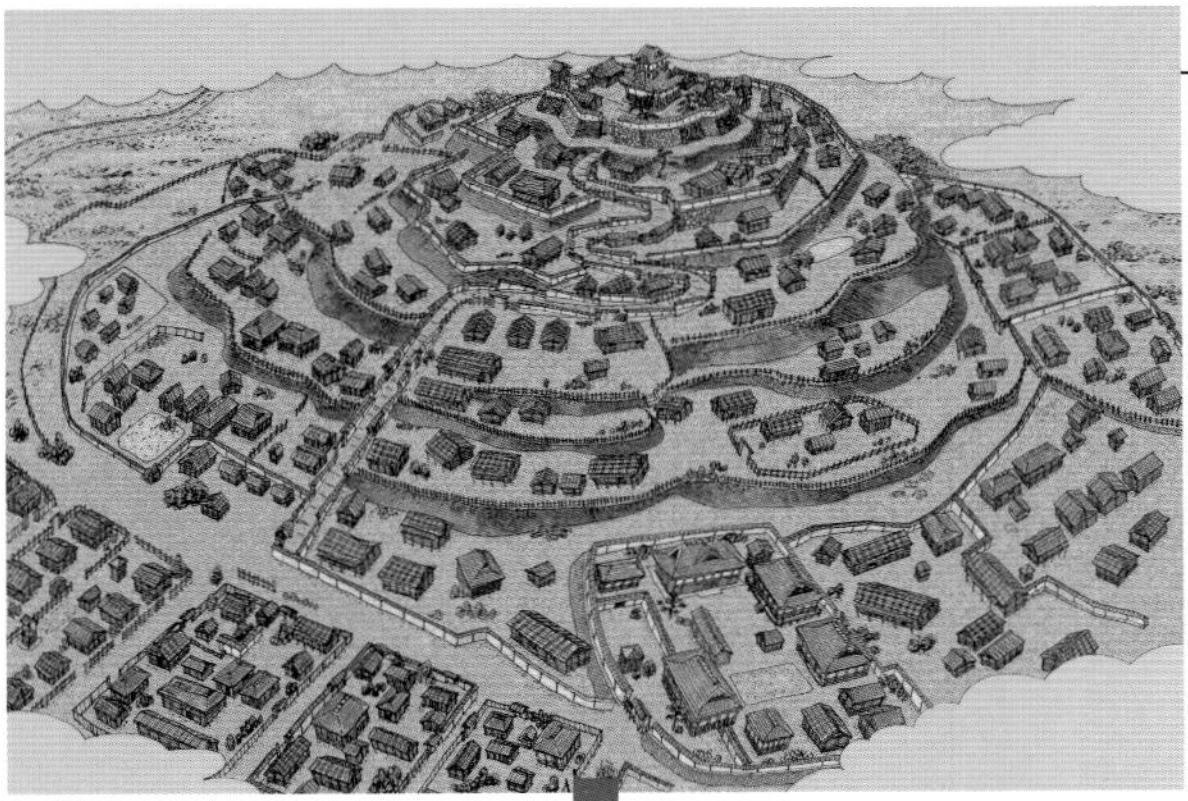

小牧市教育委員会提供

小牧山城

信長が最初に築いた城。近年の発掘調査によって、小牧山城の主郭のまわりには２、３段の石垣が囲んでいたことが判明した。この石垣は、単に積み上げられただけのものではなく、崩落防止のための裏込石や土留めの使用など、高い技術によったものである。また、山麓から山頂に向かって直線的にのびる大手道を造り上げ、城下町には計画的に商人や工人を配置しするなど、安土城に見える信長の城に対する思考は、この時点ですでに発芽していたといえる。

岐阜城

濃尾平野を見下ろす金華山に築かれた岐阜城は、山麓の居館と山頂の詰城の二つで構成される典型的な中世の城である。しかし４階建ての居館や、自然地形を利用した庭園を築くなど、独創的なアイデアが詰まっている城である。近年の発掘調査で、約30か所に新たに石垣が見つかっており、織田信長期の巨石列や石垣、斎藤道三期の石垣も確認された。また、岐阜城の裏門で道三期の石垣が見つかったことにより、信長期も引き続き道三期の石垣を利用していたことが判明した。

安土城

自らの居城を権力の象徴にしたという、今までの城とは一線を画す革命的な城。安土城以降、軍事的な施設でしかなった城が、居住や政治を執り行う施設となる。また、安土山全体に石垣を用いてそこに家臣を住まわせ、防衛に際しても堀を設けずに石垣に頼るという、鉄砲重視の信長の思想が城からも伺える。特に寺社建築を取り入れた天主は，織田政権のシンボルとして遠くからでも見ることができる場所に築かれた。

豊臣秀吉

秀吉による統一政権の誕生で近世城郭が全国に広がる

膨大な数の城を築いた天下人

戦時の付城から、大坂城、聚楽《じゅらく》第《だい》、伏見城、名護屋城といった天下人の城まで、豊臣秀吉ほど多くの城を築いた人物はいないだろう。本能寺の変の後、山崎の戦い、賤ヶ岳の戦いを経て、大坂城の普請を開始することで、自身が信長の後継者であり天下人であることを宣言した。

信長は褒美として家臣に新城の築城許可を与えていたが、天下統一後の秀吉は、配下に限らず忠誠を誓った各地の大名にも築城を許可した。諸大名は、秀吉の城を割普請《わりぶしん》で築いた際に習得した近世城郭の築城技術を自領で発揮した。こうして近世城郭は全国に普及していった。

金箔瓦による徳川包囲網

秀吉は、信長が創出した「見せる城」をより効果的に演出した。信長が城の立地に関しては山城に固執したのに対し、秀吉は平地に築城している。自然地形に頼らない分、壮大な石垣と深く広い水堀を築造するには、膨大な土木作業が必要となる。築城自体がまさに権威の象徴となったのである。また、山里の風情と茶室を備えた山里丸《やまざとまる》を設けるなど、文化発信の装置としても機能させた。

きらびやかな金箔瓦も、近世城郭の普及とともに全国の城で使用されるようになった。徳川家康は関東に国替えになり、隣接するその旧領には、家康を包囲するように豊臣系の大名が配された。旧領の城からは金箔瓦の出土がみられるが、関東の新領地には出土例がない。このことから、家康の家臣団に絢爛たる城郭を見せつけ、秀吉の天下を強くアピールする狙いがあったとみられている。

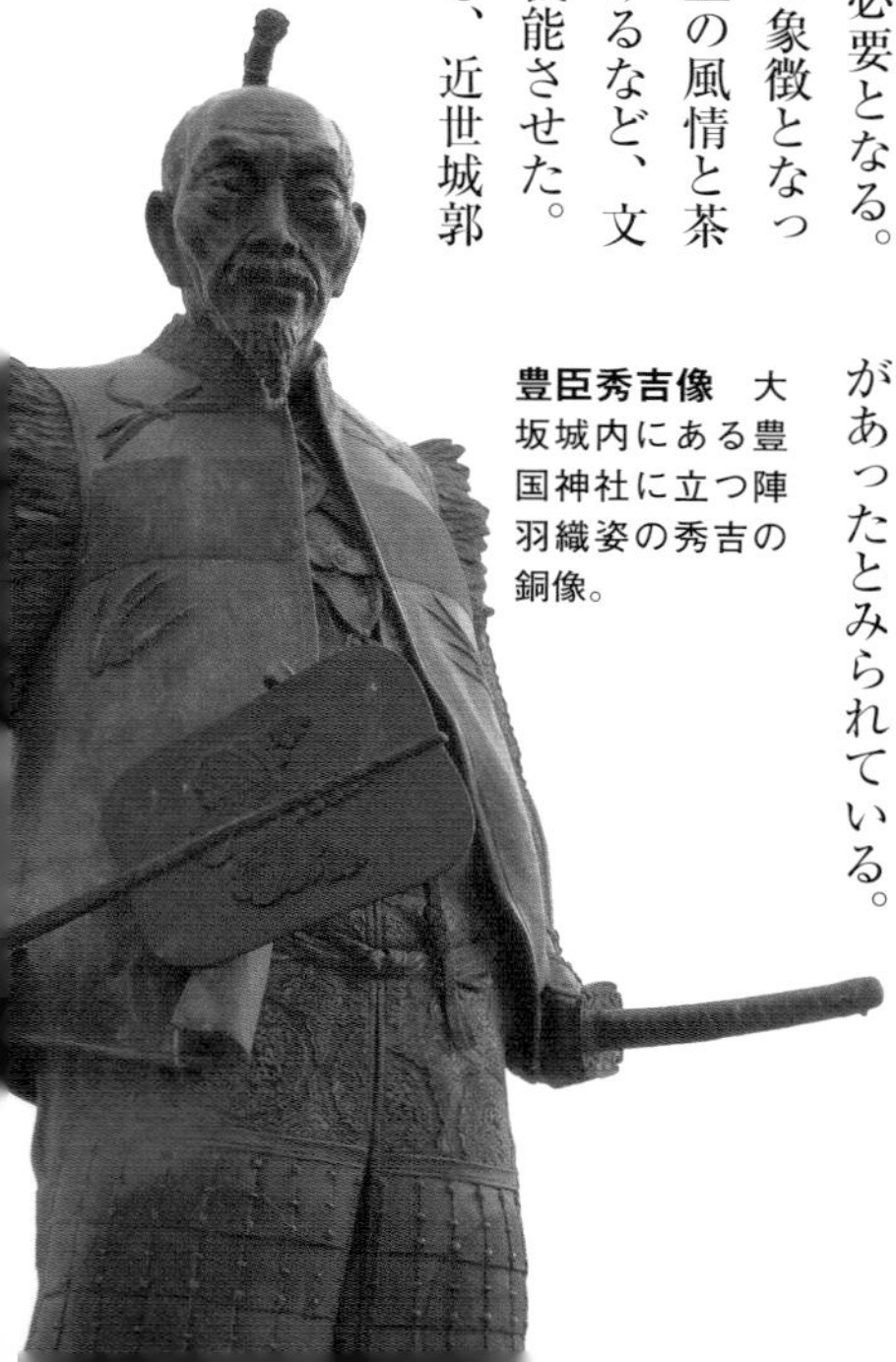

豊臣秀吉像 大坂城内にある豊国神社に立つ陣羽織姿の秀吉の銅像。

大規模にして豪奢だった秀吉の城

『大坂城図屏風』／エッゲンベルク城蔵

豊臣期大坂城

秀吉が築いた大坂城を記した文献はあまり残っておらず、遺構も現在の大阪城の下に埋まっているため、その全貌は掴みづらい。ただ絵画資料からその姿を推測するに、漆塗りの黒い壁が特徴的で金箔や彫刻に彩られた天下人に相応しい豪勢なものだったことが伺える。

金箔瓦　信長時代には一部にしか許されていなかった金箔瓦は、豊臣政権下で全国的に普及する。 大阪府文化財センター蔵

豊臣期大坂城の石垣　近年発掘された石垣。石材には石臼や礎石なども使われていた。

肥前名護屋城➡P216　朝鮮出兵の本営として築かれた城だが、秀吉が滞在し政務の中心となった。大坂城に次ぐ規模を誇った。周囲には130以上の大名の陣屋が築かれ、20万を越える人が集まった。

伏見城の石垣　秀吉が最後に居城とした伏見城は、政庁として機能した豪華絢爛な城だったが、地震で倒壊して木幡山に移された。写真は倒壊した伏見城跡から発掘された伏見城の石垣。伏見城跡は現在明治天皇陵となっている。

関ヶ原合戦後

関ヶ原合戦後の軍事的緊張から慶長の築城ラッシュが発生

なぜ築城ラッシュが起きたのか

慶長《けいちょう》5年（1600）の関ヶ原合戦後、増封で新領地を得た豊臣恩顧の大名たちは、自領でこぞって堅固な近世城郭を築き、国境の警備を固めた。「慶長の築城ラッシュ」である。

戦後もこのような軍事的緊張が続いた理由は、関ヶ原合戦で徳川家康が天下を手中にしたものの、大坂城には依然豊臣秀頼《ひでより》が健在で、次なる大戦がいつ起きても不思議ではなかったこと。また、合戦に際し寝返りが相次いだことで、諸大名が疑心暗鬼に陥っていたためである。加藤清《かとうきよ》正《まさ》の熊本城⬇P78、池田輝政《いけだてるまさ》の姫路城⬇P64など、この時期の城は過剰防衛ともいえる軍事機能を有していた。

江戸幕府による天下普請

並行して、幕府が諸大名に役割分担させて城を築かせる「天下普請《てんかぶしん》」も盛んに行われた。江戸幕府が開かれたことによって「将軍の城」となった江戸城⬇P28の大改修には、西国外《と》様《ざま》大名28家に石垣用の石材調達が命じられた。

天下普請の城の縄張を一手に担ったのは、築城の名手といわれ家康の信任も厚かった藤堂高虎《とうどうたかとら》である。広い御殿を建造しやすい四角い曲輪、長大な水堀と高石垣《たかいしがき》、一の門と二の門を持つ内枡形の枡形虎口、層塔《そうとう》型天守などを採用し、規格化されてコストを抑えた城が数多く生まれた。

江戸城の前後にも、伏見城、彦根城⬇P56、二条城⬇P200、駿府城⬇P38、名古屋城⬇P42、大坂城など、多くの天下普請が行われており、元和《げんな》元年（1615）の一国一城令《いっこくいちじょうれい》⬇P146までの15年間で、築城技術は飛躍的に向上し、頂点に達した。

『関ヶ原合戦図屏風』

両軍合わせて15～20万といわれる軍勢がぶつかりあった大会戦。家康は死後に神となったため、絵では兜で表現されている。

関ヶ原町歴史民俗資料館蔵

慶長の築城ラッシュ

慶長期に建てられた主な城

関ヶ原合戦という全国規模の大きな戦いを経験した大名たちは、大軍の攻撃にも耐え得ることを目指して城を築き上げた。次々と城が生み出された慶長期、城郭建築技術は目覚ましい発展を遂げた。

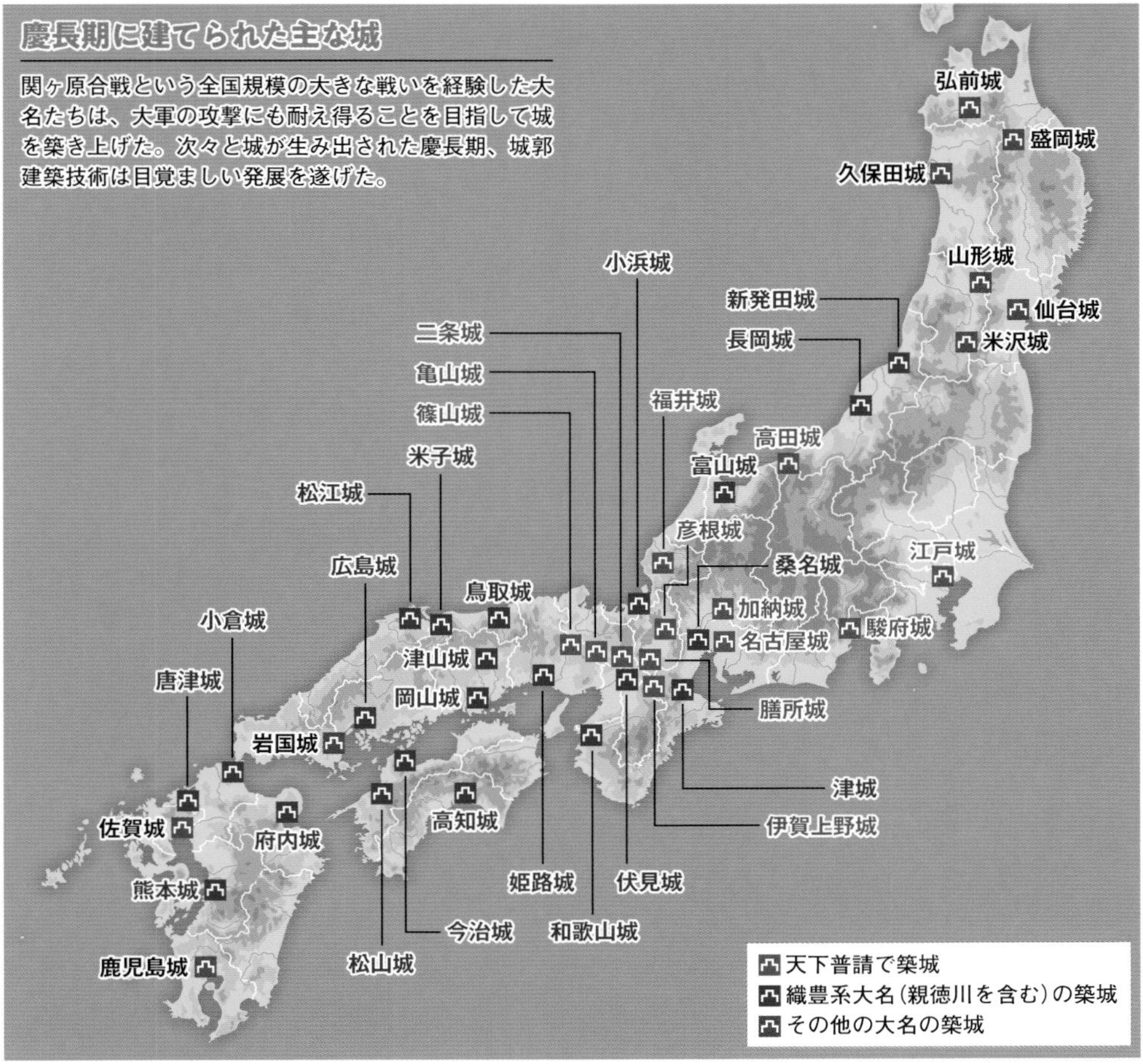

名古屋城二の丸東鉄門跡　天下普請の総仕上げとして建てられた名古屋城。20大名が築城に参加し、東海道防衛の拠点として築かれた。数万の軍勢に攻められることを想定した大規模な城である。

彦根城天守　大坂への抑えの城として彦根に築かれた。戦に備えて急ピッチで城を築く必要があったため、天守は大津城、櫓や石材は長浜城や佐和山城からの資材が使われている。

江戸初期１

同一規格による防衛を構想し標準化された徳川系城郭

豊臣包囲網を構築した天下普請

関ヶ原合戦以前には近世城郭を持たなかった徳川家康だが、天下をほぼ手中にすると、天下普請によって近世城郭を次々に築城していく。豊臣秀頼が健在である豊臣家との最終決戦に備え、西国大名の抑えと大坂城包囲のための城郭網を構築する意味合いがあった。

慶長6年（1601）に築城が開始された、初の天下普請である膳所《ぜぜ》城の築城は京都をおさえるため、伏見城・二条城・彦根城なども畿内を抑えるための城である。名古屋城・駿府城は決戦用の拠点、亀山城⬇P203や篠山城⬇P201は、西国に睨みをきかせる城である。

効率的な徳川系城郭

天下普請の総仕上げとなったのは、大坂の陣で豊臣家が滅亡した後の築城となった、大坂城の再建と江戸城の大修築だった。いずれも外様大名を大動員して数年をかけて行われた大規模普請であった。

これらの城を短期間で続々と完成できたのは、天下普請の縄張を担った藤堂高虎が、同一規格による効率的な築城システムを発明したからだ。

その特徴は、①広大な御殿を建てやすい四角い曲輪、②簡略化された縄張での守りを担う広い水堀と、従来の2倍ほどの高石垣、③材木の規格化でコストや工期の削減を実現した層塔型天守、④石垣・多聞櫓・櫓門で囲んで鉄壁の防備とした枡形虎口、⑤直線上の多聞櫓と隅地の巨大隅櫓といったものである。この徳川系城郭は、すべてがほぼ同一構造であるため、どこへ入城しても、同等・同一の戦闘が可能だったのである。

徳川家康像　駿府城公園に立つ家康の銅像。鷹狩りが好きな家康晩年の姿を模したもの。

徳川系城郭の特徴

❶四角い曲輪

曲輪の形は四角形が基本となる。単純な構造のため、各大名に普請を割り振った際にも、わかりやすく、築きやすい。広大な曲輪は御殿を建てやすく、高い石垣と厳重な虎口で敵を防ぐ。

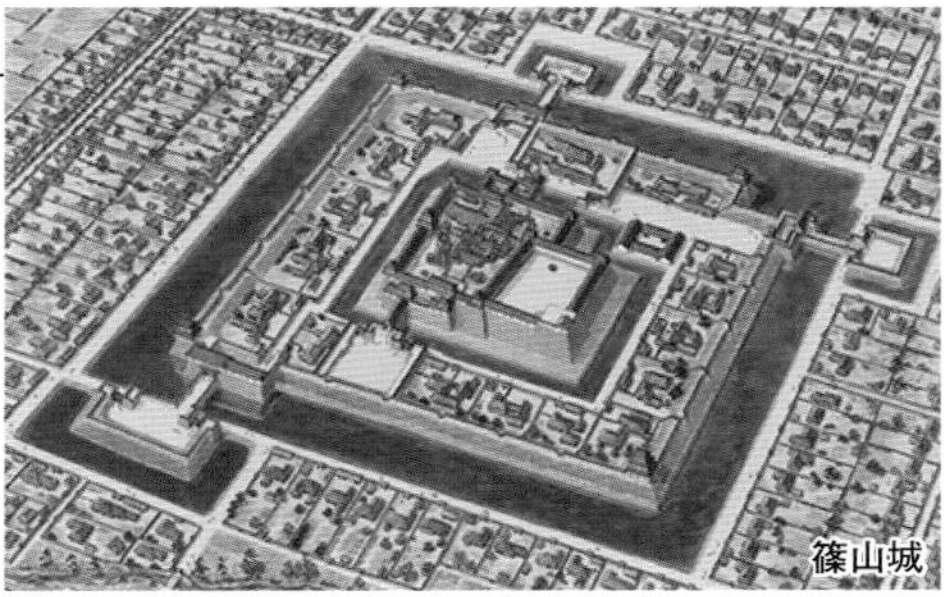
篠山城

今治城高石垣

❷広大な水堀と高石垣

縄張を簡略化した分、低下する防御力を補うため、広い水堀と、従来の石垣よりも2倍ほど高い石垣で防御力を強化。地盤が弱い場所でも高石垣を築くことに成功し、水堀のすぐ近くにも高石垣を築いた。

❸層塔型天守

望楼型と比べて構造が単純な層塔型の天守は、一階から最上階まで同じような形を上に積み上げていく工法のため、材木の規格化を可能とした。そのため材木の調達が容易で、工期も短くて済むという経済的なメリットもある。

名古屋城天守

江戸城大手門

❹枡形虎口

米を量る枡のような四角形のスペースを門の内側に設け、その外側に高麗門、内側に櫓門を設けた虎口を枡形虎口という。高麗門を突破した敵に対し、3方向から横矢を掛けることができ、非常に防御力が高い。

❺巨大な櫓

石垣の上の塁線上に多門櫓並べ、城壁が折り曲がる角地には巨大な隅櫓を配置。四角い曲輪を囲むように櫓を配置して敵の侵入を阻んだ。徳川系城郭はどの城でも同じ縄張のため、誰が守っても同じ戦いができた。

二条城東南隅櫓

江戸初期2

徳川幕府による一国一城令で築城・補修が許可制となる

城を激減させた一国一城令

慶長20年（元和元年／1615）、江戸幕府は一国（一藩）に一城（大名の居城）のみを残し、他の支城の破却を命ずる一国一城令を発令した。

実際の運用は個々の事情に柔軟に対応したもので、一国を複数の大名で分割統治している場合は大名ごとに一城、一大名が複数の国を領有している場合は、国ごとに一城を残すことができた。例外もあり、加藤氏が治めた肥後《ひご》では、島津氏への抑えとして熊本城の他に麦島《むぎしま》城（後に八《やつ》代《しろ》城）の存続が認められ、その後入封した細川氏でも続いている。この法令で、全国の城は約170に激減した。

武家諸法度による築城規制

同年、続いて公布されたのが武家《ぶけ》諸法度《しょはっと》である。城についての定めは、修復時の届け出と新規築城の禁止。20年後の改正で、堀・土居・石垣の修復は届け出が必要だが、櫓・土塀・城門などは旧状復帰を条件に届け出が不要になった。作事《さくじ》（建築工事）より普請（土木工事）に厳しい規制が設けられていたのである。

修復時は、幕府に対する申請の書状に、修復箇所を図示した城絵図を添えて届け出た。部分的な修復でも城絵図に全城域を描き、石垣などの修復箇所を朱線で示して、破損の範囲と寸法も記入した。

とはいえ、この武家諸法度も届け出て可否を仰げば個別の対応が可能であったし、新規築城が禁止であっても、キリシタンと九州西国大名の抑えとした島原城⬇P219や、立藩による再興での丸亀城⬇P74・沼田城⬇P181など、40前後の例外が認められた。

武家諸法度写し

寛永に出された武家諸法度の４項目に「新規築城禁止、石垣や土塁、堀が壊れた時は奉行所に報告して指示を受けること、櫓、塀、門などは元通りに直すこと」と記載。

国立国会図書館蔵

幕府の統制下に置かれた城

苗木遠山史料館蔵

『**苗木城修復絵図**』　地震によって崩れた石垣を修理するために、幕府に提出した修復願いの絵図。朱色の線で修理する箇所を示してある。

若狭鬼ヶ城➡P209　一国一城令によって取り壊された若狭鬼ヶ城の石垣。壊された当時のままの姿で残る。

武家諸法度の例外の城

丸亀城　一国一城令により廃城となった丸亀城だったが、生駒氏改易により入封した山崎氏が、幕府の許しを得て居城として再び築城した。

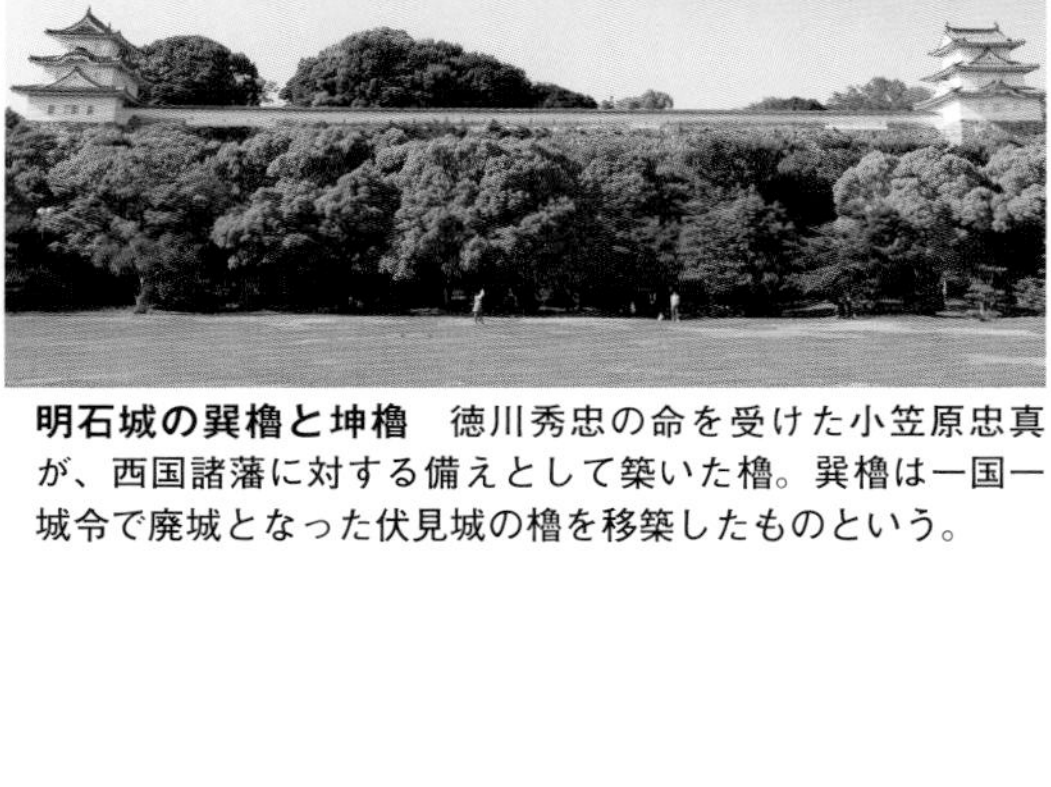

明石城の巽櫓と坤櫓　徳川秀忠の命を受けた小笠原忠真が、西国諸藩に対する備えとして築いた櫓。巽櫓は一国一城令で廃城となった伏見城の櫓を移築したものという。

幕末

異国船の侵入を阻む台場建設と幕末の動乱が生んだ西洋式城郭

海防のための台場が築かれる

黒船の来航を機に日本の海防意識は一気に高まり、品川沖に台場《だいば》の構築が開始された。オランダの築城書を参考に設計し、11か所の台場構築が計画されたが、幕府の財政難で5か所にとどまった。

台場の構造は平面五角形の洋式稜堡で、土台である切石積《きりいしづみ》の石垣には、上端部に上陸を阻止する「刎出《はねだし》」という張り出しが設けられ、5辺すべてに備砲が据えられた。

海岸線を有する諸藩でも盛んに台場が造られ、全国800か所にも及んだ。長州藩と薩摩藩は実際に欧米の艦隊と戦ったが、旧式の大砲だったため、まったく歯が立たなかった。

戊辰戦争で東北の城が戦場に

慶応《けいおう》4年（1868）年に勃発した戊辰戦争により、関東から東北の城で戦闘が行われた。旧式の火器しか装備していなかった会津若松城⬇P26や白河城といった東北諸藩の城は、新政府軍の西洋式火器に耐えきれず、ことごとく落城してしまった。

箱館《はこだて》奉行所として築かれていた五稜郭⬇P169は、ヨーロッパの稜堡式《りょうほしき》築城によるものである。稜堡とは、城郭の死角を無くすため鋭角に突出した防御施設である。函館では、五稜郭と対になる砲台として、函館港に弁天台場が築かれており、さらに背後には四稜郭が築かれた。幕府海軍副総裁だった榎本武揚《えのもとたけあき》をはじめとする旧幕府脱走軍は、一時これらを占拠して本拠地としていたが、明治2年（1869）の新政府軍の攻撃により、降伏開城した。なお、北海道の松前藩が戸切地《へきりち》に構えた陣屋も、稜堡式築城によるものだった。

品川第三台場　一辺約160m四方の石垣と土塁で囲まれた第三台場。石組みの船着き場跡も残されている。

江戸湾を防衛する品川台場

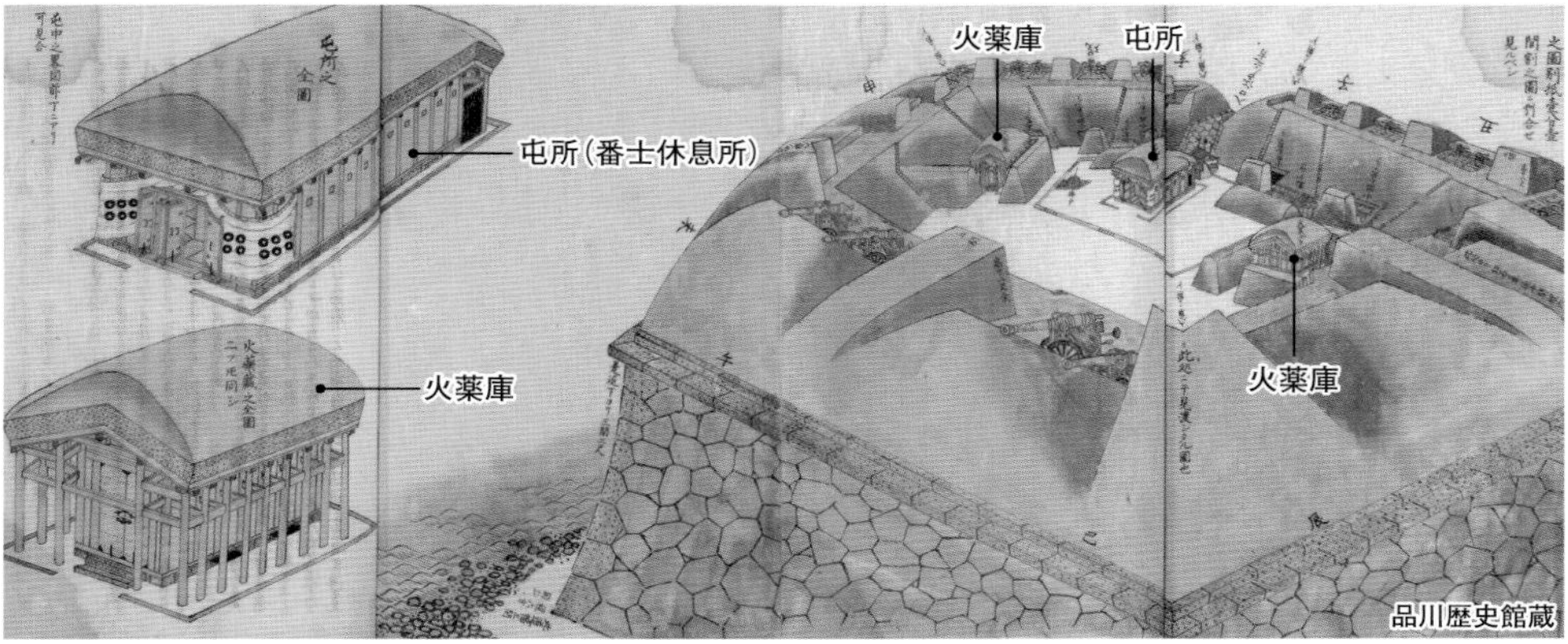

『異国船渡来・第六台場一件留』 大砲や火薬庫、屯所の位置など、第六台場の内部構造が描かれた貴重な鳥瞰図。

品川台場の防衛構想

実際に異国船と砲火を交えることがなかった品川台場だが、建設された５か所の台場は、迎え打ち、横打ち、追打ちができるように配置されていた。しかしながら備えられた大砲が旧式のため、その効果のほどは不明である。

1 第一台場
2 第二台場
3 第三台場
4 第四台場(工事中止)
5 第五台場
6 第六台場
7 第七台場(工事中止)

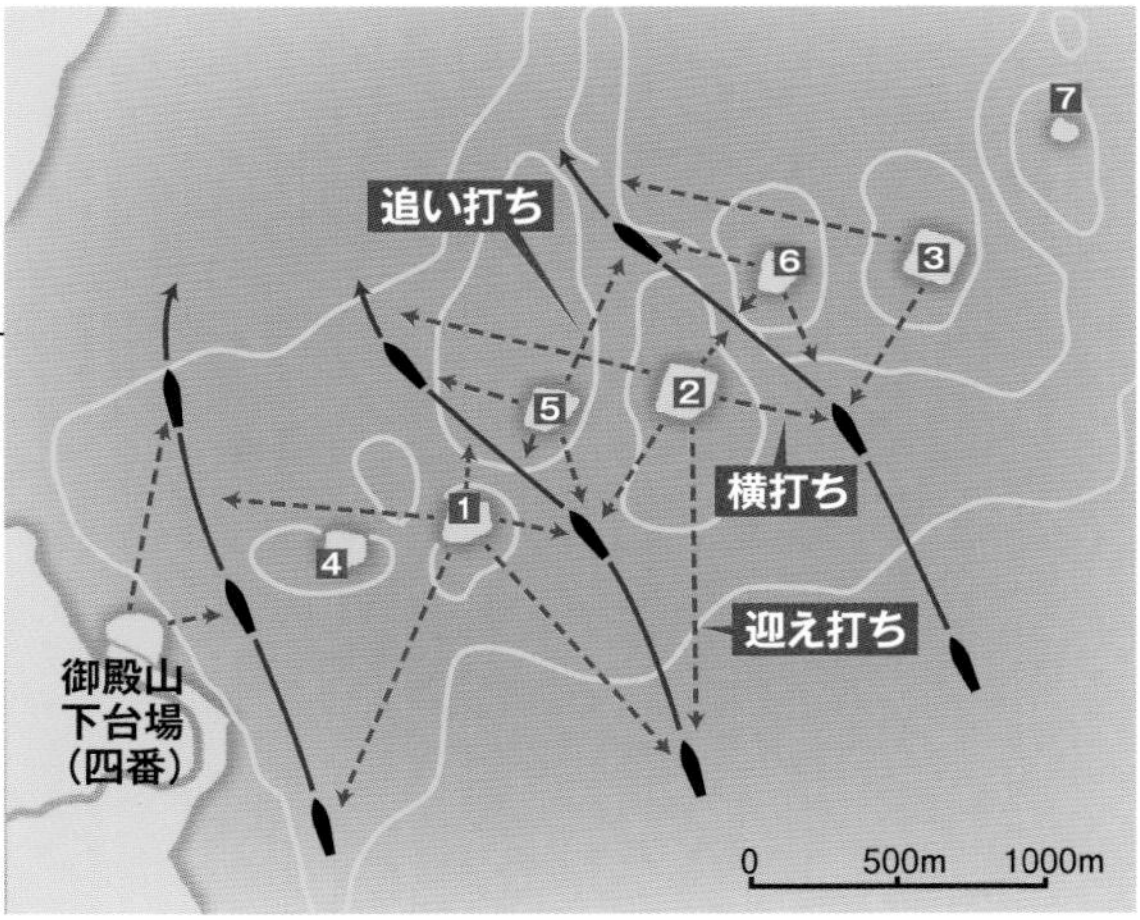

西洋流の築城術を用いた五稜郭

刎出の石垣 石垣の一番上が外側にせり出す「刎出」を用いている五稜郭の石垣。品川台場の石垣にも導入されている。

五稜郭 稜堡と呼ばれる５つの角が星形の五角形となる特徴的な城郭。日本には函館五稜郭と長野県の龍岡城のふたつのみ存在する。

明治

廃城令で4分の3が取り壊し
明治陸軍の駐屯地となった城も

城跡を利用した「鎮台」

明治維新直後、新政府を支える軍事力は薩摩・長州・土佐の3藩のみだった。兵部少輔《ひょうぶしょうゆう》となった山縣有朋《やまがたありとも》は、この3藩で御親兵《ごしんぺい》を組織し、さらに地方警備のための軍隊「鎮台《ちんだい》」を全国に置く方針を固めた。

明治4年（1871）、廃藩置県により全国が直轄領になると、東京・大阪・鎮西・東北の4鎮台8分営が設置された。この12か所のうち9か所（大阪・熊本・仙台・上田・名古屋・小浜・高松・広島・鹿児島）が城跡だった。（後に名古屋・広島が鎮台に追加、6鎮台に）各藩の常備兵はこれに吸収されたため、これをもって武装解除されたことになる。

城の運命を分けた廃城令

明治6年（1873）、全国の城が運命の岐路に立つことになる。いわゆる「廃城令」の公布である。軍用財産として利用する城は「存城処分」に、それ以外は所管が陸軍省から大蔵省に変更となり、「廃城処分」となったのである。

廃城となった城は競売にかけられ、学校や地方行政の用地として売却されたものも多かったが、無用と判断された約150の城には破却が通達された。このうち4分の1ほどが破却を免れたものの、腐朽《ふきゅう》して結局取り壊された例も多い。

こうした中で政府要人から、城の建築的・芸術的価値を訴えて保存を望む声が上がり、姫路城・名古屋城の永久保存が決定した。彦根城も、大隈重信《おおくましげのぶ》の奏上から、明治天皇が保存の勅命を下している。また、松本城➡P36や松江城➡P70は、民間人が働きかけて残された城である。

東北鎮台が置かれた仙台城　東北鎮台として陸軍に利用されていた明治9年（1876）頃の仙台城。大手道から二の丸方面を望む写真で、手前に大砲が写っている。　仙台市博物館蔵

鎮台が置かれた城

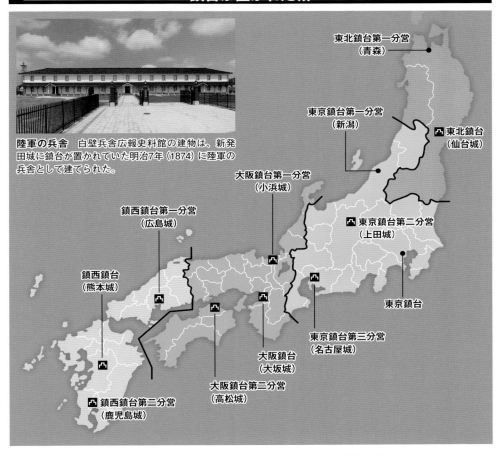

陸軍の兵舎　白壁兵舎広報史料館の建物は、新発田城に鎮台が置かれていた明治7年（1874）に陸軍の兵舎として建てられた。

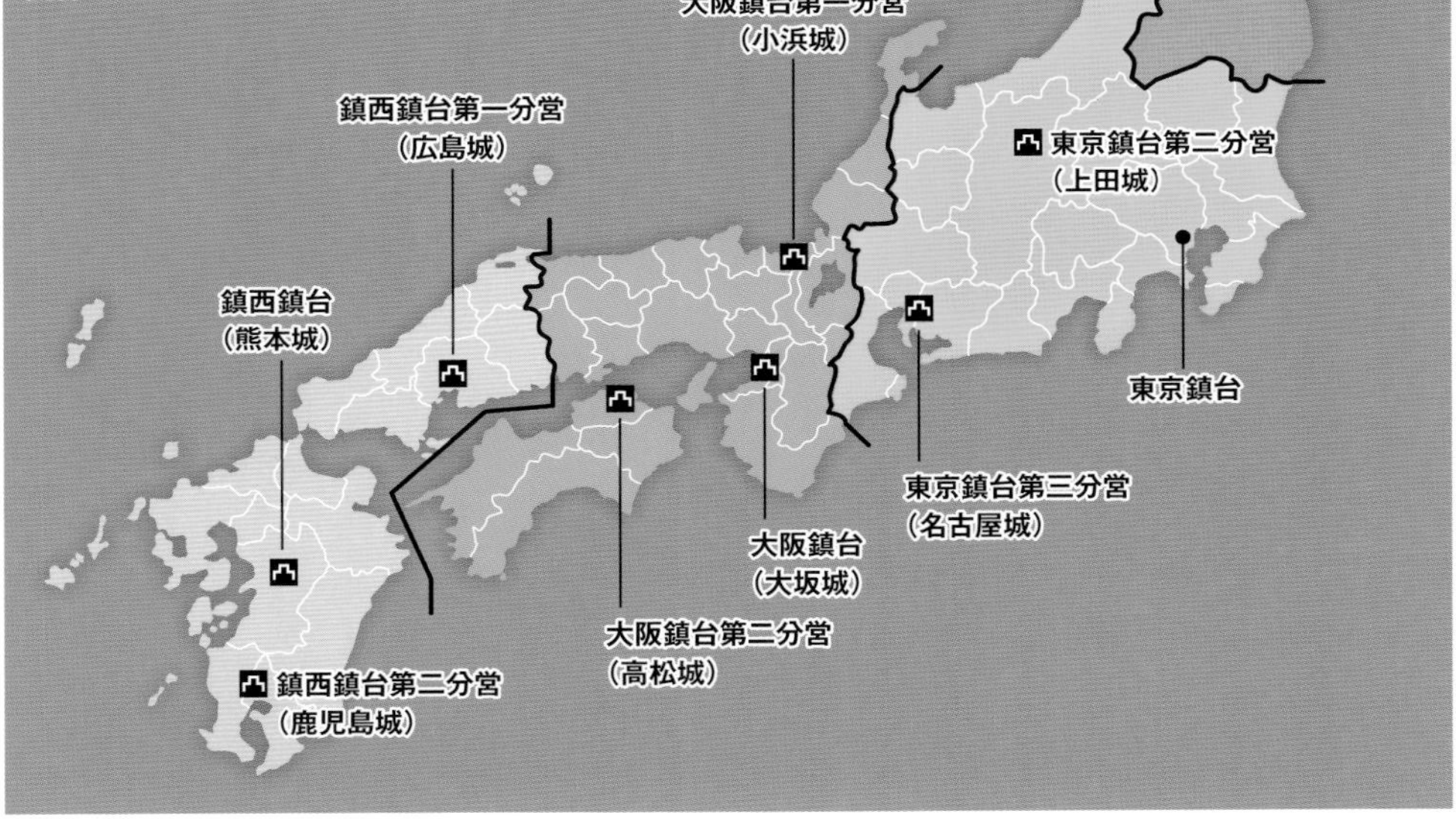

廃城令の発布

修理中の松本城　明治40年代の修理中の写真。松本城は競売に掛けられるも、天守の保存を望む市民が買い戻した。
松本城管理事務所蔵

解体中の小田原城　廃城令によって取り壊される小田原城の天守。明治5年（1872）までに多くの建物が解体された。
横浜開港資料館蔵

戦中・戦後

戦後復興のシンボルであり観光資源となった〝天守閣〟

太平洋戦争の影響

太平洋戦争末期、主要都市にある日本の城は、アメリカ軍の空襲によって多くの被害を受けた。

現存していた天守では、名古屋城・大垣城・和歌山城⬇P202・岡山城⬇P207・福山城・広島城の6基が焼失。天守以外でも、水戸城の御三階櫓、仙台城の大手門と隅櫓をはじめ、旧国宝指定の建造物が多数被災した。中でも原子爆弾が投下された広島城と沖縄戦の艦砲射撃の的となった首里城⬇P80は、壊滅的な被害を受けてしまった。そんな中、姫路城の天守をわら縄でできた網で覆い隠すなど、各地で人びとが城を空襲から守ろうとした動きがあった。

復元天守が戦後復興の象徴に

昭和30～40年代、戦災で失った天守の再建が相次いだ。戦前には大坂城・郡上八幡城・伊賀上野城などが復興されていたが、戦後の再建天守は、単なる郷愁ではなく復興のシンボルであり、町の人びとにとって大切な心の支えとなったのである。

広島城は爆心地から約1㎞離れていたが自重で崩壊したため、「二度と倒れない天守を」との思いから鉄筋コンクリート造りで再建された。戦災で焼失した天守は同じく鉄筋コンクリート造りでの再建が行われている。

戦前の再建天守は史実に忠実ではない「模擬天守」ばかりだったが、これら戦後の復興天守は、窓の大きさや位置以外は外観がほぼ史実に基づく「外観復元天守」である。

なお、江戸時代に建てられ、廃城令も空襲も乗り越えて現在まで残っている現存天守は12基である。

原爆投下によって全壊した広島城天守。

林重男撮影、
広島平和記念資料館提供

復興天守のいろいろ

木造復元天守

材料や工法を、なるべく天守が立っていた時代と同じものを使って外観のみならず内部も再現することを試みたもの。近年の復元の主流になりつつある。

大洲城　明治に取り壊された天守を、2004年に、当時の工法で木造復元した天守。

主な木造復元の城

白河小峰城（1991年／福島県）　**白石城**（1995年／宮城県）
新発田城（2004年／新潟県）　**大洲城**（2004年／愛媛県）など

外観復元天守

史料などにもとづいて外観をコンクリート（RC造）など現代の材料・工法で復元したもの。観光施設として若干手が入っているものもある。

岡山城　空襲で焼失した天守を、1966年に古写真などをもとにRC造で再建したもの。

主な外観復元の城

名古屋城（1957年／愛知県）　**広島城**（1958年／広島県）
和歌山城（1958年／和歌山県）　**熊本城**（1960年／熊本県）
会津若松城（1965年／福島県）　**岡山城**（1986年／岡山県）など

復興天守

天守が立っていたことは判明しているが、天守の形、位置、大きさなどが当時と違う、または詳細が不明ながら戦後復興の象徴として天守を建てたものなど。

小倉城　江戸後期に焼失した天守を、1959年にRC造で再建。飾りや配置が当時と違う。

主な復興天守の城

大坂城（1931年／大阪府）　**岐阜城**（1956年／岐阜県）
岡崎城（1959年／愛知県）　**小倉城**（1959年／福岡県）
福山城（1966年／広島県）　**忍城**（1988年／埼玉県）　など

模擬天守

史実では天守がなかった城や、天守は立っていたが実際とは大きく違う天守を建てたもの。町おこしの一環として建てられたものもある。

富山城　1954年にRC造で再建。江戸時代には富山城に天守は立っていなかった。

主な模擬天守の城

伊賀上野城（1935年／三重県）　**富山城**（1954／富山県）
浜松城（1958年／静岡県）　**中津城**（1964年／大分県）
唐津城（1966年／佐賀県）　**尼崎城**（2018年／兵庫県）など

お城 Column

戦国3大築城名人

猛将として知られる馬場信春、藤堂高虎、加藤清正。彼らは知識と戦略眼を兼ね備えた築城名人でもあった。

恵林寺蔵／武田信玄公宝物館保管

武田築城術の雄

馬場信春《ばばのぶはる》

武田信虎、信玄、勝頼に仕えた武田四名臣の一人で、別名信房《のぶふさ》。40年間で70回戦いに参加したがかすり傷一つ負わなかったと伝わる。

『甲陽軍鑑《こうようぐんかん》』によると山本勘助から築城術を学んだと記されており、牧之島城、江尻城、諏訪原城、田中城、小山城などを築城したとされる。

これらの城はいずれも前線に築かれた戦略拠点で、武田流築城術とされる丸馬出が設けられているのが特徴。天正3年（1575）の長篠合戦で勝頼の退却後の殿軍を務めて戦死した。

大宝院蔵

天下普請のテクノクラート

藤堂高虎《とうどうたかとら》

築城の名人の中でも最も多くの城を築いたのが藤堂高虎であろう。近江の土豪で最初浅井氏に仕え、のちに豊臣秀長、秀吉、徳川家康に仕える。

高虎が築いたとされる城は20余りあり、居城として宇和島城、今治城、津城、伊賀上野城、天下普請として篠山城、二条城、大坂城、膳所城、駿府城などがある。その特徴としては基底部に犬走りを設けた高石垣を用い、広い水堀をめぐらせることである。また曲輪は方形を基本に回字形となる輪郭式を多く採用している。

熊本市立熊本博物館蔵

優美な熊本城を築城

加藤清正《かとうきよまさ》

尾張の鍛冶屋の子として生まれ、後に秀吉に仕え、福島正則とともに豊臣氏の最有力武将となった。清正は智勇兼備の武将として知られるが、築城の名手でもあり、熊本城や名古屋城などの築城に関わっている。

特に居城の熊本城は清正の総決算として築かれた名城である。最大の特徴は石垣で、「清正流《せいしょうりゅう》」とも呼ばれ、弧を描く緩やかな勾配を持つ。

清正は江戸城や名古屋城でも石垣普請を担当しており、築城名人の中でも土木工事の名監督だったといえよう。

第4章

世界と日本の城 比較城郭論

城についての興味が日本だけに留まるのはもったいない。本章では、ヨーロッパの城、中国をはじめとする東アジアの城、アイヌが築いたチャシ、琉球のグスクを紹介。日本の城との共通点や、日本の城に取り入れられた技術などを解説する。

ヨーロッパの城

外敵から街を守る城壁

戦争の形態により姿を変えるヨーロッパの城壁都市

ヨーロッパの城は都市を取り囲む城壁都市として発達する。都市を守ることを最大の目的として城郭を築いた。都市の中心には領主の館や城も構えられたが、周囲にめぐらせた城壁こそが最大の防御施設であった。

その後、17世紀初頭にフランスのルイ14世に仕えたヴォーバンによって考案された稜堡式《りょうほしき》築城（星形要塞）がヨーロッパの築城を席捲《せっけん》した。その特徴としては、敵の大砲の攻撃目標とならないように城壁が低くぶ厚く造られるようになっており、さらに攻めて来る敵に対して死角をなくし、十字砲火を浴びせられるように突出した稜堡を築く。この稜堡式城郭の典型例が仏独国境に築かれたブザンソンである。町を城壁で囲い込み、背後の山の頂上に稜堡式の城郭が築かれた。他にもヴォーバンによって築かれたフランス国内12か所の要塞が、防衛施設群として世界遺産に登録されている。

フランスのロワール地方の古城や、ドイツのライン川の両岸に残る城、ルートヴィッヒ2世が建造したノイシュヴァンシュタイン城などは19世紀の領主たちが古典主義への憧れとして築いたものであり、実際に防御施設として築かれたものでない。

日本の城とヨーロッパの城

稜堡式築城を導入した五稜郭

安政2年（1855）の箱館開港にともない、幕府は新たな奉行所として亀田役所土塁の造営を計画した。これが五稜郭《ごりょうかく》である。ヴォーバンの考案した星形の稜堡式築城が導入され、フランス軍艦コンスタンティーヌ号で写された図面をもとに設計された。こうした星形築城は五稜郭だけではなく、信濃の龍岡《たつおか》五稜郭、函館の四稜郭《しりょうかく》、松前の戸《へ》切地《きりち》陣屋《じんや》などにも採用されている。

稜堡式で築かれた龍岡城。

都市全体を囲む石の壁

城壁都市の発展

12〜16世紀の城郭都市のイメージ。近隣国同士の争いが絶えない上、中東やアジアなどの侵略者にも脅かされていたヨーロッパの都市では城壁都市が発達。その歴史は古代ギリシャ・ローマ時代に遡るとされ、中世には主要都市のほとんどに城壁が設けられた。その堅牢さは、オスマン帝国軍も寄せ付けないほどだったが、火器が一般化すると稜堡式城郭に取って代わられる。

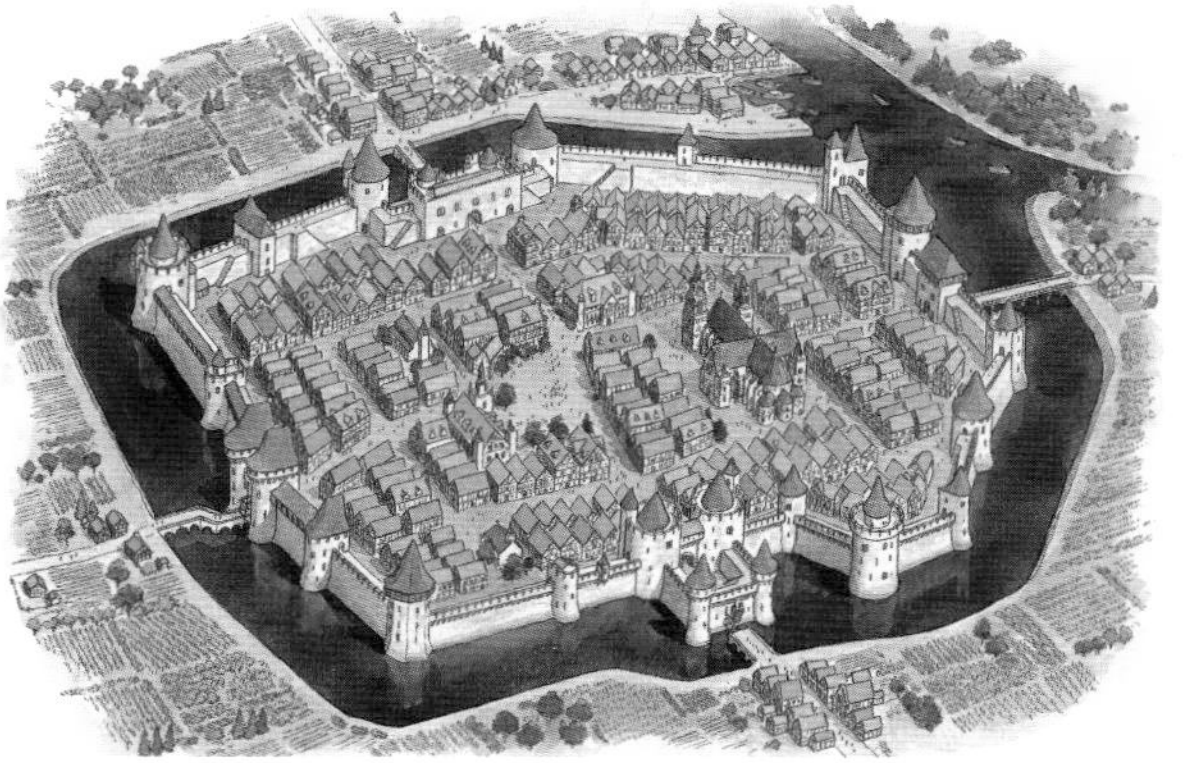

ヴィスビュー（スウェーデン）　中世に貿易で栄えた都市。旧市街地は高さ約11m、全長約3.5kmの「輪壁」と呼ばれる城壁に囲まれている。

カルカソンヌ（フランス）　ローマ帝国時代から、地中海と大西洋を結ぶ要衝として重要視された都市。二重の城壁に囲まれている。

砲撃戦に特化した稜堡式城郭

バウルタンゲ要塞の全景（オランダ）　16世紀に勃発したオランダ独立戦争の際に、補給基地として築かれた要塞。二重三重に稜堡を重ねた星形が特徴で、稜堡式城郭の中でも保存状態が良い。

稜堡式城郭の構造

15世紀中頃に鉄砲などの火器が普及すると、砲撃戦を想定した稜堡式城郭が登場。星形あるいはフキダシのような特徴的な形は、攻め手に側面射撃を行うための工夫だ。さらに、稜堡の間には馬出の役割を担う半月堡を設け、攻撃拠点としている。

東アジアの城

都市機能と防御力が両立した街

碁盤状に区画され城壁に囲まれた都市

中国では都市を囲い込む城壁が発達し、城という言葉は城壁都市を指す。城壁は、塼《せん》と呼ばれる日干し煉瓦《れんが》を積み上げて築かれる。城壁都市の平面はほぼ方形で、内部の都市は碁盤の目状に設計された。各辺には城門が構えられ、門上に楼閣を設けている。城壁の上部には女墻《じょしょう》と呼ばれる凹凸があり、そこから弓で矢を射た。門は厳重に造られ、門外に半円形に城壁をめぐらせる甕城《おうじょう》は外枡形そのもの。門内も何重もの壁を設けて防御を固めていた。さらに直線的な城壁に横矢を掛けられるように雉城《ちじょう》（馬《ば》面《めん》）と呼ばれる突出部が造られ、その城壁上には敵楼が設けられていた。

山西省《さんせいしょう》の平遥《ピンヤオ》は世界遺産に登録された典型的な城壁都市で、城壁は明代の洪武《こうぶ》3年（1370）に築かれたもの。その高さは約12mに及び、外周は約6・4km。6基の城門、4基の角楼、72基の敵楼を構えている。

朝鮮半島の城郭は中国の影響を受けているが、都市の背後に朝鮮式山城と呼ばれる山城を構えた。これは都市が攻められた際の逃げ城で、山中に石塁をめぐらせ何年も籠城ができるようになっている。李氏朝鮮時代の首都漢城《ソウル》には、逃げ城として北《プ》漢山《カンサン》城、南漢山《ナムハンサン》城が築かれた。

日本の城と東アジアの城

日本にもたらされた中国の築城技術

中国の城制は琉球のグスクに影響を与えたとされる。その例が石塁から突出して築かれた方形の石積み施設であるアザナだ。これは門に対する横矢として構えられたもので、中国の雉城（馬面）の影響を受けたと考えられる。朝鮮半島の城制は古代日本にもたらされ、大宰府の背後には大野城が築かれている。さらに朝鮮式山城は北部九州から瀬戸内海を経て畿内までの山々に築かれた。

朝鮮から伝わった技術で造られた大野城。

城壁に囲まれた中国の都市

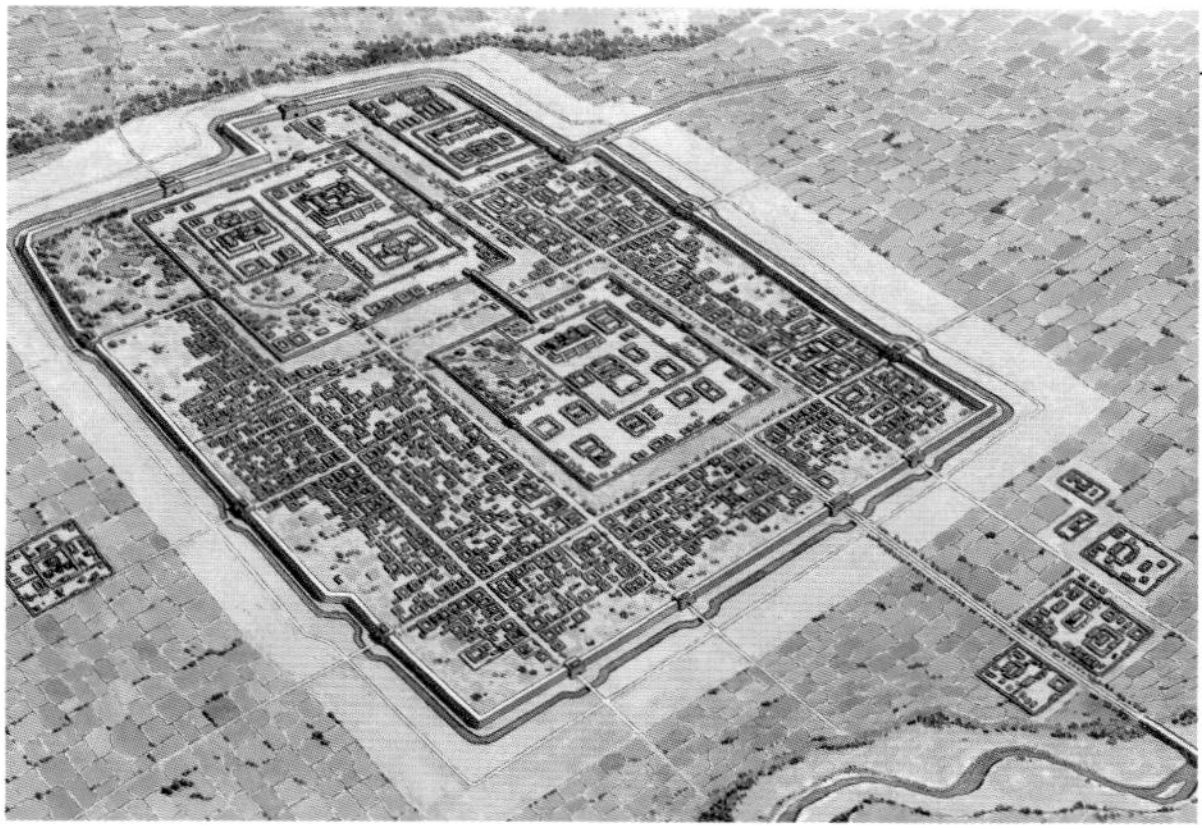

中国の都の構造

長安や洛陽などの大都市は、版築（土をつき固める工法）の基礎を煉瓦で覆った城壁に囲まれていた。市街地は東西と南北に走る大路で区画する条坊制を取る。道で区切られた「坊」には門が設けられ、日中は自由に行き来が許された。一方、夜間は治安維持のため各坊の門を閉め、往来を制限する。イラストは洛陽。

西安（陝西省）　かつて隋や唐の都が置かれた西安（長安）には、明代の城壁が残っている。

平遥城（山西省）　明清代に商都として栄えた平遥城には、街が造成された当時の城壁や町並みが残っている。

巧みな石垣技術による朝鮮の城

海《ヘ》美《ミ》邑《ウプ》城（忠清南道）

中国の都城に影響を受けた城壁都市を邑城（ゆうじょう）と呼ぶ。韓国西部に位置する海美邑城は、倭寇対策のために朝鮮王朝初期に造られた軍事拠点で、城壁や政庁などが残る。

水《ス》原《ウォン》華《ファ》城（京畿道）

22代国王・正祖が築いた城。八達門（パルダルムン）や華城行宮（ファソンヘングン）など朝鮮王朝の築城技術の粋を集めた理想都市で、一時は遷都も検討されたが正祖の死によって頓挫した。

南《ナム》漢《ハン》山《サン》城（京畿道）

首都・漢城を守るために造られた山城。石垣による城塁を山上一帯にめぐらせ、甕城や城門を設けている。清が朝鮮に侵攻した際に、16代国王・仁祖が籠もった城でもある。

チャシ（アイヌの城）

用途や歴史に謎が多いアイヌの砦

険しい地形を利用したアイヌのチャシは砦なのか

北海道のアイヌ民族が築いた城をチャシと呼んでいる。アイヌ語で柵、囲、砦の意味で、その跡地を指すのが、チャシコツである。かつてはアイヌ民族の中世城郭であると考えられていたが、発掘調査の結果、寛永《かんえい》17年（１６４０）に噴火した駒ヶ岳の火山灰が検出されており、大半のチャシは16～18世紀に築かれたものであることがわかってきた。

北海道には約６００か所に分布しているが、根室、釧路、日高、十勝といった北海道の東地域に集中している。これは寛文《かんぶん》９年（１６６９）に蜂起したメナシクル（東方の人）首長シャクシャインの勢力範囲に一致しており、チャシは近世アイヌが松前藩との抗争に際して築いたものと考えられる。

チャシは立地から、岬や丘の先端に築かれた丘先式《きゅうせんしき》、台地の崖面を利用した面崖式《めんがいしき》、小丘の頂部を堀で区画する丘頂式《きゅうちょうしき》、湖や湿地にある丘や島に築かれた孤島式《ことうしき》に分類される。構造は、大半が丘陵先端部に堀切を設けて城域を設定する単純なもので、土塁もほとんど設けられていない。しかし、中にはコンブウシムイチャシのように、空堀をめぐらせた単体のチャシをいくつも集中させ複郭としたものも認められる。

日本の城とチャシ

チャシは砦なのか聖地なのか？

聖地伝承が残るオキクルミのチャシ。
平取町立二風谷アイヌ博物館提供

チャシには数多くのアイヌの伝承が残されている。その中でも注目すべきなのが聖地伝承だ。チャシにはチノミシリ（我らが祭る山）、カムイミンタラ（神々が舞い遊ぶ庭）と呼ばれたものや、儀式に使われたものもあったという。平取町《びらとりちょう》のオキクルミのチャシには、英雄神オキクルミが居を構えていたという伝承が残る。中世の日本でも信仰の対象となる山に山城が築かれた形跡があるが、聖地性は急速に薄らいだ。

チャシの構造

堀

城内と城外を1～3条の堀で区画することが多い。堀は弧状や半円形が大半だが、直線的に区切る場合もある。写真はコンブウシムイチャシの堀。

曲輪

チャシは単郭のシンプルな構造が多いが、コンブウシムイチャシのように曲輪をいくつも連結した複雑な縄張を持つチャシも存在する。写真は空から見たヲンネモトチャシ。

立地

海や湖などに面した急峻な地に造られることが多く、地形によって丘先式、面崖式、丘頂式、孤島式に分類される。最も一般的なのは、岬の先端を利用して築かれた丘先式である。

シャクシャインの本拠地・シベチャリチャシ

松前藩からの不当な扱いに怒り、武装蜂起したシャクシャインの本拠地がシベチャリチャシである。標高約80mの見晴らしの良い台地上に築かれた、反乱の本拠地にふさわしい砦だったが、シャクシャインの暗殺後に松前藩によって焼き払われた。現在は、曲輪跡や堀が当時の名残をとどめる他、麓にシャクシャインの像が立つ。

上／シベチャリチャシ遠景。
右／2015年に立て替えられたシャクシャイン像

グスク（琉球の城）

政庁と聖域を包括する琉球王国の城郭

独自の石積み技術を用いてグスクの石塁は築かれている

琉球では14世紀から15世紀にかけて按司《あじ》と呼ばれる首長が台頭し、北《ほく》山《ざん》、中山《ちゅうざん》、南山《なんざん》の三勢力が鼎立した。そうした琉球の戦国時代に約300もの城が築かれている。こうした城をグスクと呼んでいる。グは「いしらご」「ましらご」という石の意味で、スクとは「しけ」「しき」という聖域の意味を持つ。つまり、グスクとは石囲いの聖地が本来の語意である。その構造は石塁をめぐらせて築かれたもので、石塁には琉球石灰《りゅうきゅうせっかい》岩《がん》を使っている。本土の城で石垣が用いられるのは曲輪の切岸面であるのに対し、グスクは石の壁を曲輪周囲にめぐらせる構造となっている。シイナグスクからは13世紀後半から14世紀前半に築かれた野面積《のづらづみ》の石垣が検出されており、本土の城郭石垣出現よりも約200年も古い。糸数《いとかず》グスクや具志頭《ぐしかみ》グスクでは14世紀後半の切石積《きりいしづみ》の石垣が出現する。

一方、琉球神話の創世神アマミキヨの居所と伝えるミントングスクは自然の丘陵で、人工的な施設は構えられていない。また、首里城《しゅりグスク》や中城《なかグスク》城《じょう》、勝連城《かつれんグスク》には御嶽《うたき》と呼ばれる聖域が配置されており、聖域的な性格を有するグスクが城郭的なグスクへと発展したものと考えられる。

日本の城とグスク

和魂漢才の築城技術を持つグスク

グスクと本土の城の最大の違いは石垣である。日本列島の戦国時代の城は土造りの土木施設だが、同時代の琉球では石垣が築かれていた。本土でも近世に石垣の城が出現するが、石を積んで城壁とするのではなく、曲輪の切岸面に石を積む石垣であった。ただ、本丸を中心に曲輪を重ねる構造や、城郭の中に都市を構えず、城だけを防御する目的は本土と共通している。

中国と日本の技術を取り入れた首里城正殿。

グスクの特徴

①弧を描く石垣

今帰仁城（なきじんグスク）の石垣。直線的な塁線を持つ本土の石垣とは異なり、グスクの石垣はカーブを描く。隅部は本土に比べて丸みがあるものの鋭角になっており、これを幾重にも重ねることで城壁の死角を減らしている。

②琉球石灰岩の使用

グスクの石垣に使用されている琉球石灰岩は、やわらかく加工しやすいため、隙間なく積み上げることができる。写真は中城城の石垣。

③祈りの場を備える

グスク内には、聖地である御嶽（うたき）が設けられていることが多い。写真の今帰仁城テンチジアマチジのように現在も祭祀が続けられている御嶽も存在する。

④石造りのアーチ門

石積み技術が発達した琉球王国時代のグスクは、石垣にアーチ門を設けていた。特に座喜味城の門は、くさび石を用いるなど高い技術で造られている。

臨戦的対応のために
築城技術の発達が促される

倭城

［わじょう］

奥州仕置きにより名実ともに天下人となった豊臣秀吉。
その野望は国内に留まらず、全国の大名を動員して大陸征服に乗り出す。
２度に渡った朝鮮出兵で秀吉軍の築いた拠点が倭城だ。
これらの城はどのような技術が使われ、どのように使用されていたのか。
謎多き倭城の実像に迫る。

西生浦城の登り石垣

朝鮮出兵の前線拠点として築かれた日本式の城

天下を統一した豊臣秀吉は大陸遠征の第一段階として、天正《てんしょう》20年（１５９２）３月に16万の軍勢を朝鮮半島に送り込む。当初、秀吉軍は快進撃を続けたが、文禄《ぶんろく》２年（１５９３）正月に平壌《ピョンヤン》を占領していた小西行長《こにしゆきなが》に対して朝鮮・明軍の大規模な反撃が開始された。同年４月、秀吉は漢城《ソウル》を撤収するにあたり、朝鮮半島南岸に御仕置之城《おしおきのしろ》を築くよう指示。朱印状には本城11か所、端城７か所、計18にのぼる築城の普請《ふしん》担当者が記されている。これらは熊川《ウンチョン》より西生浦《ソセンポ》に至る慶尚南道《キョンサンナムド》に築かれたことから、現在では慶南の倭城と呼ばれている。さらに慶長《けいちょう》の役では、越冬のため新たに８か所で築城が行われた。

朝鮮半島に倭城が築かれた最大の理由は、長期化する戦争に対して兵の駐屯地が必要になったことだ。倭

蔚山城（蔚山広域市）　加藤清正の壮絶な籠城戦で知られる城。本丸虎口や天守台などの石垣が残る。

西生浦城（蔚山広域市）　加藤清正が築いた城。山麓からのびる登り石垣や虎口、天守台などの石垣遺構が残る。

機張城（釜山広域市）　黒田長政が築いたとされる。天守台などの石垣の他、竪堀や横堀が残る。

城の多くは沿岸に築かれ、朝鮮水軍に対する防御意識の高さを物語っている。秀吉軍の水軍は李舜臣《イスンシン》率いる朝鮮水軍に敗れており、補給基地確保が急務となっていた。

相互に影響を与えあう日本の城と倭城の築城技術

まず倭城の選地を見ると、朝鮮半島南沿岸に築かれている。さらに港湾に隣接する山頂部に築かれており、港湾を確保するための築城であったことがわかる。亀浦《クポ》城や梁山《リャンサン》城は海岸線ではなく、洛東江《ナクトンガン》をさかのぼった内陸部に築かれた。川津（川の船着場）として内陸部進軍への補給基地とするためである。

構造の特徴としては山頂部に総石垣の城を築き、山麓の港湾を守るため長大な登り石垣を構えている。虎口は外枡形となり、城内には幾重にも仕切の石垣が構えられ、複雑な縄張としている。明の従軍絵師が描い

◆倭城の構造

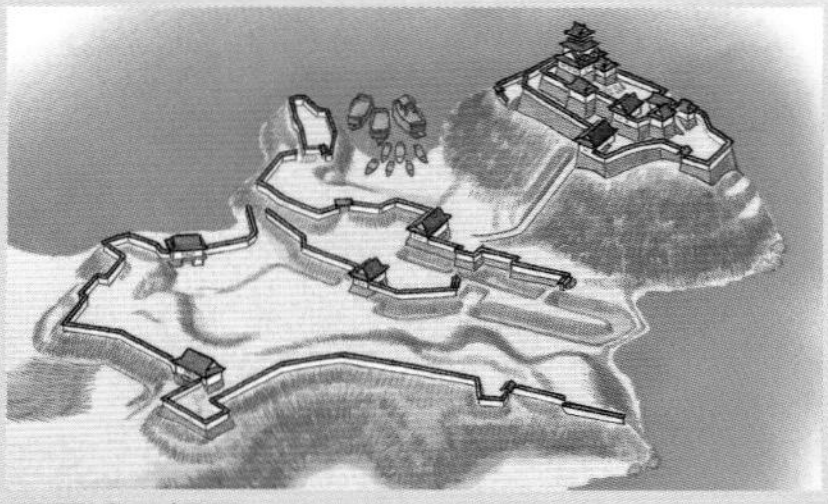

順天城の縄張　物資揚陸や侵攻拠点に使われた要衝で、広大な城域を持つ。本丸を海に面した半島に造り、その外側に何重もの石垣を築いて守っている。

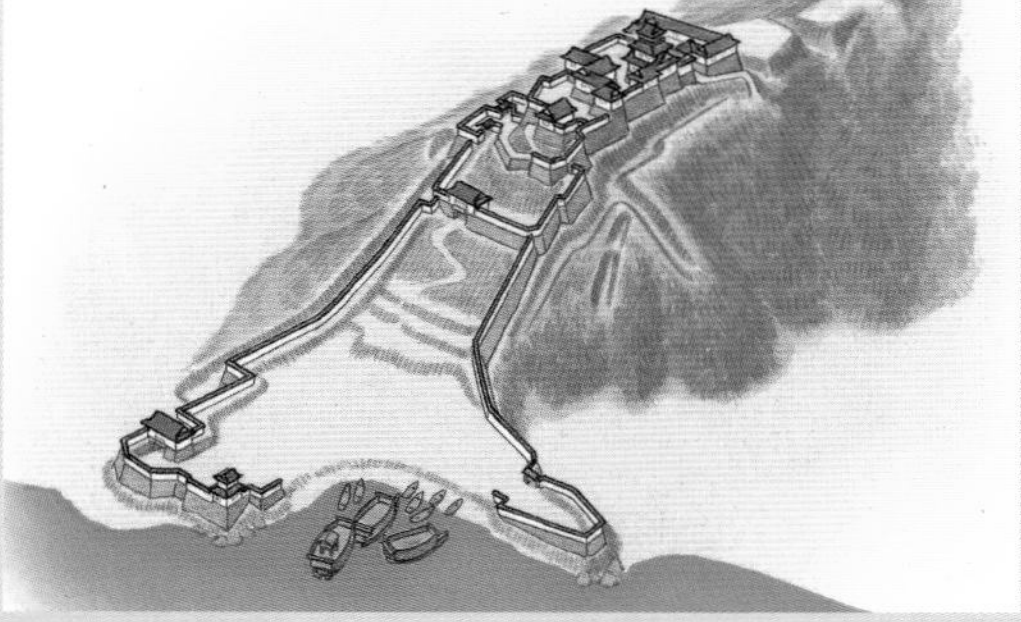

西生浦城の縄張　登り石垣を用いて港と本丸を一体化させた縄張が特徴。また、尾根筋や斜面に堀切や竪堀を設け、陸路からの攻撃にも対応している。

◆朝鮮出兵後の日本の城への影響

滴水瓦　軒平瓦の一種で、瓦当面は雨水が落ちやすい逆三角形となっている。朝鮮出兵後に築かれた城に多く見られ、高麗瓦とも呼ばれる。

登り石垣　斜面に対して平行にのびる石垣。山上の軍事拠点と山麓居館をつなぐように築くことで、城を一体化して守ることができる。

たと見られる『征倭紀功図巻《せいわきこうずかん》』には順天《スンチョン》城に三重天守が描かれ、櫓や櫓門、二段に穿たれた狭間を持つ土塀なども描かれている。石垣の石材には矢穴が認められるものもあり、山麓の海岸の岩礁を割って持ち運んだ。『朝鮮日々記《ちょうせんにちにちき》』には夫丸《ぶまる》、水主《かこ》、足軽まで総動員しての石垣普請であったことが記されている。さらに倭城には石垣だけではなく、戦国時代の土の城の特徴である堀切《ほりきり》、竪堀《たてぼり》なども多用されており、順天城では外郭ラインに長大な横堀が設けられている。戦後、渡海した武将たちは朝鮮で培った築城技術を持ち帰り、自分の城に取り入れた。伊予松山《いよまつやま》城や洲本《すもと》城などでは、倭城と似た構造の登り石垣を見ることができる。

近年、韓国でも倭城に対する関心が高まっており、加藤清正が籠城戦を繰り広げた蔚山《ウルサン》城では石垣の整備が行われた。また、泗川《サチョン》城でも城門が復元されている。

第5章 全国名城ガイド

城跡は全国に3〜4万もあるといわれており、見応えのある遺構を備えている城は全国各地に数多く残されている。本章では北海道・東北、関東、甲信越、東海、北陸、近畿、中国、四国、九州・沖縄とエリアを分けて、見るべき城を紹介する。

立地…城が建つ地形的特徴を示す
築城…築城年と築城者を示す。基本的に築城開始年を記載したが、そうではない城もある
アクセス…公共交通機関での行き方

北海道・東北エリア

東北地方の中世の城では、根城（青森県）や浪岡城（同）に代表されるように、曲輪が並列的に並ぶ群郭式城郭が多く残る。他エリアでは戦国大名の強大化とともに城の構造は集権的になり、それとともに縄張も複雑化したのに対し、東北地方では大名権力の出現が遅かったことが城の発展にも影響をもたらしたと考えられる。

近世に入っても、他エリアに比べて石垣と天守の普及は遅れた。総石垣の城は盛岡城（岩手県）や会津若松城（福島県）など数えるほどしかなく、土造りのままの城が多い。たとえば、佐竹氏の居城として慶長8年（1603）に新築された久保田城（秋田県）は、天守を持たず、石垣をいっさい使用していない。

北海道では、アイヌ民族が独自の城郭であるチャシを築いた➡P160。和人の城は館（居館）しかなかったが、幕末になり、海防の目的から松前城と五稜郭が築かれている。

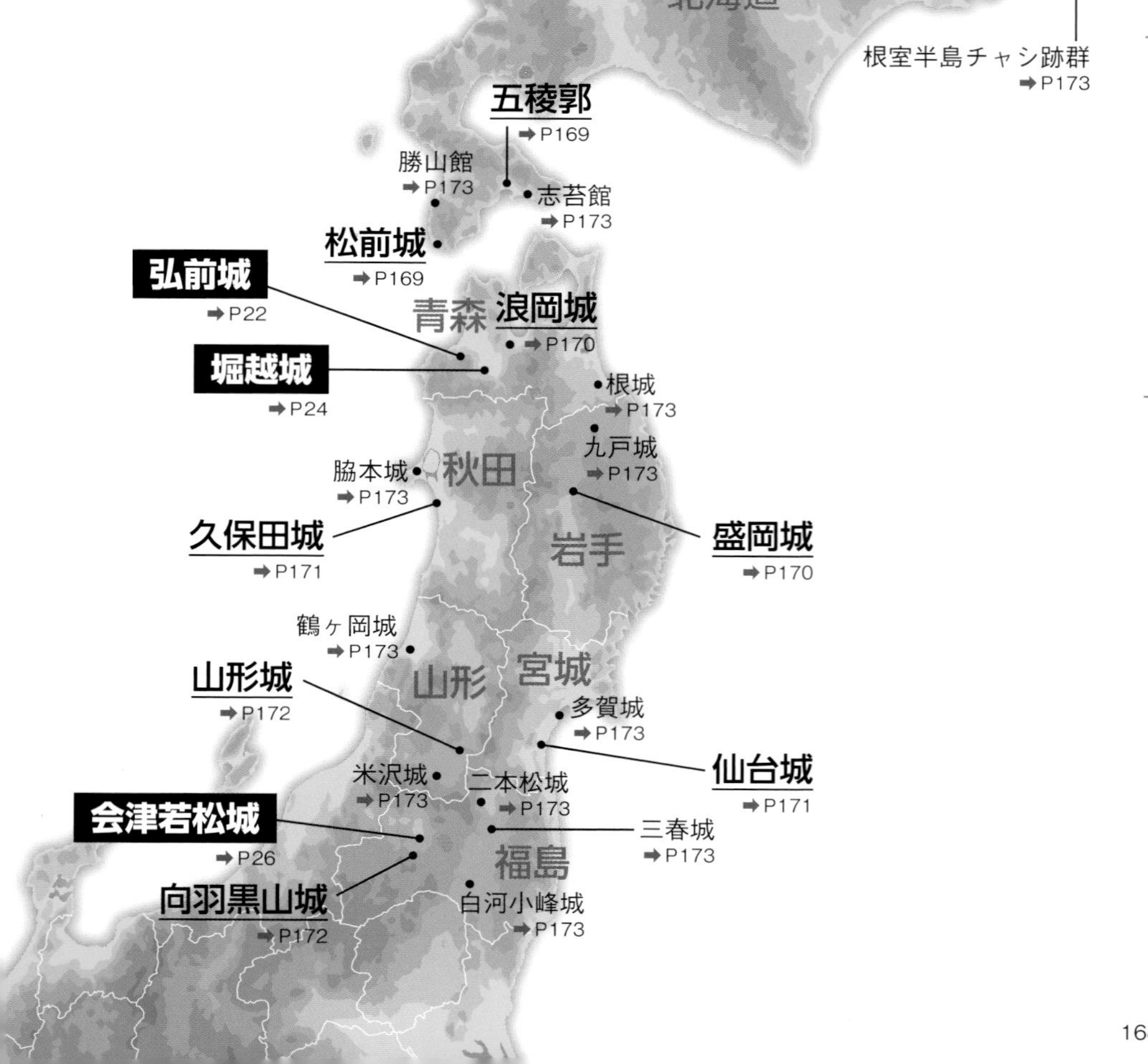

北海道［蝦夷］

戊辰戦争最後の舞台

五稜郭

［ごりょうかく］

立地
平城

築城　元治元年（1864）
［江戸幕府］

アクセス　市電「五稜郭公園駅」から徒歩約20分

安政《あんせい》元年（１８５４）の日米和親条約で箱館が開港となり、江戸幕府は箱館警備を重視しはじめる。箱館防備のため安政4年（１８５７）、築城に着手し、元治《げんじ》元年（１８６４）に完成した。正式名称は亀田御役所土塁《かめだおんやくしょどるい》。設計は箱館奉行配下の蘭学者・武田斐三郎《たけだあやさぶろう》だ。

西洋で発達した稜堡式《りょうほしき》の構造で、5つの突角部（稜堡）を砲台とした星形の城郭である。戊辰戦争最後の戦い・箱館戦争では、榎本武揚《えのもとたけあき》ら旧幕府軍に占拠され、新政府軍の艦砲射撃を受けるなど激戦の舞台となった。

五稜郭タワーから見た五稜郭。

見どころ

- 築城当時の建物で唯一現存する土蔵（兵糧庫）や砲撃戦を想定して築かれた土塁は貴重な遺構。
- 旧箱館奉行所庁舎は綿密な発掘調査や史料をもとに復元。
- 五稜郭タワー展望台から見下ろす五稜郭の全貌は圧巻。

北海道［蝦夷］

幕末に海防のため築城

松前城

［まつまえじょう］

立地
丘陵上

築城　嘉永3年（1850）
［松前崇広］

アクセス　JR江差線「木古内駅」からバスで「松城」下車、徒歩約10分

蝦夷《えぞ》唯一の藩であった松前藩は嘉永《かえい》2年（１８４９）に城主格大名となり、それにともなって築かれたのが松前城である。縄張《なわばり》は高崎藩の軍学者・市川一学《いちかわいちがく》が行った。

その特徴は津軽海峡に面して三の丸に配された7基の砲台である。さらに城の前面は軍学にもとづき横矢《よこや》が掛かるように塁線の至るところで屈曲を持たせている。また城門には複雑な枡形《ますがた》を導入している。まさに江戸軍学の集大成として実際に築かれた城であった。なお城名は本来、福山城が正しい。

重文の本丸御門と復元天守。

見どころ

- 天守台や本丸御門の石垣は亀の甲羅のように六角形に積まれている。
- 雪や風などの対策のため銅板で屋根を葺いた本丸御門の石垣には、珍しい緑色凝灰岩が使われており、瓦門の石垣は日本一勾配が緩い。

青森県［陸奥］

名門・浪岡北畠氏の居城

浪岡城

［なみおかじょう］

立地 平城

築城 1460年代
［?］

アクセス JR奥羽本線「浪岡駅」からバスで「浪岡城跡」下車、徒歩約5分

築城者は不明。1460年代に築城されたと推定されている。南北朝時代、後醍醐《ごだいご》天皇を助けて南朝方で武功をあげた北畠親房《きたばたけちかふさ》・顕家《あきいえ》の末裔である浪岡北畠氏の居城で「浪岡御所」とも呼ばれた。総面積は約13万6千㎡。南側の急峻な崖下を流れる浪岡川と正平津川《しょうへいつがわ》を天然の水堀としている。

内館、北館など8つの曲輪《くるわ》が扇状に広がる構造が特徴で、それぞれが幅約20m、深さ約5mの二重堀で仕切られている。天正《てんしょう》6年（1578）、大《おお》浦為信《うらためのぶ》に攻められ落城した。

８つの曲輪からなる浪岡城。

見どころ

- 土塁や堀が残る内館や北館などの８つの曲輪やしっかりと残る北館西側の枡形虎口跡は必見。
- 「青森市中世の館」には食器や武器類、農耕具、日用品などの出土品や推定復元模型が展示されている。

岩手県［陸奥］

東北最大の総石垣の城

盛岡城

［もりおかじょう］

立地 丘陵上

築城 慶長3年（1598）？
［南部信直・利直］

アクセス JR東北本線「盛岡駅」から徒歩約20分

南部《なんぶ》氏は三戸《さんのへ》城を居城としていたが、南部信直《のぶなお》は手狭を理由に盛岡城の築城を開始した。盛岡の地は不来方《こずかた》城という小規模な中世の城のあった場所である。築城年については慶長《けいちょう》3年（1598）説もあるが、その完成は慶長5年（1600）で、以後、南部氏16代の居城となる。

盛岡城の特徴はなんといっても石垣である。東北の近世城郭の大半は土造りの城であったが、盛岡城は城域全体を高石垣《たかいしがき》によって築いていた。本丸には明治まで御三階櫓があった。

南の腰曲輪の高石垣。打込接で積まれる。

見どころ

- 岩盤の上に築かれていたことがわかる三の丸の烏帽子岩や、不明門(あかずのもん)外方に露出している巨石。
- 本丸、二の丸、三の丸と淡路丸の石垣はほぼ残されている。二の丸北西の石垣は城の中で最も高い。

宮城県［陸奥］

独眼竜が築いた要害

仙台城

［せんだいじょう］

立地　河岸段丘

築城　慶長6年（1601）［伊達政宗］

アクセス　JR東北本線「仙台駅」からバスで「仙台城跡」下車、徒歩すぐ

関ヶ原合戦の終結は、平和より軍事的緊張を生じさせた。仙台城が山頂に構えられたのはそのためである。本丸の背後は竜の口峡谷と呼ばれる100mに近い絶壁で守られ、尾根が続く南西側には戦国時代さながらの堀切《ほりきり》が三重に設けられていた。

天守は造営されなかったが、本丸には壮大な本丸御殿《ごてん》が造営され、東崖面には京都の清水寺の舞台のような懸造《かけづくり》と称する御殿があった。2代藩主以降は二の丸御殿を政庁としたため、本丸御殿の利用期間は政宗一代の約20年間だけだった。

反り返るような本丸の高石垣。

見どころ

・本丸北側の石垣は最も高いところで17mもあり、江戸切りと呼ばれる加工で積み上げた算木積である。

・下屋敷と呼ばれた三の丸は幅約30mの水堀と、高さ約10mにもなる土塁によって守られている。

秋田県［出羽］

石垣を一切用いない城

久保田城

［くぼたじょう］

立地　丘陵上

築城　慶長８年（1603）［佐竹義宣］

アクセス　JR奥羽本線または秋田新幹線「秋田駅」から徒歩約10分

佐竹義宣《さたけよしのぶ》は関ヶ原合戦で西軍に与したため、慶長7年（1602）に出羽《でわ》へ国替えとなり、新たに居城として築いたのが久保田城である。神明山《しんめいやま》を利用して本丸、二の丸を二段構えに配置し、その外方に三の丸、西曲輪が構えられた。普請はすべて山を切り盛りした土で築かれており、虎口や土塁基底部にわずかに石積みが用いられている。こうした構造は決して貧相なものではなく、常陸《ひたち》の戦国大名佐竹氏の伝統的築城技術として評価すべきものである。

本丸に至る長坂門の枡形。

見どころ

・本丸南西隅に築かれた御出し書院の櫓台は、土塁ながら見事な切岸で、土造りの城の迫力を感じさせる。

・表門は平成13年（2001）に復元され、その外方には城内で唯一現存する御物頭御番所がある。

山形県［出羽］

見事な輪郭式の縄張

山形城

［やまがたじょう］

立地　平城

築城　文禄元年（1592）［最上義光］

アクセス　JR東北本線「盛岡駅」から徒歩約10分

南北朝時代に最上《もがみ》四十八楯の一つとして築かれた山形城は最上義光《よしあき》の時に近世城郭として大改修される。さらに元《げん》和《な》8年（1622）に最上氏が除封されると鳥居忠政《とりいただまさ》が入城し、大規模な改修を行い、二重の堀をめぐらせた輪郭式縄張の城となる。外方二の丸の塁線はいたるところで屈曲がつけられ、城門に対して横矢が掛かるようになっていた。

二の丸に設けられた4か所の虎口《こぐち》と、本丸の2か所の虎口が石垣で築かれた以外はすべて土塁であった。

復元された本丸一文字枡形門。

見どころ

・二の丸北大手門の石垣には○や□などの形をした築城工事の分担を示す刻印を多く見ることができる。
・本丸近辺の堀は明治以後に埋められたが、近年南辺が復元され、一文字出枡形の石垣も復元された。

福島県［陸奥］

東北最大の総石垣の城

向羽黒山城

［むかいはぐろやまじょう］

立地　山上一帯

築城　永禄４年（1561）［蘆名盛氏］

アクセス　JR只見線「会津本郷駅」から徒歩約　20分

阿賀川《あががわ》に面する標高約408mの岩崎山の山頂から山麓にかけて築かれた山城。蘆名《あしな》氏の最盛期に蘆名盛氏《もりうじ》が永禄《えいろく》4年（1561）から8年の歳月を費やして築いた。

盛氏の隠居城とも、本拠の黒川城（会津若松城の前身）の詰城《つめじろ》だったともいわれる。

蘆名氏滅亡後は伊達政宗に、その後は蒲生氏郷《がもううじさと》に支配された。氏郷の死後は上杉景勝《かげかつ》が城主となり、対立関係にあった徳川家康への備えとして大改修が行われる。江戸時代に上杉氏が出羽へ移封となり、廃城となった。

垂直にのびる一曲輪の竪堀。

見どころ

・山頂付近から一直線に下降する一曲輪西側の長さ約70m、幅約6mの巨大堀切。
・水手曲輪の野面積の石垣は蒲生時代に築かれたもので当時のまま残されている。
・二曲輪の北側の虎口は巨石を用いた内枡形虎口になっている。

米沢城 [よねざわじょう]（山形県）

江戸時代を通じて上杉氏が居城とした。明治維新で廃城となり城跡に上杉神社が建つ。

九戸城 [くのへじょう]（岩手県）

九戸一揆を主導した九戸氏の居城。織豊期の石垣が残り、広大な空堀は一見の価値あり。

根室半島チャシ跡群（北海道）

アイヌ語で柵囲いを意味するチャシ。祭祀や見張り場など様々な用途に使われた。

二本松城 [にほんまつじょう]（福島県）

丹羽氏重が近世城郭として改修し、二本松藩の政庁となる。戊辰戦争で落城した。

多賀城 [たがじょう]（宮城県）

律令国家による東北支配の拠点。約900m四方の城内には政庁や兵士の宿舎などがあった。

志苔館 [しのりだて]（北海道）

道南十二館の一つ。多くの中国銭が出土している。コシャマインの戦いで陥落した。

白河小峰城 [しらかわこみねじょう]（福島県）

白河藩の政庁だった城。天守代用の三重櫓は戊辰戦争で焼失。近年資料をもとに復元された。

脇本城 [わきもとじょう]（秋田県）

出羽北部で最大勢力を誇った安東愛季（さねすえ）の居城。東北最大級の広さを誇る。

勝山館 [かつやまだて]（北海道）

蠣崎氏による蝦夷地支配の拠点。発掘状況から和人とアイヌが混在していたと推測される。

三春城 [みはるじょう]（福島県）

坂上田村麻呂の子孫という田村氏が築城。江戸時代には三春藩主の秋田氏が入った。

鶴ヶ岡城 [つるがおかじょう]（山形県）

関ヶ原合戦後に入城した酒井忠勝が大改修を施した。堀幅約20mの水堀に囲まれた輪郭式の城。

根城 [ねじょう]（青森県）

南北朝期から江戸時代まで八戸を治めた南部氏の居城。５つの曲輪からなる平山城である。

関東エリア

関東には、戦国時代に築かれた技巧的な山城・土の城が多く残る。武蔵野台地を中心に関東ローム層が広がり、土造りの城に適した土壌だったのである。

５代にわたって関東を治めた北条氏は、幅広い横堀に堀障子などを設け、また虎口には角馬出を用いて橋頭堡とするなど、高い築城技術を誇った。ただし、角馬出は北条流築城術の特徴とされてきたが、北条領を越えて北関東一帯に広く分布している。

関東に土造りの城が多く残るのは、北条氏の滅亡後、徳川家康が入封したこととも関係する。関東に移った家康は、豊臣秀吉に対抗するかのように、近世城郭への改修を拒んだ。江戸城（東京都）が石垣造りへと変貌するのは江戸開府後のことである。徳川御三家の一つ、水戸藩の水戸城（茨城県）も大規模な土塁と横堀を中心とする土造りの城であった。

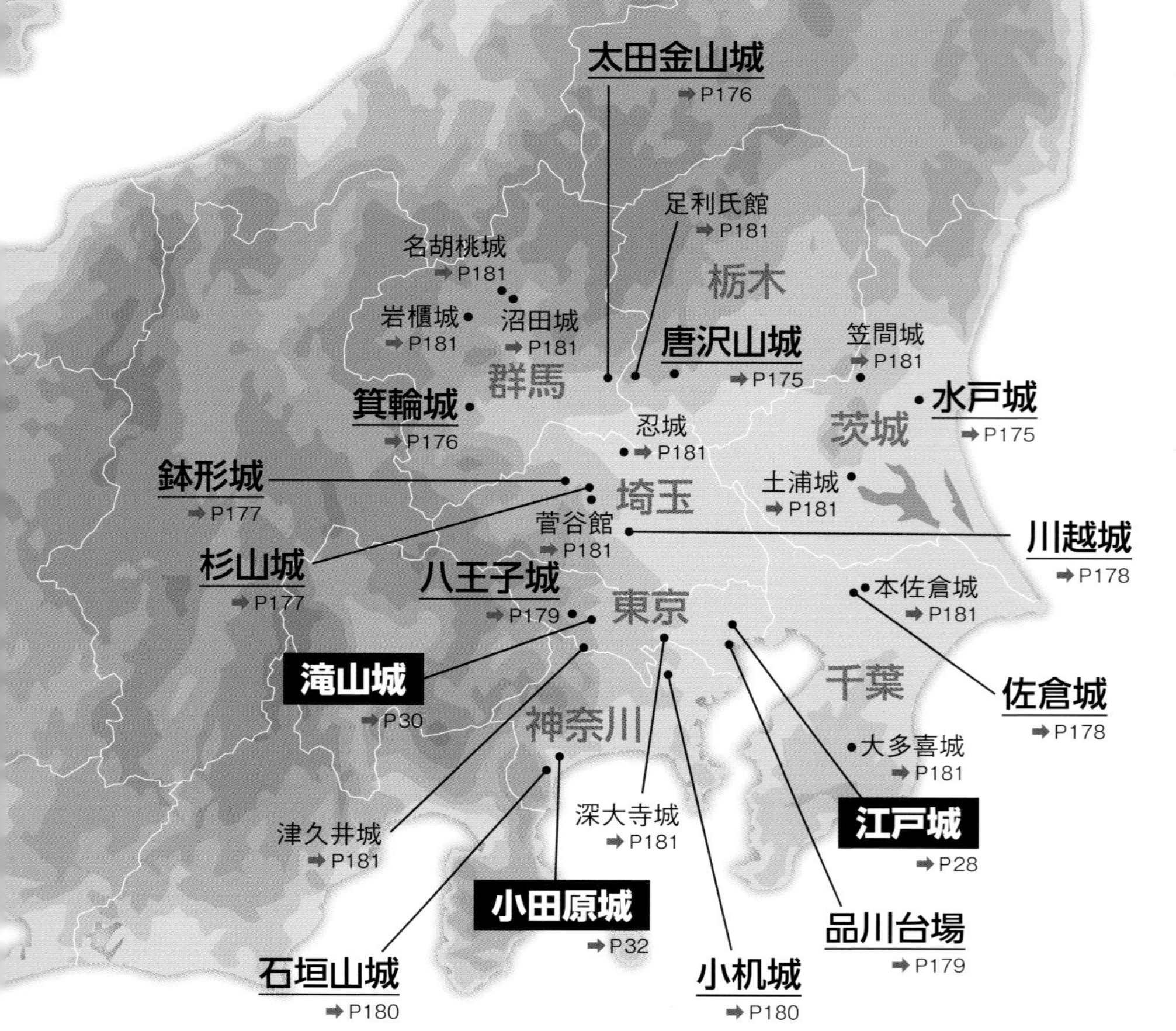

茨城県［常陸］

水戸城
［みとじょう］

見事な堀と土塁が残る

戦国時代の水戸城は江戸《えど》氏の居城であったが、佐竹義宣によって攻め落とされた。義宣は常陸の中央に位置する水戸城を居城とするため、朝鮮出兵より帰国すると早速改修を行い、近世城郭として整備した。関ヶ原合戦後、慶長14年（1609）には徳川家康の11男頼房《よりふさ》が入城し、以後は水戸徳川家の居城となる。

台地上に東二の丸、本丸、二の丸、三の丸が連郭式《れんかくしき》に配置され、曲輪間は巨大な空堀によって切断されていた。二の丸には御三階櫓《ごさんかいやぐら》があったが空襲により焼失した。

立地　河岸段丘

築城　建久年間（1190〜1199）［馬場資幹］

アクセス　JR常磐線「水戸駅」から徒歩約8分

本丸と二の丸間の空堀にはJR水郡線が走る。

見どころ

- 本丸には、元の場所の近くに再移築された表門（薬医門）が現存している。
- 三の丸西の最も巨大な空堀をはじめ、曲輪間の空堀がほぼ完存している。
- 二の丸と本丸には、枡形虎口を構成する土塁が残る。

栃木県［下野］

唐沢山城
［からさわやまじょう］

関東初の高石垣の城

唐沢山城は藤原秀郷《ふじわらのひでさと》が築城したと伝わる。その流れをくむ佐野《さの》氏の居城となり、戦国時代には上杉氏と北条《ほうじょう》氏による争奪戦が繰り広げられた。小田原攻めの後、北条氏出身の当主が追放されると、秀吉に仕えていた佐野房綱《ふさつな》が新たな城主となり、彼によって近世城郭へ改修される。

唐沢山の山頂を階段状に削平して、堀切と竪堀《たてぼり》を構える構造は戦国期のものだが、本丸と二の丸、南城に残る高石垣は房綱が築いた。これは関東地方で最初に導入された高石垣である。

立地　山頂

築城　延長5年（927）［藤原秀郷］

アクセス　東武佐野線「田沼駅」から徒歩約90分

本丸南西に残る、長大な高石垣。

見どころ

- 車井戸、大炊の井戸と呼ばれる二つの井戸があり、後者は現在も水を湛えている。
- 南城の高石垣は、隅部が算木積で、織豊系城郭の影響が見られる。
- 本丸南西の高石垣は、高さ8m、全長40mを誇る。

群馬県［上野］

関東有数の石造り山城

太田金山城

［おおたかなやまじょう］

立地
山城

築城 文明元年（1469）
［岩松家純］

アクセス 東武伊勢崎線「太田駅」から徒歩約25分

金山城は新田《にった》氏の一族岩松《いわまつ》氏が横瀬国繁《よこせくにしげ》に命じて築かせた。その後、横瀬氏は主家岩松氏を滅ぼすと由良《ゆら》氏を称し、実質的に金山城主となる。しかし戦国時代後半には上野《こうずけ》国も北条氏の領国となり、金山城には北条氏の城代として清水太郎左衛門尉《しみずたろうざえもんのじょう》が入った。天正《てんしょう》18年（1590）、豊臣秀吉の小田原攻めで開城し、廃城となる。

この城は金山の山頂から四方に派生する尾根状に実城《みじょう》、西城、北城と呼ばれる曲輪群を配した巨大な山城で、石積みにより築かれている。

三ノ丸に築かれた、段々状の石垣。

見どころ

- 発掘調査によって、日ノ池、月ノ池と呼ばれる巨大な池が検出され、復元整備されている。
- 石積みの最下部には、北条氏系の城郭の特徴である、「アゴ止め石」と呼ばれる突出部がある。

群馬県［上野］

関東唯一の現存丸馬出

箕輪城

［みのわじょう］

立地
河岸段丘

築城 明応9年（1500）？
［長野氏？］

アクセス JR高崎線「高崎駅」からバスで「箕輪本町」下車、徒歩約15分

明応《めいおう》9年（1500）頃に長野《ながの》氏による築城とされるが諸説あり、はっきりとしていない。榛名白川《はるなしらかわ》東岸の南北に細長い台地上に築かれている。永禄9年（1566）、武田信玄に攻め落とされ、内藤《ないとう》氏が城主となった。

武田氏滅亡後は滝川一益《たきがわかずます》が入城するが、本能寺の変後は北条氏の持ち城となる。その後は井伊直政《いいなおまさ》が城主となり、大改修を施し近世城郭化していった。現在の遺構の多くは井伊時代のものである。慶長3年（1598）、直政が高崎城に移り、廃城となる。

二の丸から見た郭馬出と西虎口門（復元）。

見どころ

- 二の丸と角馬出の間には巨大な堀切があり、城域を南北に分断している。
- 角馬出には平成28年（2016）に復元された角馬出西虎口門がある。
- 本丸には、関東地方で唯一現存する丸馬出がある。

埼玉県［武蔵］

謎多き中世城郭の見本

杉山城［すぎやまじょう］

立地 丘陵上

築城 ？
［山内上杉氏？］

アクセス 東武東上線武蔵「嵐山駅」から徒歩約40分

埼玉県中部、比高42mの比《ひ》企《き》丘陵の頂部一帯を城域とする。築城年は不明で、築城者は山内《やまのうち》上杉氏という説が有力だ。主郭を中心に、土塁や横《よこ》堀《ぼり》で防御された曲輪が9つある。各曲輪は土橋で連結しており、虎口にはすべて徹底して横矢が掛けられているのが特徴だ。

塁線や導線が複雑に屈曲しており、城全体が迷路のような構造になっている。一方、曲輪の内部はあまり整地されておらず、建物もほとんどなかったようで居住性は低い。戦局に応じて臨時に築かれた付城《つけじろ》の可能性が指摘されている。

主郭から見下ろした、南東方向の曲輪群。

見どころ

・「土の城の教科書」といわれる精密な縄張で、複雑な導線で侵入経路を制限することにより、効率的な防御を実現している。
・南三の曲輪から南二の曲輪に通じる喰違い虎口と、大手口の角馬出。

埼玉県［武蔵］

荒川の段丘に建つ城

鉢形城［はちがたじょう］

立地 河岸段丘

築城 文明8年（1476）
［長尾景春］

アクセス JR八高線または東武東上線「寄居駅」から徒歩約25分

文明《ぶんめい》8年（1476）、長《なが》尾《お》景春《かげはる》が主君である上杉顕《あき》定《さだ》（山内上杉氏）に反乱を起こした際に築いたと伝わる。永禄年間（1558〜1570）に北条氏邦《うじくに》が城主となり、大規模な改修を行った。

天正18年（1590）、豊臣秀吉の小田原攻めでは北条軍の支城となり、前田、上杉、真田、本多勢などに攻められ、1か月に及ぶ籠城戦の末に落城、その後廃城となる。城は荒川の段丘と深沢《ふかさわ》川の谷を巧みに利用した天然の要害で、2本の川に挟まれた細長い城域が特徴だ。

三ノ曲輪に復元された石積み土塁。

見どころ

・二の曲輪と三の曲輪の間にある長大な空堀。
・三の曲輪（伝秩父曲輪）に復元された、土塁に河原石を積んだ階段状の石積み土塁。
・本曲輪から深沢川を挟んだ対岸の外曲輪にある、城内で最長の土塁と空堀。

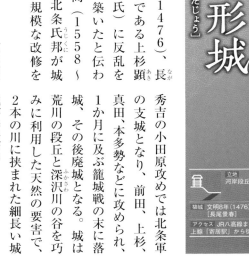

埼玉県［武蔵］

川越城

［かわごえじょう］

本丸御殿を残す城

立地　台地突端

築城　長禄元年(1457)
［太田道真・道灌］

アクセス　東武東上線・JR川越線「川越駅」または西武新宿線「本川越駅」からバスで「札の辻」下車、徒歩約8分

川越城は関東管領・扇谷《おうぎがやつ》上杉氏の家宰《かさい》である太田道真《おおたどうしん》、道灌《どうかん》父子により、古河公方《こがくぼう》・足利成氏《あしかがしげうじ》に対抗するために築かれた。天文《てんもん》15年（1546）、この城をめぐって北条氏康《うじやす》と扇谷、山内上杉氏が戦った川越夜戦で歴史に名高い。

寛永16年（1639）に城主となった松平信綱《まつだいらのぶつな》によって新曲輪、田曲輪《たぐるわ》、外曲輪が増設され、近世城郭としての体裁が整えられた。

川越城は石垣を用いない土造りの城だったが、本丸には天守に相当する富士見櫓が構えられ、西・南大手には丸馬《まるうま》出《だし》が設けられた。

唐破風造の屋根を持つ本丸御殿。

見どころ

・本丸には幕末に再建された本丸御殿が現存している。標準的な本丸御殿が残っているのは、国内でも川越城のみである。
・天守の代用とされた富士見櫓の土台が残っている。

千葉県［下総］

佐倉城

［さくらじょう］

江戸城東方の防御を担う

立地　台地突端

築城　慶長15年(1610)
［土井利勝］

アクセス　京成本線「京成佐倉駅」から徒歩約20分

佐倉城は、戦国時代に千葉《ちば》氏によって築城が開始されたが、当主が暗殺され、何十年も放置されていた。その後、慶長15年（1610）に土井《どい》利勝《としかつ》が佐倉藩主になると、彼の手により、近世城郭として完成させられることになる。その後城主はめまぐるしく代わるが親藩、譜代が城主を務め、延享《えんきょう》3年（1746）より明治までは堀田《ほった》氏が城主となった。

城は鹿島台地の先端部に本丸を構える梯郭式《ていかくしき》の構造で、曲輪間には巨大な空堀が、本丸の崖下には水堀がめぐらされていた。

発掘・復元された土造りの角馬出。

見どころ

・三ノ丸には巨大な角馬出があり、土造りの角馬出としては、国内唯一の復元例。巨大な土塁と、深い空堀を持つ。
・本丸跡には水堀が残り、その堀端にはかつての城門と伝わる伝薬医門が昭和58年(1983)に移築された。

東京都［武蔵］

八王子城

［はちおうじじょう］

豊臣軍に攻められ落城

立地　山頂・山麓

築城　天正12~15年(1584~87)［北条氏照］

アクセス　JR中央本線「高尾駅」からバスで「霊園前・八王子城入口」下車、徒歩約20分

八王子城は、北条氏の一族・北条氏照《うじてる》が、豊臣秀吉との軍事衝突に備え、天正12年から15年（1584～87）にかけて築城した軍事拠点である。天正18年（1590）の小田原攻めの際、前田利家《まえだとしいえ》と上杉景勝の軍勢によって攻め落とされ、それ以降、昭和になるまで整備されなかった。

麓《ふもと》の居館と、戦の際に籠《こ》もる要害部に分かれた典型的な山城で、山頂の本丸から尾根伝いに進むと、さらに詰城（伝大天守）があり、途方もない規模を誇っている。復元されたものの他、石垣などの遺構が残る。

復元された御主殿に向かう石段と門。

見どころ

- 本丸と、その背後の詰城をつなぐ石垣のライン。
- 詰城の背後にある、深さ10mに及ぶ大規模な堀切。
- 可能な限り当時の石材を利用して復元された、石段や曳橋、虎口などといった御主殿の構造物。

東京都［武蔵］

品川台場

［しながわだいば］

幕末日本の海防の要

立地　海城

築城　嘉永6~7年(1853~54)［江戸幕府］

アクセス　ゆりかもめ「お台場海浜公園駅」から徒歩約12分

嘉永6年（1853）、米国のペリー艦隊来航を契機に、江戸幕府が江戸湾防備を目的に着工。西洋の築城書などを参考にした稜堡式の多角型台場で、城壁が堤防状に築かれており、内側はすり鉢状になっている。また防御性を高めるために、跳出《はねだし》石垣が用いられていた。

海上に11基が築造される計画であったが安政《あんせい》元年（1854）に日米和親条約が締結され、神奈川台場や箱館防備の五稜郭の築城が優先されることになり、実施は6基に。現在は第三、第六台場のみが残されている。

第三台場の跡。石垣が確認できる。

見どころ

- 往時のまま残されている火薬庫跡は、石室に木造の収納室を設けた二重構造になっている。
- 石垣上端の跳出石垣は実例が少なく、ここ以外では、五稜郭や人吉城、龍岡城などでしか見られない。

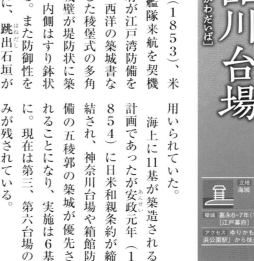

神奈川県［武蔵］

二度の廃城を経験する

小机城

［こづくえじょう］

立地　丘陵上

築城　永享年間(1429〜1441)［山内上杉氏？］

アクセス　JR横浜線「小机駅」から徒歩約20分

築城年、築城者ともに不明。鶴見川南岸にのびる丘陵の先端部に位置している。城全体を土塁と空堀がぐるりと取り囲む構造が特徴だ。文明8年（１４７６）の長尾景春の乱で景春に味方した矢野兵庫助《やのひょうごのすけ》らが立て籠もり、太田道灌と戦うが、文明10年（１４７８）に落城した。

関東が北条氏の所領になると、一旦廃城となるが、大永《だいえい》4年（１５２４）には支城として再興される。豊臣秀吉の小田原攻めの際に再び落城。徳川家康の江戸入府にともない、廃城となった。

現在も残る、小机城の空堀の跡。

見どころ

- 西曲輪と東曲輪を取り囲む巨大な空堀と、その空堀を二重に取り囲む土塁。
- 西曲輪虎口前の角馬出と土橋、復元された冠木門。
- 第3京浜道路で分断された、西側の出丸に残っている鐘撞櫓の跡。

神奈川県［相模］

関東初の総石垣城郭

石垣山城

［いしがきやまじょう］

立地　山頂

築城　天正18年(1590)［豊臣秀吉］

アクセス　JR東海道本線「早川駅」から徒歩約40分

天正18年（１５９０）、豊臣秀吉が北条氏討伐の付城として築城。小田原城を見下ろす標高約２６１ｍの笠懸《かさがけ》山に位置している。約80日間を要した工事であったが、完成と同時に周囲の樹木を伐採し、一夜でできたように見せたために「一夜城」とも呼ばれる。

関東初の天守を備えた城であり、関東初の総石垣造りの城でもあった。石垣は秀吉が近江から呼び寄せた穴太《あのう》衆によるもので、野面積《のづらづみ》や算木積《さんぎづみ》などが見られる。北条氏降伏後は役目を終え、手が加えられることはなかった。

穴太衆が築いたという、下南曲輪下の石垣。

見どころ

- 本丸にある関東初の天守台。周囲には巨石がいくつも横たわり、巨大な天守であったことがうかがえる。
- 南曲輪下などに残る算木積の高石垣。穴太衆が構築した関東最古の石垣ともいわれる。

本佐倉城［もとさくらじょう］（千葉県）

下総で最大の豪族だった千葉氏の最後の居城。広大な堀切や空堀、東山の虎口などがある。

沼田城［ぬまたじょう］（群馬県）

高さ約15mの崖上に築かれた城。かつては５重の天守があった。石垣や土塁などの遺構が残る。

笠間城［かさまじょう］（茨城県）

東日本の城郭としては珍しく、石垣が多用されており、かつては二重の天守もあった。

大多喜城［おおたきじょう］（千葉県）

天守は天保13年（1842）に焼失し、近年再建された。二の丸の薬医門や土塁、堀跡などが残る。

岩櫃城［いわびつじょう］（群馬県）

急峻な岩櫃山の中腹に建てられた、真田昌幸の居城。現在も深い堀切と竪堀が見られる。

土浦城［つちうらじょう］（茨城県）

霞ヶ浦近くの低地に建つ、何重もの水堀を持つ平城。櫓門と霞門が現存する。

津久井城［つくいじょう］（神奈川県）

山頂の主郭を中心に、多数の郭が連続する強固な山城。長大な竪堀が走り、主郭には土塁も残る。

忍城［おしじょう］（埼玉県）

沼地の中に建ち、「浮き城」と呼ばれた。御三階櫓（模擬）の他、現存する高麗門や土塁がある。

足利氏館［あしかがしやかた］（栃木県）

現在は真言宗の寺院。土塁と堀をめぐらせた、鎌倉時代の武家館（方形館）の典型とされる。

深大寺城［じんだいじじょう］（東京都）

扇谷上杉氏が、北条氏への備えとして整備した城。土塁や櫓台、虎口などが良好な状態で残る。

菅谷館［すがややかた］（埼玉県）

本曲輪を中心に、曲輪が扇形にが広がる城郭。本郭と二の郭には高さ数mの土塁が残る。

名胡桃城［なぐるみじょう］（群馬県）

三方を崖で囲まれた山城。利根川に突き出した細長い台地に築かれ、深く広い堀切を持つ。

甲信越エリア

甲信越地方の雄というと、甲斐の武田信玄と越後の上杉謙信の名前があがる。武田信玄は「人は城、人は石垣、人は堀…」という一節が巷間に広がり、城を築かなかったというイメージをもたれがちだが、実際には戦国大名で最も発達した城を築いていた。本拠であった甲府には、信虎・信玄・勝頼と武田3代の館だった躑躅ヶ崎館と、その詰城の要害山城（ともに山梨県）が残る。

長野県内の松代城・小諸城・上田城は、近世以降に改修された石垣造りの姿が現在に残る。しかし、いずれも武田時代に築城されたもので（上田城は家臣だった真田昌幸が築城）、その地選や縄張に注目すると、武田氏の築城術の特徴を感じさせる。

新潟県内には、謙信の居城だった春日山城をはじめ、荒戸（砥）城や鮫ヶ尾城などの上杉時代の山城と、村上城や新発田城など石垣造りの近世城郭がどちらも良好に残されている。

山梨県［甲斐］

甲斐武田氏3代の居城

躑躅ヶ崎館

［つつじがさきやかた］

立地　山麓

築城　永正16年（1519）［武田信虎］

アクセス　JR中央本線「甲府駅」から徒歩約20分

甲斐守護・武田信虎《のぶとら》が築いた城。信虎・信玄・勝頼《かつより》の、武田氏3代にわたる居城で、甲斐支配の拠点となった。その構造は東西約200m、南北約190mの方形を呈しており、周囲には土塁と堀が張りめぐらされていた。西曲輪・味噌《みそ》曲輪・隠居《いんきょ》曲輪など、複数の曲輪を有していたが、現存するのは西曲輪のみである。

館の東側は当時の大手口で、その全面には三日月堀《みかづきぼり》が設けられ、馬出が構えられていた。なお、北西には天守台の石垣が残るが、これは武田氏滅亡後に築かれたものである。館の背後には、詰城として要害山《ようがいさん》城がそびえている。

館跡に創建された武田神社の鳥居と石垣。

見どころ

- 発掘された大手口の三日月堀。丸馬出を構成していたと考えられている。
- 館の東西、南の3方を囲む、中世の居館（方形居館）らしい、幅の狭い水堀と土塁。
- 館跡の武田神社の境内にある、往時から残る井戸。

山梨県［甲斐］

豊臣期の壮大な天守台

甲府城

［こうふじょう］

立地　丘陵上

築城　文禄2年（1593）［浅野長政］

アクセス　JR中央本線「甲府駅」から徒歩約5分

武田氏滅亡後、甲斐国は豊臣領となったが、その本拠地として浅野《あさの》長政《ながまさ》によって築かれたのが甲府城である。関ヶ原合戦後は徳川一門が甲府城主となる。一時柳沢《やなぎさわ》氏が城主となるが、その後甲斐は天領《てんりょう》（幕府直轄領）となり、城代が置かれることとなった。

城は一条《いちじょう》小山《こやま》と呼ばれる小丘陵に本丸を頂点として階段状に曲輪を配し、山麓には城域を囲い込むように水堀がめぐらされていた。また、本丸の東端には巨大な天守台が構えられ、金箔《きんぱく》の施された鯱《しゃち》の葺《ふ》かれた天守がそびえていた。

正面から見た甲府城の高石垣。

見どころ

- 豊臣時代に浅野長政によって築かれたとされる、天守台の石垣。
- 復元された稲荷櫓と4つの門（内松陰門、鍛冶曲輪門、稲荷曲輪門、鉄門）。
- 露出展示されている、銅門に使用されていた礎石。

長野県［信濃］

上田城［うえだじょう］

徳川軍を2度退けた城

天正11年（1583）、千曲川の分流・尼ヶ淵《あまがふち》に面する要害の地に真田昌幸《まさゆき》が築いた。その翌年、真田の領地である上野沼田領を北条氏に差し出すことをめぐって昌幸は徳川家康と対立し、7千の徳川軍に攻められるが昌幸はこれを撃退。慶長5年（1600）には関ヶ原に向かう徳川秀忠《ひでただ》の3万8千の軍勢も撃退するなど徳川方に2度も煮え湯を飲ませた。

その後真田信之《のぶゆき》が城主となり、元和8年（1622）に城主となった仙石忠政《せんごくただまさ》による大改修で近世城郭として整備される。

立地　河岸段丘

築城　天正11年（1583）［真田昌幸］

アクセス　しなの鉄道「上田駅」から徒歩約20分

城南側の断崖と、その上の櫓。

見どころ

- 天然の防壁の役割を果たす、城の南側に位置する断崖。
- 7つあった櫓のうち西櫓、北櫓、南櫓が現存。いずれも二重二階で、外装は黒の下見板張。
- 平成6年（1994）に復元された本丸東虎口櫓門。

長野県［信濃］

松代城［まつしろじょう］

川中島合戦の最前線

築城は永禄3年（1560）頃。武田信玄が北信濃攻略の拠点として築いた海津《かいづ》城を前身とする。千曲川を外堀とする天然の要塞であった。上杉謙信との間で繰り広げられた川中島の戦いでは武田方の拠点となる。

武田氏滅亡後は森《もり》氏、田丸《たまる》氏、酒井《さかい》氏など短期間に城主が何度も入れ替わった。元和8年（1622）に真田信之が入城し、近世城郭として整備、3代目・幸道《ゆきみち》の頃に松代城と改称されたといわれる。以降、松代藩真田氏歴代の居城として明治を迎えた。

立地　河岸段丘

築城　永禄3年（1560）［武田信玄］

アクセス　長野電鉄「松代駅」から徒歩約5分

本丸橋詰門と太鼓門。

見どころ

- 平成14年（2002）に復元された、本丸太鼓門と太鼓門前橋。
- 元治元年（1864）に松代藩9代藩主・真田幸教が城外に建築した真田邸（新御殿）は、日本で唯一現存する外郭居館といわれる。

長野県［信濃］

龍岡城

［たつおかじょう］

信州に築かれた五稜郭

立地　平城

築城　元治元年（1864）［松平乗謨］

アクセス　JR小海線「龍岡城駅」から徒歩約15分

三河奥殿《おくとの》藩主・松平乗謨《のりかた》は本領を信濃田野口《たのくち》へ移したが、その本拠として新たに築いたのが龍岡城である。城は乗謨自らが設計した洋式の稜堡式であり、その形状から龍岡五稜郭と呼ばれている。

五稜に突出する石垣の天《てん》端《ば》には忍返しとして刎出《はねだし》が設けられていた。周囲には水堀がめぐるが西面にはまったく堀がめぐっておらず、この城が未完に終わっていることを示している。砲は北西隅の稜堡に配されていた。なお、龍岡城は俗称で田野口陣屋が正しい。

刎出を持つ内城の石垣と堀。

見どころ

- ほぼ完存する石垣と堀。特に北西端部分にある亀甲積みの石垣。
- 龍岡城跡から北西に5分ほど歩いた地点に現存する、大手門の枡形。
- 現存する城内の陣屋御殿の一部（御台所）。

長野県［信濃］

小諸城

［こもろじょう］

仙石秀久が改築した城

立地　河岸段丘

築城　天正23年（1554）［武田信玄］

アクセス　しなの鉄道またはJR小海線「小諸駅」から徒歩約5分

小諸城は武田信玄が山本勘《やまもとかん》助《すけ》、馬場信春《ばばのぶはる》に命じて築かせた。天正18年（１５９０）の小田原合戦の結果、仙石秀久《ひでひさ》が城主となり、石垣による近世城郭へと大改修を行った。その後、徳川忠長《ただなが》をはじめ親藩、譜代が城主として入れ置かれ、元禄《げんろく》15年（１７０２）より明治までは牧野《まきの》氏の居城となる。

その構造は穴城《あなじろ》と呼ばれ、城下よりも城が低い位置に選地されている。しかし田切《たぎり》地形が複数の深い谷を形成し、城を天然の要害としている。

本丸北西の隅に残る天守台。

見どころ

- 二重の櫓門になっている三之門と大手門。いずれも国の重要文化財。
- 天守台は仙石秀久が築いたもので、巨大な粗割の石材を用いている。
- 城跡には明治13年（1880）に神社（懐古園）が創建された。

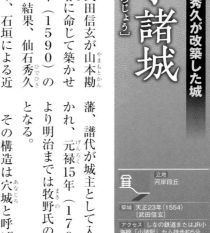

新潟県［越後］

上杉謙信の居城

春日山城

［かすがやまじょう］

立地　山上一帯

築城　正平年間（1346～70）［長尾高景］

アクセス　JR信越本線「春日山駅」から徒歩約30分

上杉謙信（長尾景虎《かげとら》）の居城として名高い城で、長尾高《たか》景《かげ》によって南北朝時代に築かれたと考えられている。その後、長尾為景《ためかげ》によって拡張整備され、息子の謙信に引き継がれると、さらなる増強が施された。謙信の跡を継いだ景勝が関ヶ原合戦後に米沢に転封されると、新城主・堀秀治《ほりひではる》によって惣構の堀も設けられている。

春日山城は全国屈指の巨大な山城で、山頂部の曲輪を中心に、大小おびただしい数の曲輪と土塁、空堀が配置されている。その規模は東西約2km、南北約1・2kmに及ぶ。

本丸を囲むように南北にのびる二の丸。

見どころ

- その数200を超える、深い堀で守られた、日本最大規模の曲輪群。
- 本丸の一段下の曲輪にある、全国でも有数の巨大な井戸。現在も水が湧き出ている。
- 保存状態が良好な、現存する米蔵の土塁。

新潟県［越後］

T字型屋根の三階櫓

新発田城

［しばたじょう］

立地　平城

築城　慶長3年（1598）［溝口秀勝］

アクセス　JR白新線または羽越本線「新発田駅」から徒歩約25分

越後の堀秀治の与力大名として、越後蒲原《かんばら》郡6万石を賜った溝口秀勝《みぞぐちひでかつ》が、新たに築城したのが新発田城である。以後、明治に至るまで溝口氏累代の居城となる。

その構造は本丸を二の丸、古丸が取り囲み、南に三の丸を突き出させた、輪郭式《りんかくしき》と梯《てい》郭式《かくしき》が合体した縄張となっている。本丸の北西端には天守の代用となる三階櫓が構えられていた。この櫓の三重目の屋根は、T字型に入母屋《いりもや》となる全国唯一の珍しい構造のもので、外壁を海鼠《なまこ》壁とした大変美しい櫓であった。

本丸に移築された二の丸隅櫓。

見どころ

- 二重の櫓門である本丸表門と、本丸鉄砲櫓台に移築された旧二の丸隅櫓。いずれも国の重要文化財。
- 平成16年（2004）に復元された、木造の三階櫓と辰巳櫓。
- 城下にある藩主下屋敷（清水園）や足軽長屋。

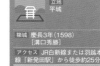

荒戸(砥)城 [あらとじょう] (新潟県)

上杉景勝が、家督をめぐって争う義兄・景虎と、その実父・北条氏康に対抗するために築いた城。

林城 [はやしじょう] (長野県)

大城と小城から成る巨大な山城。大城は金華山城、小城は福山城と呼ばれる場合もある。

要害山城[ようがいさんじょう](山梨県)

武田信玄の父・信虎が、急峻な要害山に築いた城。野面積の石垣などが現存している。

高田城 [たかだじょう] (新潟県)

江戸幕府の天下普請によって建てられた城の一つ。徳川家康の六男・松平忠輝が築いた。

高遠城 [たかとおじょう] (長野県)

高遠氏の居城だったが、武田信玄に奪われ、大規模な改築を施された。門や藩校などが現存する。

岩殿城 [いわどのじょう] (山梨県)

険しい岩山の上に建てられた、甲州屈指の堅城。甲斐の国衆・小山田氏の居城だった。

鮫ヶ尾城 [さめがおじょう] (新潟県)

上杉氏が北国街道の防衛のために築いた城。上杉景勝に敗れた上杉景虎が、ここで自害した。

高島城 [たかしまじょう] (長野県)

諏訪湖近くに建つ城。付近の土地が干拓される前は、湖に浮かんでいるように見えたという。

旭山城 [あさひやまじょう] (長野県)

第二次川中島の戦いの際、武田方の栗田氏が籠もった城。戦後破却されたが、上杉謙信が再建。

与板城 [よいたじょう] (新潟県)

上杉家の家臣・直江氏の居城。上杉氏の家督争いでは、景勝方の拠点となった。直江城とも。

村上城 [むらかみじょう] (新潟県)

上杉家の家臣だった本庄氏の居城。かつては三重の天守があったが焼失し、その石垣だけが残る。

荒砥城 [あらとじょう] (長野県)

千曲川のそばにある、冠着山の尾根に築かれた山城。武田氏と上杉氏がこの城を奪い合った。

東海エリア

東海地方は、今川・織田・斎藤・武田・徳川といった有力大名が覇権を争った地である。そのため、前線拠点や兵站基地として築かれた城に、注目に値する縄張が多く見られる。

その一例として丸子城（静岡県）があげられるだろう。東海道を見下ろす位置に築かれた丸子城は、今川・武田・徳川と城主がめまぐるしく代わっている。大規模な横堀・竪堀と馬出が有機的に結合し、鉄壁の構えを生み出しているのだ。丸馬出は武田時代の築造とされてきたが、家康が築いた可能性が高い。

家康の関東移封後、その故地である掛川城や浜松城（ともに静岡県）、岡崎城や吉田城（ともに愛知県）などには秀吉配下の大名が入り、石垣と天守を持つ近世城郭へと改修された。東海道沿いに「見せる」城を築くことで、関東にいる家康を牽制したのである。

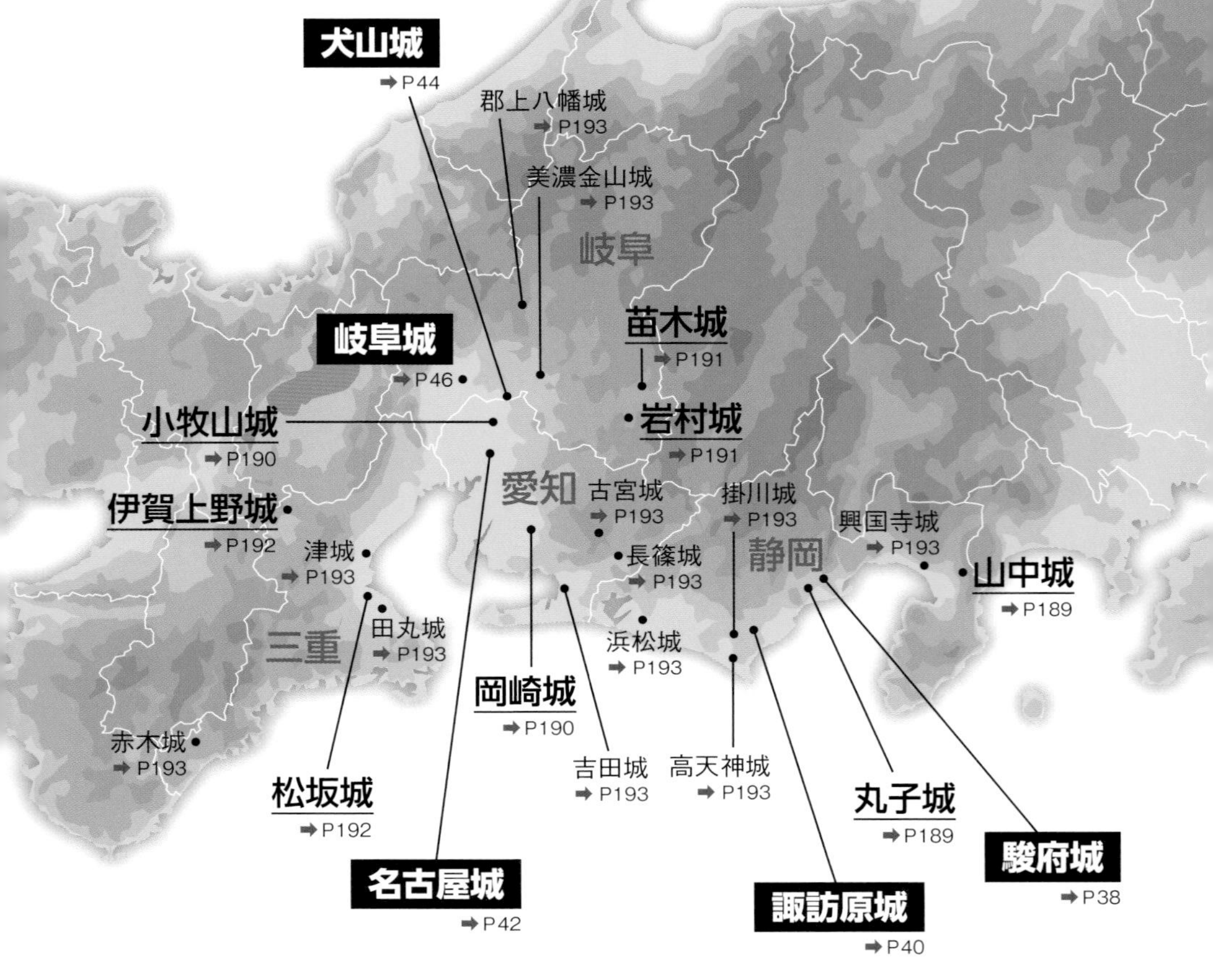

静岡県［伊豆］

北条流築城術の粋

山中城

［やまなかじょう］

立地　山頂

築城　永禄年間（1558～70）［北条氏康］

アクセス　JR東海道本線「三島駅」からバスで「山中」下車、徒歩すぐ

箱根山中腹に築かれた山中城は、小田原城西方の重要な防衛拠点であり、永禄年間に北条氏康《うじやす》によって築かれた。豊臣秀吉との軍事衝突に備え、天正15年（１５８７）以降、南方に岱崎《だいざき》出丸《でまる》を設けるなどの大改修が施される。だが、豊臣秀次《ひでつぐ》率いる７万の軍勢が襲来し、勇戦むなしく落城した。

本城は、北東部の本丸を起点に、北西・南西・南の３方向にのびる尾根上に曲輪を配する造りになっている。南西に位置する西の丸と西櫓の周囲には、北条氏系の城郭の特徴である、畝堀《うねぼり》と障子堀《しょうじぼり》が多数確認できる。

西ノ丸の堀障子から望む富士山。

見どころ

- 西櫓と西ノ丸の外周の膨大な数の畝堀と障子堀。
- 富士山を望むことができる、二ノ丸の櫓台。
- 南方の岱崎出丸下にある、一ノ堀（畝堀）。
- 巧妙に配置された、城内の土橋と木橋。

静岡県［駿河］

丸馬出を備えた山城

丸子城

［まりこじょう］

立地　山頂

築城　応永年間（1394~1428）［斉藤安元］

アクセス　JR東海道本線「静岡駅」からバスで「吐月峰入口」下車、徒歩10分

築城年、築城者ともに不明。応永《おうえい》年間（１３９４～１４２８）に今川氏の家臣・斎《さい》藤《とう》安元《やすもと》が築いたともいわれる。今川氏の本拠・駿府《すんぷ》の西約６kmにある標高約１４０mの尾根の先端上に位置する。東西に谷、南側には丸子川がひかえる要害の地で、今川氏の駿河《するが》西部の防衛拠点であった。

永禄11年（１５６８）に武田信玄が駿府に入り、重臣・山県昌景《やまがたまさかげ》が入城。武田氏滅亡後には徳川家康の支配するところとなるが、家康の関東移封にともない、廃城となった。

横堀につながる馬出と三日月堀。

見どころ

- 北曲輪下から、本曲輪下までのびる約150mの横堀と、本曲輪の北西斜面にのびる約100mの竪堀。
- 本曲輪の西と大手口にある、横堀と接続する丸馬出と三日月堀。山城に設けられた貴重な事例。

愛知県［三河］

徳川家康生誕の城
岡崎城
［おかざきじょう］

立地　河岸段丘

築城　享徳元年（1452）
［西郷稠頼・頼嗣］

アクセス　名鉄本線「東岡崎駅」から徒歩約15分

岡崎城は、享禄《きょうろく》4年（1531）に松平氏の本城となったが、三河《みかわ》が今川義元《いまがわよしもと》の属国となり、この城も接収されてしまう。桶狭間合戦で義元が討たれると、今川氏から独立した徳川家康は、この岡崎城を拠点に三河統一を果たすことになる。家康の関東移封後は田中吉政《たなかよしまさ》が惣構の堀を築くなど大改修を施し、江戸時代には本多氏、水野《みずの》氏、松平氏などといった譜代大名の居城となる。

岡崎城は乙川《おとがわ》に突出した河岸段丘の先端に本丸を置き、その外方に多くの曲輪を梯郭式に配置し、虎口には丸馬出を構えていた。

昭和期に復元された天守。

見どころ

・岡崎城は徳川家康が産まれた城で、家康が産湯に使ったと伝えられる「東照公産湯の井戸」と、家康のへその緒を埋めたと伝わる「東照公えな塚」がある。
・本丸北面にある、城内で最も深い空堀（青海堀）。

愛知県［尾張］

信長の美濃攻略の拠点
小牧山城
［こまきやまじょう］

立地　丘陵上

築城　永禄6年（1563）
［織田信長］

アクセス　名鉄小牧線「小牧駅」から徒歩約25分

標高約86mの小牧山は濃尾《のうび》平野の中央に位置しており、周囲を良好に見渡せる立地であった。

永禄6年（1563）、織田信長は美濃《みの》攻略の拠点として、この地に小牧山城を築城。4年ほど在城し、城下町造りにも着手している。

天正12年（1584）に小牧・長久手の戦いが勃発すると、徳川家康・織田信雄《のぶかつ》連合軍が大改修を施して本陣とした。虎口から主郭に連なる大手道など、後の安土城との類似点も指摘されており、織豊系近世城郭としては最古級のものともいわれている。

模擬天守下の信長時代の石垣。

見どころ

・南麓の虎口からしばらく直線的にのび、中腹で屈曲して主郭に連なる大手道。
・主郭の周囲に残る、信長時代の石垣。
・模擬天守4階の展望室は、濃尾平野を見渡せる眺望スポットになっている。

岐阜県［美濃］

岩村城［いわむらじょう］

壮大な石垣を持つ山城

立地　山頂・山麓

築城　永正年間(1504～21)［遠山頼景？］

アクセス　明知鉄道「岩村駅」から徒歩約20分

岩村城の築城年は明らかではないが、遠山頼景《とおやまよりかげ》が遠山荘を支配した永正年間にその居城として築かれたと考えられている。戦国時代の城主遠山景任《かげとう》の未亡人おつやの方は織田信長の叔母で、天正元年（１５７３）、武田信玄の攻撃に、その臣である秋山信友《あきやまのぶとも》と祝言をあげて対処した。激怒した信長は嫡男信忠に攻めさせ、敗れたおつやの方と信友は処刑された。関ヶ原合戦後は松平家乗《いえのり》によって近世城郭に改修された。

　標高約７１７ｍの城山に石垣によって築かれた規模壮大な山城である。

本丸北面にある6段積みの石垣。

見どころ

- 本丸北面に築かれた、6段積みの石垣。
- 西山麓にある平成2年(1990)に再建された藩主邸の一部と太鼓櫓、大手門・平重門。
- 重要伝統的建造物群保存地区に指定されている、城下の町並。

岐阜県［美濃］

苗木城［なえぎじょう］

巨石が混在する石垣

立地　山城

築城　天文年間(1532~55)［遠山直廉］

アクセス　JR中央本線「中津川駅」からバス約15分、徒歩約20分

天文年間（１５３２～55）に遠山一族によって築かれたといわれ、その居城でもあったが、築城時期は諸説あり、はっきりとしない。城は木曽川右岸にそびえる岩山、高森山の全域に築かれた。

　本能寺の変後の天正11年（１５８３）、金山城主・森長可《ながよし》に攻められ、城主・遠山友忠《ともただ》は城を退去。慶長５年（１６００）に河尻直次《かわじりなおつぐ》が城主となる。関ヶ原合戦が起きると、徳川家康の命を受けた遠山友政《ともまさ》（友忠の子）が城を奪還。その後、幕末まで遠山氏12代の居城となった。

西側から見上げた本丸の石垣。

見どころ

- 山頂部の二つの巨岩から柱をのばした懸造の天守。岩肌には当時の柱穴が残る。
- 天守台は展望施設で、木曽川や中山道などを望める。
- 三の丸にある風吹門脇の大矢倉跡には、切込接の石垣が残っている。

三重県［伊賀］

藤堂高虎による高石垣

伊賀上野城
［いがうえのじょう］

立地 丘陵上

築城 天正13年（1585）［筒井定次］

アクセス 伊賀鉄道「上野市駅」から徒歩約8分

伊賀盆地の中央部、標高約180mの台地上に位置する。織田信雄の家臣・滝川雄利《かつとし》が築いた砦が前身。天正13年（1585）、伊賀に国替えとなった筒井定次《つついさだつぐ》がその跡地に築城した。筒井氏改易後は藤堂高虎《とうどうたかとら》が入城。豊臣方への備えとして徳川家康の命により大改修が施される。

五重の天守も建造されたが暴風雨で倒壊。その後豊臣家が滅亡し、天守の必要がなくなり再建されなかった。高虎が津《つ》城に移って以降は城代が置かれ、津藩の支城として明治を迎える。

戦前に復元された天守。

見どころ

・本丸西側にある、打込接の技法で築かれた高さ約30mの高石垣。反りのない直線的な勾配が特徴だ。
・昭和10年（1935）に完成した模擬天守は木造三層の大天守と、二層の小天守から成っている。

三重県［伊勢］

伊勢支配の拠点となる

松坂城
［まつさかじょう］

立地 丘陵上

築城 天正16年（1588）［蒲生氏郷］

アクセス JR紀勢本線または近鉄山田線「松阪駅」から徒歩約15分

伊勢国内に12万石を賜った蒲生氏郷は、それまでの南伊勢の拠点であった松ヶ島《まつがしま》城を廃して松坂城を築き、伊勢支配の拠点とした。氏郷の会津転封後は服部《はっとり》一忠《かずただ》、古田《ふるた》重勝《しげかつ》、重治《しげはる》が城主となる。江戸時代は和歌山藩の支城として存続が許され、代官や城代が置かれた。

城は阪内川《さかない》と愛宕川《あたご》に挟まれた独立丘に選地し、天守台を配する本丸上段を頂点に、本丸、きたい丸、二の丸、隠居丸、三の丸が階段状に配され、それらを囲い込むように山麓に水堀がめぐらされていた。

何度も屈折する、連続枡形。

見どころ

・天守台をはじめとする、主要部の高石垣が現存しており、三重県の史跡に指定されている。
・隠居丸にあった米蔵が、殿町御城番屋敷に現存する。
・搦手道の御城番屋敷は、国の重要文化財である。

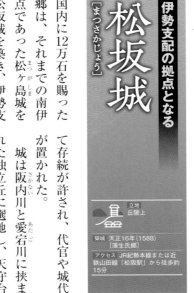

郡上八幡城［ぐじょうはちまんじょう］（岐阜県）

交通の要衝に築かれた総石垣の城。天守を包む紅葉は「天守炎上」と称される美しさを誇る。

長篠城［ながしのじょう］（愛知県）

長篠の戦いの舞台になった城。戦いに備え、徳川家康によって大規模な改築がなされた。

興国寺城［こうこくじじょう］（静岡県）

北条早雲が城主を務めた城。北条氏や今川氏、武田氏によって争奪戦が繰り広げられた。

津城［つじょう］（三重県）

永禄年間（1558～1570）に築かれ、関ヶ原合戦後、藤堂高虎の改修で現在の縄張となる。

古宮城［ふるみやじょう］（愛知県）

武田信玄が家臣の馬場信春に築かせた城。徳川領侵攻の拠点とすべく、街道の側に築城された。

掛川城［かけがわじょう］（静岡県）

今川氏の重臣・朝比奈氏が築いた城。後に山内一豊が城主となり、大改修が施された。

田丸城［たまるじょう］（三重県）

玉丸城とも。天守台など、多くの遺構が残る。近世城郭と中世城郭の両方の特徴を持つ。

吉田城［よしだじょう］（愛知県）

東三河の重要拠点で、池田輝政が近世城郭として整備。江戸時代には三河吉田藩の藩庁となる。

高天神城［たかてんじんじょう］（静岡県）

この城を抑えた者が遠江を制するといわれた、東海の重要拠点。最終的に徳川家康がおさえた。

赤木城［あかぎじょう］（三重県）

藤堂高虎が築いた城で、規模は小さいが、野面乱積の石垣が良好な保存状態で残る。

美濃金山城［みのかねやまじょう］（岐阜県）

斎藤道三の家臣・斎藤正義が築いた城。織田信長の家臣だった森氏の居城となるが、後に廃城。

浜松城［はままつじょう］（静岡県）

徳川家康の居城だったが、家康の関東入府後は豊臣方の城に。江戸時代には徳川譜代の城となる。

北陸エリア

北陸地方では、比叡山などの迫害を受けた蓮如が文明3年（1471）に吉崎御坊を建立して以降、一向一揆衆の勢力が拡大。加賀守護の富樫氏を滅ぼし、100年にわたり一国を支配した。

越前では15世紀後半に朝倉氏が台頭し、若狭の武田氏と対立。朝倉氏は毎年のように若狭に攻め入ったが、武田氏側の国吉城（福井県）を抜くことができなかった。

16世紀後半になると、東から上杉謙信が、南から織田信長が北陸の地へと侵攻をはじめる。織田軍に攻められた鳥越城（石川県）や、謙信と戦った七尾城（石川県）の落城秘話が知られている。結局、本願寺勢力は織田軍によって鎮圧され、北陸は信長、その後秀吉が支配するところとなった。

関ヶ原合戦後には、加賀前田家の支城である高岡城（福井県）や小松城（石川県）、譜代大名・越前松平家の居城となる福井城（福井県）といった大規模な近世城郭が築かれた。

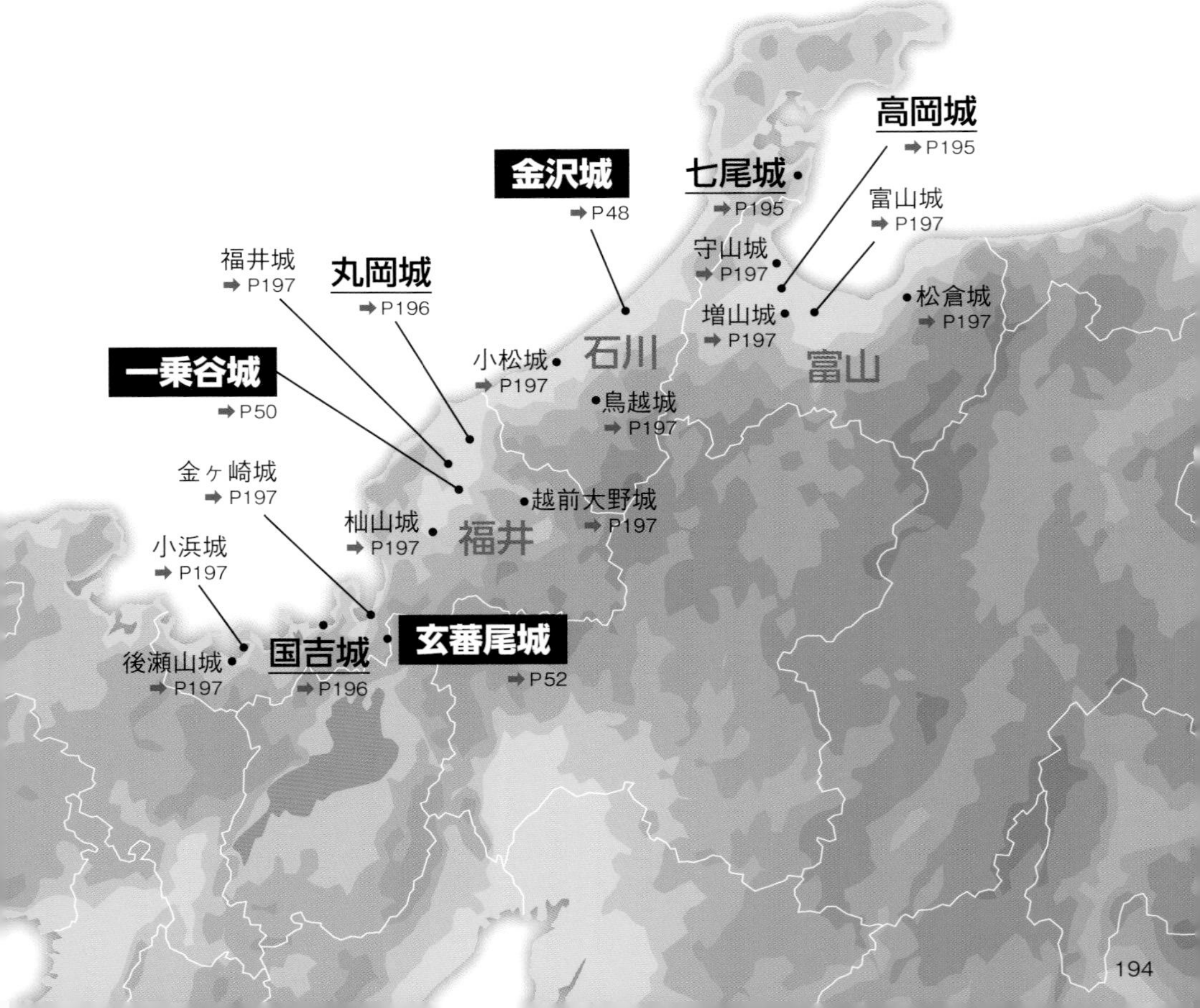

富山県［越中］

高岡城

［たかおかじょう］

高山右近の縄張と伝えられる

高岡城は前田利長《まえだとしなが》が富山《とやま》城より移り住むために築いた城で、縄張は高山右近《たかやまうこん》の手によるものと伝えられている。元和元年（1615）年の一国一城令により破却された。

その構造は本丸の南に小型で方形の二の丸が配されるもので、豊臣秀吉によって築かれた聚楽第《じゅらくだい》に類似するものである。曲輪の周囲には幅約50mに及ぶ広大な水堀がめぐらされているが、いずれも土塁によって築かれている。なお、本丸と二の丸間に設けられた土橋のみは両側を石垣としている。

立地　平城

築城　慶長14年(1609)［前田利長］

アクセス　JR東北新幹線「高岡駅」から徒歩約10分

二の丸・本丸間の土橋の石垣。

見どころ

- 城跡の公園には、広大な水堀が残されている。
- 二の丸から本丸に至る土橋に築かれた石垣には、数多くの刻印が刻まれている。
- 城下にある瑞龍寺は前田利長の菩提寺で、国宝に指定されている。

石川県［能登］

七尾城

［ななおじょう］

能登守護畠山氏の居城

管領畠山《はたけやま》氏の庶流である能登《のと》畠山氏が築き、11代・169年間居城とした城。上杉謙信に攻め落とされ、一時的に上杉領になるが、天正9年（1581）には織田氏の領地になり、前田利家《としいえ》が城主となった。だが、利家は翌年に本拠地を小丸《こまる》城へと移し、七尾城は廃城となる。

七尾城は、石動《いするぎ》山から北方にのびる尾根筋に築かれ、東西0・8㎞、南北2・5㎞で、総面積は200haに及ぶ、北陸でも最大規模の城郭である。主要部の石垣は前田利家時代に築かれた。また、麓には惣構の堀も設けられている。

立地　山頂

築城　正長年間(1428~1429)［畠山満慶］

アクセス　JR七尾線「七尾駅」からバスで「城山の里」下車、徒歩約60分

桜馬場北側の4段の石垣。

見どころ

- 近年になって復元された、桜馬場北側斜面に築かれた石垣。約4mの巨石を4段築いている。
- 主要曲輪群の虎口にある、「九尺石」と呼ばれる巨石。
- 歴代の城主たちが住んだ、山頂部の屋敷跡。

福井県［若狭］

国吉城

［くによしじょう］

発掘された石垣造り

立地　山頂・山麓

築城　弘治2年（1556）？
［粟屋勝久］

アクセス　JR小浜線「美浜駅」からバスで「佐柿」下車、徒歩約10分

弘治《こうじ》2年（1556）頃、若狭《わかさ》国守護大名である武田氏の重臣・粟屋勝久《あわやかつひさ》が築城。若狭と越前《えちぜん》の国境に近く、標高約197mの本丸からは敦賀《つるが》半島や若狭湾、三方五《みかたご》湖《こ》などを望める。永禄6年（1563）以降の約10年間、越前の朝倉義景《あさくらよしかげ》に毎年のように攻められるが、すべて籠城戦で撃退。これにより国吉城は「難攻不落の城」と讃えられた。

土造りの城かと思われていたが、近年の発掘調査で本丸などの主要部は石垣造りであったことが判明している。

本丸下北側にある堀切。

見どころ

- 主郭の北西の尾根には5段の曲輪が高低差の大きい切岸でつながる連郭式の曲輪群が残る。
- 伝二ノ丸には、他の曲輪には見られない高土塁が残る。
- 発掘調査後に整備された山麓の城主居館跡には、時代によって技法の異なる石垣が確認できる。

福井県［越前］

丸岡城

［まるおかじょう］

現存する望楼型天守

立地　丘陵上

築城　天正4年（1576）
［柴田勝豊］

アクセス　JR北陸本線「福井駅」からバスで「丸岡城」下車、徒歩すぐ

丸岡城は柴田勝家《しばたかついえ》の甥、勝《かつ》豊《とよ》によって築城された。豊臣秀吉によって勝家が滅ぼされると、丸岡城には在番が置かれた。慶長18年（1613）に本多成重《なりしげ》が入れ置かれ、丸岡藩が成立し城郭の整備も行われた。本多家が4代で絶えると、有馬《ありま》氏が入城し、以後明治まで続いた。

城は小高い独立丘陵を利用して本丸と腰曲輪《こしぐるわ》を配し、北山麓部に複雑に屈曲した塁線を有する二の丸が構えられ、その外周には五角形を描く幅の広い水堀がめぐらされていた。

丸岡城の現存天守。

見どころ

- 天守は、全国に12しかない現存天守の一つ。
- 天守の創建年代は不明だが、望楼型天守ながら、層塔型天守の影響が見られ、江戸期のものと考えられる。
- 寒冷地のため、防寒対策として、天守には笏谷石（しゃくだにいし）製の石瓦と石鯱が用いられた。

小浜城 [おばまじょう]（福井県）

若狭（福井県西部）で唯一の近世城郭。かつて天守があった本丸跡は、神社の境内になっている。

鳥越城 [とりごえじょう]（石川県）

加賀一向一揆の拠点だった城。天正10年（1582）に陥落し、多数の信徒が処刑された。

富山城 [とやまじょう]（富山県）

神保氏の城だったが、上杉氏や織田氏に奪われ、最終的には前田氏の城として明治を迎える。

杣山城 [そまやまじょう]（福井県）

険しい崖を利用した、天然の要害ともいうべき城。織田信長との戦いで城主を失い、廃城となる。

小松城 [こまつじょう]（石川県）

一向一揆の拠点の一つであり、一国一城令によって廃城になったが、前田利常が隠居先として再建した。

増山城 [ますやまじょう]（富山県）

正確な創建年代は不明だが、南北朝時代に築かれたとされる、越中三大山城の一つ。

金ヶ崎城 [かねがさきじょう]（福井県）

三方を海に囲まれた堅城。戦国期には朝倉氏の城となる。織田信長に攻撃され、開城している。

福井城 [ふくいじょう]（福井県）

柴田勝家の居城だった北ノ庄城の跡に、結城秀康が築いた城。現在、城跡には県庁などがある。

松倉城 [まつくらじょう]（富山県）

椎名氏の居城だったが、上杉氏に攻め落とされ、前田氏の時代に廃城となった。

後瀬山城 [のちせやまじょう]（福井県）

若狭武田氏が築いた城で、後に丹羽長秀や浅野長政、京極高次などの居城となった。

越前大野城 [えちぜんおおのじょう]（福井県）

亀山の山頂に築かれた城。天守は江戸時代に焼失したが、戦後になって復元された。

守山城 [もりやまじょう]（富山県）

南北朝時代以前に築かれた古城。元の城主だった神保氏が没落すると、前田氏の持ち城となった。

近畿エリア

古来より政治・経済の中心地であった近畿地方は、城郭の発達、特に近世城郭においてその完成と普及をリードした先進地域であった。

安土城以前の石垣の導入は全国に見られるが、近畿地方にも石垣が使用された中世城郭が見られる。代表例が、六角氏が築いた観音寺城（滋賀県）であろう。城内の古い石垣は垂直に立っており稜線はそろっておらず、近世以降の技術とは明らかに異なる。

また、「信長以前の天下人」とも評される三好長慶の居城であった芥川山城や飯盛城（ともに大阪府）でも石垣が用いられた。飯盛城は主郭の全面が石垣造りだったことが近年の調査で判明。すでに「見せる」ことを意識した城だったようだ。

織田政権下で明智光秀が築いた黒井城（兵庫県）や福知山城（京都府）、秀吉が命じた大和郡山城（奈良県）や八幡山城（滋賀県）、天下普請による篠山城（兵庫県）、江戸兵学の影響を受けている赤穂城（兵庫県）など、その後の近世城郭の発展をたどることができる名城が、近畿には多く残されている。

滋賀県［近江］

浅井氏の堅固な山城

小谷城 ［おだにじょう］

大永《だいえい》3年（1523）頃、浅《あざ》井《い》長政《ながまさ》の祖父・亮政《すけまさ》が築城。以後、浅井氏3代の居城となる。標高約495mの小谷山頂を削平して築かれた。山麓には北国街道が走る交通の要衝でもある。

長政は織田信長の妹・お市を妻に迎え、信長とは同盟関係に。しかし元《げん》亀《き》元年（1570）、長政はその同盟を破棄。信長は小谷城への攻撃を開始し、羽柴秀吉が京極丸を占拠、これが致命傷になり落城する。落城後に入城した秀吉が長浜城に移ったことで廃城となった。

立地　山頂

築城　大永3年（1523）［浅井亮政］

アクセス　JR北陸本線「河毛駅」からバスで「小谷城址口」下車、徒歩すぐ

大広間の黒金門跡。両脇に石垣が残る。

見どころ

- 大広間の正面虎口だった黒金門跡は、両脇に石垣を構えた門で、現在も巨石が散在している。
- 本丸東側にある重臣赤尾屋敷跡は、長政が自刃した場所とされる。
- 本丸北側には尾根を大きく削って造られた巨大な堀切があり、本丸と中丸・京極丸を分断している。

滋賀県［近江］

山岳寺院を利用した城

観音寺城 ［かんのんじじょう］

観音寺城は、繖《きぬがさ》山の山頂に築かれた城で、近江守護・六《ろっ》角《かく》氏の居城であった。応仁の乱では、この城で3度も激戦が繰り広げられている。しかし、戦国時代になると六角氏の家勢は衰退。永禄11年（1568）、六角氏は織田信長に敗北し、居城の観音寺城も廃城となったのである。

観音寺城の最大の特徴は、なんといっても、城域のほとんどを囲む高石垣である。また、石垣に矢《や》穴《あな》（石を割るための穴）があるのも注目すべき点で、この城が当時の技術水準に比べ、より先進的な技法で築かれた城ということがわかる。

立地　山上一帯

築城　南北朝時代（14世紀）［六角氏頼？］

アクセス　JR東海道本線「安土駅」から徒歩約40分

城のほぼ全域を石垣が覆っている。

見どころ

- 本丸の一段下の平井丸にある、石垣と虎口。
- 石垣が付け足され、築城当時の平虎口から、喰い違い虎口へと変化したと考えられる搦手の虎口。
- 南山麓に残る、伝御屋形の石垣の遺構。

京都府［山城］

二条城

［にじょうじょう］

幕府の開始と終焉の城

天下普請によって、慶長6年（1601）に築かれた、江戸幕府の京都における公儀の城。初代家康から3代家光《いえみつ》までは、この城で将軍宣下にともなう賀儀《がぎ》を行っている。その後、将軍の上洛は200年近く途絶えたが、慶応《けいおう》3年（1867）、最後の将軍・慶喜《よしのぶ》がこの城で大政奉還を行った。

創建当時は単郭式《たんかくしき》の城だったが、寛永元年（1624）の大改修により、二の丸が本丸を囲む、輪郭式の城郭となった。かつては五重の天守も備えていた。二の丸の御殿もこの時増築されたもので、現存する貴重な御殿建築である。

立地　平城

築城　慶長6年（1601）［徳川家康］

アクセス　地下鉄東西線「二条城前駅」から徒歩すぐ

絢爛豪華な二条城の唐門。

見どころ

- 大政奉還が行われた場所として有名な、貴重な御殿建築である二の丸御殿。
- 東大手門から南にのびる石垣と土塀の東南隅にそびえる櫓（隅櫓）。
- 四足門に唐破風を備えた、最高級の格式の唐門。

京都府［丹波］

福知山城

［ふくちやまじょう］

明智光秀の丹波支配の拠点

前身は戦国期に塩見頼勝《しおみよりかつ》が築いた横山城。由良《ゆら》川と土師《はぜ》川の合流点にある丘陵に立つ。本丸を中心に西へ二の丸、三の丸と続く連郭式の縄張が特徴だ。天正7年（1579）に織田信長の命で丹波を平定した明智光秀《あけちみつひで》が改修、福知山城と改称し、光秀の甥・秀満《ひでみつ》が城主となる。

光秀の敗死後は羽柴氏、杉《すぎ》原《はら》氏、有馬《ありま》氏などが城主となり、寛文《かんぶん》9年（1669）に朽木稙昌《くちきたねまさ》が入城。以後は朽木氏歴代の居城となり明治を迎えた。昭和61年（1986）に天守が復元されている。

立地　河岸段丘

築城　天正7年（1579）［明智光秀］

アクセス　JR福知山線「福知山駅」から徒歩約15分

復元された福知山城の大天守。

見どころ

- 野面積の天守台石垣には、五輪塔や石仏などからの転用石が見られる。
- 本丸に残る豊磐（とよいわ）の井は深さが50mもあり、城郭の本丸内の井戸としては日本一の深さ。
- 復元された3重の大天守と2重の小天守は続櫓で連結している。

大阪府［河内］

三方を絶壁が守る堅城

千早城

［ちはやじょう］

鎌倉時代末期、幕府打倒の兵をあげた後醍醐《ごだいご》天皇に呼応した楠木正成《くすのきまさしげ》が築城。金剛山一帯に築かれた城塞群のうち、下赤坂城が出丸、上赤坂城が本丸の機能を果たし、千早城はその詰城であった。

三方を険しい斜面に守られ、背後には金剛山が控える要害の地だ。元弘《げんこう》3年（1333）、鎌倉幕府軍20万が押し寄せるが、正成は籠城で善戦。その間に新田義貞《にったよしさだ》も挙兵し鎌倉幕府は滅亡へ。明徳《めいとく》3年（1392）、正成の孫・正勝《まさかつ》の時に北朝方の畠山基国《もとくに》に攻められ落城し、廃城となった。

立地　山頂

築城　元弘2年（1332）［楠木正成］

アクセス　近鉄長野線「河内長野駅」からバスで「金剛登山口」下車、徒歩約20分

三の丸から見た、二の丸の千早神社。

見どころ

- 本丸跡に建つ楠木正成・正行親子を祀る千早神社。
- 千早城の北部には上赤坂城跡が、そのさらに北部には下赤坂城跡がある。
- 城下の千早赤阪村立郷土資料館の近くには楠公産湯の井戸があり、今も水が湧き出ている。

兵庫県［丹波］

藤堂高虎による縄張

篠山城

［ささやまじょう］

関ヶ原合戦で勝利した徳川家康は山陰道の要衝に位置する篠山に新城を築いて大坂城を牽制した。築城には加藤清正、福島正則ら豊臣恩顧大名を動員した天下普請であり、その縄張には藤堂高虎《とうどうたかとら》があたった。完成した篠山城は松平康重《やすしげ》に与えられ、藤井《ふじい》、形《かた》原《はら》松平氏を経て、寛延《かんえん》元年（1748）より青山《あおやま》氏が5万石で入封し明治に至った。

その構造は低丘陵を利用した本丸、二の丸を高石垣によって築き、その周囲に三の丸をめぐらせ、北、東、南に角馬出を構えていた。

立地　丘陵上

築城　慶長14（1609）［徳川家康］

アクセス　JR福知山線「篠山口駅」からバスで「篠山口」下車、徒歩約5分

木造で再建された二の丸大書院。

見どころ

- 本丸、二の丸の石垣はほぼ完存しており、石材に刻まれた記号や人名などを確認できる。
- 東と南の角馬出が現存している。
- 二の丸大書院は平成12年(2000)に木造で再建された。

奈良県［大和］

日本最大級の山城

高取城［たかとりじょう］

高取城は南北朝時代に護良《もりよし》親王に呼応して挙兵した越《お》智《ち》邦澄《くにずみ》によって築かれたと伝えられている。天正13年（1585）に大和《やまと》に入国した豊臣秀長《ひでなが》は高取城に本多《ほんだ》利朝《としとも》を入れ置いた。この段階で近世城郭として大改修が施されたものと考えられる。江戸時代には植村《うえむら》氏2万5千石の居城となる。

吉野山系の急峻な山頂に累々と構えられた石垣の上には三重三階の大天守をはじめ、三重、二重の櫓が27基も配されていた。また山麓には藩主居館が設けられていた。

立地　山頂・山麓

築城　元弘2・正慶元年(1332)［越智邦澄］

アクセス　近鉄吉野線「壺坂山駅」からバスで「壺坂寺」下車、徒歩約40分

約12mの高さを誇る天守台の高石垣。

見どころ

- 天守台をはじめとして、本丸、二の丸、三の丸、家臣屋敷の石垣が現存する。
- 二の門の全面には、山城としては珍しい水堀が設けられている。
- 煙硝倉や二の門が、城下に移築されて残っている。

和歌山県［紀伊］

紀州徳川家の居城

和歌山城［わかやまじょう］

和歌山城は最初、大和・和泉・紀伊の太守となった豊臣秀長によって築かれた。その後、関ヶ原合戦の戦功により浅野《あさの》幸長《よしなが》が入封すると大改修が施され、さらに元和5年（1619）に徳川頼宣《よりのぶ》によって拡張され、御三家の居城にふさわしい城郭として整備された。

虎伏《とらふす》山の山頂に天守曲輪と本丸が置かれ、山麓に二の丸、西の丸、砂の丸、南の丸、御蔵の丸が構えられた。嘉永3年（1850）に再建された三重の大天守を中心とする連立天守は昭和20年（1945）、空襲により焼失した。

立地　丘陵上

築城　天正13年(1585)［豊臣秀長］

アクセス　JR阪和線「和歌山駅」からバスで「公園前」下車、徒歩すぐ

復元された連立式の天守群。

見どころ

- 城跡は国指定史跡、西の丸庭園は国指定名勝である。
- 石垣は時代別に緑泥片石、和泉砂岩、花崗岩などが使用されている。
- 岡口門は櫓門で、東堀に面した土塀とともに国の重要文化財に指定されている。

赤穂城 ［あこうじょう］（兵庫県）

もともとこの地にあった掻上城を大規模改修し、寛文元年（1661）に完成した城。忠臣蔵で有名。

岸和田城 ［きしわだじょう］（大阪府）

五層の天守を有していたが、落雷で焼失。現在の三層天守は戦後に再建されたものである。

鎌刃城 ［かまはじょう］（滋賀県）

街道の合流地点に築かれた交通の要衝。京極氏や浅井氏などの戦国大名がこの城を奪い合った。

洲本城 ［すもとじょう］（兵庫県）

脇坂安治によって大規模な改修が施され、この際に設けられた登り石垣が現在も残っている。

出石城 ［いずしじょう］（兵庫県）

有子山の麓に築かれた城。廃城令で破却されたが、堀や石垣などが現存。櫓なども復元された。

八幡山城 ［はちまんやまじょう］（滋賀県）

羽柴秀次が八幡山に築いた山城。麓には館が設けられ、金箔を施した瓦が出土している。

大和郡山城 ［やまとこおりやまじょう］（奈良県）

郡山氏が築いた城。筒井氏の後に城主となった羽柴秀次が改修・拡張し、大規模な城郭となった。

黒井城 ［くろいじょう］（兵庫県）

明智光秀が重臣の斎藤利三に任せた山城で、利三の娘である春日局の出生地とされている。

亀山城 ［かめやまじょう］（京都府）

明智光秀が丹波攻めの拠点として整備・拡張した城。天下普請によって近世城郭に改修された。

新宮城 ［しんぐうじょう］（和歌山県）

浅野忠吉が元和4年（1618）に築城を開始し、15年後の寛永10年（1633）に完成した。

明石城 ［あかしじょう］（兵庫県）

小笠原氏が江戸時代に築いた城で、付近の廃城（三木城など）の建材を再利用している。

芥川山城 ［あくたがわさんじょう］（大坂府）

三好山に築かれた山城で、細川氏や三好氏の拠点だったが、天正元年（1573）頃に廃城となった。

中国エリア

　山陰地方を中心に、最盛期には９か国の守護を務めた山名氏が没落すると、出雲の尼子氏、周防の大内氏の勢力が拡大。その両氏を滅亡に追いやり、中国地方に覇を唱えたのが毛利元就である。元就の居城・吉田郡山城（広島県）は勢力拡大とともに城域も広がり、山全体が要塞化した巨大山城となった。

　毛利輝元は豊臣秀吉に屈した後、豊臣政権の築城技術を導入し、近世城郭の築造を開始。新たな本拠となる広島城（広島県）や、小早川隆景の手による三原城（同）を築いた。また、宇喜多秀家の居城・岡山城も、豊臣政権下で築かれた総石垣の城であった。

　関ヶ原合戦後、敗者となった毛利氏は周防・長門へと追いやられ、萩城（山口県）を新築。一方、旧毛利領には戦勝側の大名が封じられ、加増に見合う大城郭を新造、または既存の城の大改修を行っている。堀尾吉晴の松江城（島根県）、中村一忠の米子城（鳥取県）、森忠政の津山城（岡山県）などである。また、幕府の命で元和の一国一城令後に築かれた福山城（広島県）は、西国のおさえとして異例の大城郭となった。

鳥取県［伯耆］

新旧二つの城跡が残る 米子城［よなごじょう］

応仁・文明年間（1467～87）に山名宗之《やまなむねゆき》が飯山に築いた砦が前身とされる。天正19年（1591）、吉川広家《きっかわひろいえ》が築城を開始。しかし関ヶ原合戦を経て城が未完成のまま岩国に移封となり、代わりに入城した中村一忠《なかむらかずただ》が完成させる。中海《なかうみ》に面した湊山《みなとやま》山頂に本丸、山裾に二の丸と三の丸を配置した平山城である。寛永9年（1632）、池田光仲《いけだみつなか》が因幡《いなば》・伯耆《ほうき》の領主になると、家老の荒尾《あらお》氏が米子城預かりに任じられた。以後、荒尾氏が明治まで代々米子城主を務め、この地を統治することとなる。

立地　丘陵・山麓

築城　文明2年（1470）？［山名宗之］

アクセス　JR山陰本線「米子駅」から徒歩約15分

本丸に残る四重五階の天守台。

見どころ

- 湊山山頂の天守台は、360度のパノラマビジョンで米子市街や中海を見渡せる絶景ポイントだ。
- 高石垣に囲まれた枡形虎口が二の丸跡に残る。
- 鉄門跡から天守台に向かう登城道を進むと、左右に大規模な石垣が現れる。

島根県［石見］

山頂にそびえる高石垣 津和野城［つわのじょう］

鎌倉時代に中国地方西部の防衛拠点として、幕府から派遣された吉見頼行《よしみよりゆき》が築城。吉見氏の勢力拡大にともなって城域は拡大され、最大で南北約2㎞にも及んだとされる。関ヶ原合戦後に坂崎直盛《さかざきなおもり》が入封し、総石垣造りの近世城郭に大改修した。坂崎氏改易の後は亀井《かめい》氏の居城となり明治を迎える。

標高362mの山頂にあり、城の周囲を西から南、東へと流れる津和野川を天然の水堀として利用していた。二の丸にあった天守は貞享《じょうきょう》3年（1686）に落雷で焼失している。

立地　山頂・山麓

築城　？（13世紀頃か）［吉見頼行］

アクセス　JR山口線「津和野駅」から徒歩約20分

本丸南にある、高さ約12mの高石垣。

見どころ

- 本丸、二の丸、三の丸、腰曲輪には、坂崎直盛時代の石垣がほぼ完全な状態で残っている。
- 人質櫓台の高石垣は高さ約12mで、城内で最も高い。
- 本丸は眼下に津和野川や城下町を望むことができる。

岡山県［備中］

備中松山城

［びっちゅうまつやまじょう］

山城で唯一現存する天守

立地　山頂・山麓

築城　延応2年（1240）［秋庭重信］

アクセス　JR伯備線「備中高梁駅」から徒歩約20分

備中松山城は、鎌倉時代に秋庭重信《あきばしげのぶ》が築いたとされる城で、戦国時代に毛利氏の持ち城となった。その後、毛利氏が関ヶ原合戦で西軍につき、備中の支配権を失うと、松山城には備中代官の小堀正次《こぼりまさつぐ》・政一《まさかず》（遠州《えんしゅう》）父子が入城し、遠州によって近世城郭へと改修された。

二重二階の天守は、天和元年（1681）に水谷勝宗《みずのやかつむね》によって造営された。現存する天守を持つ山城は、全国でも松山城のみである。また、日本最高所（標高約487m）にある城としても有名で、日本三大山城の一つに数えられている。

雛壇状に築かれた、松山城の石垣。

見どころ

・本丸北にある、天然の岩盤上に築かれた雛壇状の石垣と、その上に建てられた二重二階の櫓。
・日本最高所に築かれた天守と建築群。
・矢狭間と鉄砲狭間を備えた、三の平櫓の東土塀。

岡山県［美作］

津山城

［つやまじょう］

一二三段の石垣が完存

立地　河岸段丘

築城　慶長9年（1604）［森忠政］

アクセス　JR姫新線「津山駅」から徒歩約15分

森蘭丸《もりらんまる》の弟、忠政《ただまさ》が美作《みまさか》の太守として入国すると、院庄《いんのしょう》の古城を修築しようとしたが、突如工事は中止され、改めて鶴山《つるやま》に築城が開始された。これが津山城である。森家は4代で断絶し、改易された後は松平氏が入城して明治に至った。

津山城は鶴山を3～4段の石垣によって雛壇のように造成して築かれている。このような構造を一二三《ひふみ》段と呼び、平山城の理想像とされている。本丸の中央には五重五階地下一階で、外観は破風《はふ》のない層塔型の天守が明治までそびえていた。

復元された本丸南正面の備中櫓。

見どころ

・良好な保存状態で残る、壮大な一二三段の石垣。
・平成17年（2005）に木造で復元された、本丸の備中櫓。
・移築され、現在は中山神社にある、二の丸の四足門。
・城下にある、国の名勝庭園の藩主下屋敷（衆楽園）。

岡山県［備前］

岡山城［おかやまじょう］

金箔瓦の漆黒の天守

立地：河岸段丘

築城：正平年間（1346~70）［上神高直］

アクセス：JR山陽本線高「岡山駅」からバスで「県庁前」下車、徒歩約5分

金光《かなみつ》氏の居城だったが、宇《う》喜《き》多《た》直家《なおいえ》に接収され、大改修が施された。関ヶ原合戦後には小早川秀秋《こばやかわひであき》や池田忠継《いけだただつぐ》・忠《ただ》雄《かつ》兄弟の居城になり、三の外曲輪、西の丸などが整備される。寛永9年（1632）には鳥取藩主・池田光政《みつまさ》が岡山藩に移封され、以後、明治維新まで、光政系の池田氏の居城になった。

河岸段丘に築かれた岡山城は、本丸、二の丸、西の丸、三の曲輪から成り、本丸はさらに上中下の三段に分かれていた。本段に五重六階の天守がそびえていたが、昭和20年（1945）の空襲で焼失している。

旭川越しに望む天守。

見どころ

- 戦後に復元された、入母屋造を4段重ねにした天守。
- 元和・寛永年間（1615～1632）に建てられた月見櫓と西之丸西手櫓。いずれも重要文化財。
- 宇喜多・小早川・池田時代の三種類の石垣。

広島県［安芸］

広島城［ひろしまじょう］

毛利輝元が築いた巨城

立地：平城

築城：天正17（1589）［毛利輝元］

アクセス：JR山陽本線「広島駅」からバスで「合同庁舎前」下車、徒歩約8分

豊臣秀吉と謁見した毛利輝元が、謁見場所だった聚楽第の縄張を模して築いたと伝わるのが、広島城である。関ヶ原合戦後、輝元が防長2か国に減封されると、代わって福島正則が広島城主となるが、正則も大坂の陣後に改易。浅野長晟《ながあきら》が城主となり、幕末まで浅野氏の居城となった。

広島城は、方形の本丸に長方形の二の丸が付属するシンプルな構造で、二の丸は角馬出の役割も果たしている。五重の大天守と、三重の小天守二基をつなげた、史上最大の連結天守を有していたが、原子爆弾投下により灰燼に帰した。

五重五階の望楼型天守（復元）。

見どころ

- 毛利時代と、福島時代以降ではっきりと区別できる石垣の積み方。
- 原子爆弾投下によって焼失したが、木造で復元された二の丸表御門と平櫓。
- 同じく、原爆により破壊され、復元された太鼓櫓。

広島県［安芸］

毛利氏の繁栄の象徴

吉田郡山城

［よしだこおりやまじょう］

立地
山上一帯

築城 14世紀中頃
［毛利氏］

アクセス JR芸備線「吉田口駅」からバスで「安芸高田市役所」下車、徒歩約5分

郡山は広島県の吉田盆地、江《ごう》の川と多治比川の合流地点の北に位置する独立丘陵である。この山頂に主郭部を置いた吉田郡山城は、毛利《もうり》氏の居城として知られている。

戦国期には元就《もとなり》が、尼子《あまこ》氏や陶《すえ》氏など敵対勢力を抑えて勢力を拡大。それにともなって城域も拡大していく。東西約1・3km、南北約1kmに及び、戦時には巨大な要塞となった。曲輪の数も270を超えていたといわれる。天正19年（1591）に輝元が居城を広島城に移し、やがて廃城となった。

破却された三の丸の石垣跡。

見どころ

- 城内最大の曲輪である三の丸には、高さ4mほどあったとされる石垣の一部が良好に残されている。
- 主郭から6方向へ放射状に広がる、尾根を利用した大規模な曲輪群。
- 城下には毛利元就像や伝元就火葬場跡、「三本の矢」の伝説を記念した三矢の訓跡碑がある。

山口県［長門］

最大の横矢邪を持つ城

萩城

［はぎじょう］

立地
山頂・山麓

築城 慶長9年（1604）
［毛利輝元］

アクセス JR山陰本線「東萩駅」から徒歩約20分

関ヶ原合戦で西軍に与した毛利輝元は、敗戦後、防長2か国に減封された。その輝元が、広島城に代わる新たな居城として築いたのが萩城である。以後、明治に至るまで、この城が毛利氏14代の居城となった。

萩城は、日本海に突出した指月山《しづきやま》の麓に本丸、二の丸、三の丸を構え、山頂に詰城を設けた、戦国時代的な二元構造の城である。かつては本丸南西に五重五階の望楼型天守があり、威容を誇っていたと伝わるが、明治時代に解体されてしまっている。

天守台の石垣と、背後の指月山。

見どころ

- 二の丸に残る、日本最大の横矢邪（よこやひずみ／緩やかにカーブした城壁）。
- 本丸南西隅部にある、見事な反りを持つ天守台の石垣。
- 指月山山頂の詰城に残されている、ミシン目のように矢穴を空けられた巨石。

新高山城 [にいたかやまじょう]（広島県）

小早川隆景の居城。沼田川を挟んだ向かい側には、高山城という小早川氏代々の居城があった。

鬼ノ城 [きのじょう]（岡山県）

奈良時代に築かれた古代山城。史書などに記録が無く、謎の多い城として知られる。

若桜鬼ヶ城 [わかさおにがじょう]（鳥取県）

鎌倉時代に矢部氏が築き、後に豊臣秀吉の支配下に入ったが、江戸時代に一国一城令で廃された。

小倉山城 [おぐらやまじょう]（広島県）

紅葉山城とも。南北朝時代に、吉川経見が新庄盆地の丘に築いた、吉川氏の居城。

天神山城 [てんじんやまじょう]（岡山県）

浦上宗景が築き、半世紀近く居城としたが、家臣の宇喜多直家に攻められて落城した。

羽衣石城 [うえしじょう]（鳥取県）

貞治5年（1366）に築かれて以来、250年近く南条氏の居城だったが、関ヶ原合戦後に廃城となる。

高嶺城 [こうのみねじょう]（山口県）

大内氏が毛利氏の侵攻に備えて築城を開始したが、完成前に毛利氏に奪われてしまった。

福山城 [ふくやまじょう]（広島県）

徳川家康の従兄弟にあたる水野勝成が築城。伏見櫓などが国の重要文化財に指定されている。

浜田城 [はまだじょう]（島根県）

浜田川に囲まれた、亀山に古田重治が築いた城。幕末に長州軍に攻め落とされ、建物の多くが焼失した。

岩国城 [いわくにじょう]（山口県）

吉川広家が築いた山城。一国一城令で廃されたが、麓の居館は岩国藩の陣屋として明治まで残る。

三原城 [みはらじょう]（広島県）

小早川隆景が整備した海城で、毛利氏が瀬戸内海を支配するための重要な拠点だった。

備中高松城 [びっちゅうたかまつじょう]（岡山県）

深田や沼に囲まれた平城で、攻めるに難い要害だったが、羽柴秀吉の水攻めで攻略された。

四国エリア

戦国時代の四国は、国人領主による群雄割拠の状況が長く続いたが、16世紀後半になって、岡豊城（高知県）を本拠とする長宗我部元親が頭角を現す。元親は一領具足を率いて戦力を拡大すると、本山氏の朝倉城（高知県）を落城させ、やがて土佐一国を統一する。しかし、四国統一は豊臣秀吉によって阻まれた。

秀吉による四国攻め後、多くの秀吉家臣が四国に新領を拝することになり、彼らによって近世城郭が築かれた。蜂須賀家政による一宮城や徳島城（ともに徳島県）、生駒親正による高松城（香川県）などである。

関ヶ原の戦い後には東軍側の大名が多く封じられ、居城の新築・改修を行っている。土佐を与えられた山内一豊の高知城（高知県）や、伊予半国を所領した加藤嘉明の伊予松山城（愛媛県）などである。徳川家康にとっては外様となる豊臣系大名が、西国に新領地を与えられ、豊臣政権下で培われた築城技術によって総石垣の大城郭が造られるという点は、中国地方や九州と共通している。

さて、四国には宇和島城や大洲城、今治城（いずれも愛媛県）など、藤堂高虎が関わった城がいくつか残されている。より効率的な建設やフォーマット化された防御法を追求した、高虎の築城術にも注目したい➡P144。

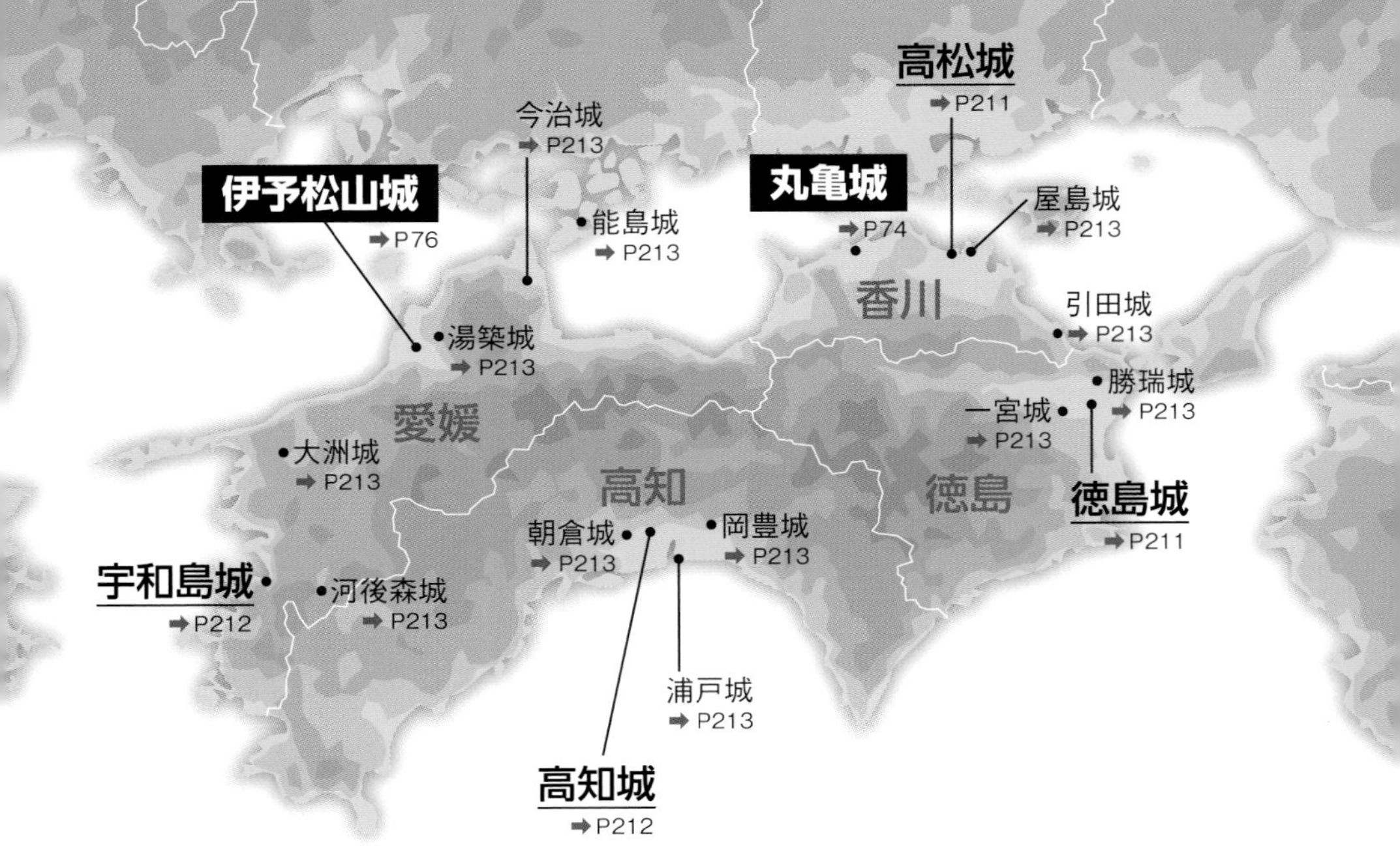

徳島県［阿波］

東二の丸に天守を持つ

徳島城［とくしまじょう］

立地　山頂・山麓

築城　天正14年（1586）［蜂須賀家政］

アクセス　JR高徳線また牟岐線「徳島駅」から徒歩約10分

豊臣秀吉による四国平定により阿波《あわ》一国を賜った蜂須賀《はちすか》家政《いえまさ》は秀吉の命により徳島城を築く。築城には勝瑞《しょうずい》城や一《いちの》宮《みや》城の旧材が用いられ、天守も櫓も板張の質素なもので、わずか1年で完成した。その後蜂須賀氏累代の居城となる。

城は助任川《すけとうがわ》と寺島川《てらしまがわ》にはさまれた渭山《いのやま》に築かれ、山上部には本丸、東二の丸、西二の丸、西三の丸が配され、その東二の丸に天守が築かれた。山麓の御城《おしろ》は広大な御殿で、大手の黒門脇には三重の太鼓櫓が構えられていた。

徳島城本丸の石垣（弓櫓）。

見どころ

・山上部には天正期に蜂須賀家政が築いた緑泥片岩による壮大な石垣が残っている。
・山麓の御城には屏風塀を支えていた舌石が残っている。
・大手黒門の外郭に構えられていた鷲の門は平成元年（1989）に復元された。

香川県［讃岐］

南蛮造りの特異な天守

高松城［たかまつじょう］

立地　海城

築城　天正16年（1588）［生駒親正］

アクセス　JR予讃線「高松駅」から徒歩約5分

高松城は豊臣秀吉より讃《さぬ》岐《き》一国を賜った生駒親正《いこまちかまさ》によって築かれた。生駒氏断絶後、水戸徳川家より松平頼重《まつだいらよりしげ》が入城し、以後11代の居城となった。

高松城は瀬戸内海に直面して城壁が築かれた海城で、幅の広い堀には直接海水が引かれていた。本丸と二の丸を結ぶのは鞘橋《さやはし》のみで、本丸は海に浮かぶ小島であった。本丸東端に構えられた天守は三重四階で、四階が三階より大きい、南蛮造りと呼ばれる特異なもので、一階も天守台より張り出す構造であった。

重要文化財の旧東の丸の艮櫓。

見どころ

・旧東の丸の艮（うしとら）櫓が太鼓櫓跡に移築され現存。国の重要文化財である。
・北の丸月見櫓と水手御門も現存し、こちらも国の重要文化財。水手御門は海に向かって設けられた城門で、全国唯一の現存例。

愛媛県［伊予］

宇和島城［うわじまじょう］

伊達10万石の居城

立地
丘陵一帯

築城 慶長元年(1596)
［藤堂高虎］

アクセス JR予讃線「宇和島駅」から徒歩約25分

織豊時代、伊予《いよ》の拠点・松《まつ》前《まえ》城の支城として築かれたのが板島丸串城《いたじままるぐし》であった。藤堂《とうどう》高虎《たかとら》が南予に入部するとその拠点城郭として大改修を施し、名も宇和島城と改められた。慶長19年（1614）に伊達政宗の長子・秀宗《ひでむね》就封後は伊達氏9代10万石の居城となった。

その縄張は藤堂高虎によるもので、城山に本丸をはじめ藤兵衛丸《とうべえまる》など8つの曲輪を配し、20基以上の櫓と8つの門が構えられていた。山麓には海に面して五角形の総郭がめぐり、9基の櫓と6つの門が構えられていたという。

現存天守の一つである、宇和島城の天守。

見どころ

- 三重三階の天守は、現存12天守の一つ。唐破風造りの玄関を持ち、天守台には犬走りがある。
- 搦手にあたる上り立ち門が現存している。
- 藩主の居館（御濱御殿）には天赦園という庭園が残る。

高知県［土佐］

高知城［こうちじょう］

南国に映える白い天守

立地
丘陵上

築城 慶長6年(1601)
［山内一豊］

アクセス JR土讃線「高知駅」から徒歩約25分

高知平野の中心に位置する大高坂山《おおたかさかやま》に城が築かれたのは南北朝時代で、織豊時代には長宗我部元親《ちょうそかべもとちか》によって本格的に整備される。関ヶ原合戦の戦功により土佐に入部した山内一豊《やまうちかずとよ》は早速大高坂城を居城と定め、大改修を実施し、名も高知城と改めた。その後山内氏16代の居城となる。

大高坂山の頂部に本丸と藩主の居館である二の丸を並立して配し、両曲輪間は橋《はし》廊下《ろうか》と呼ばれる詰門で結ばれていた。山麓には三の丸が配され、水堀がめぐらされていた。

高知城の天守。手前は本丸御殿。

見どころ

- 寛延4年（1749）に再建された天守は、古式の望楼型。現存12天守の一つである。
- 本丸の廊下門や東・西多門、納戸蔵、本丸御殿、黒鉄門、追手門など、多くの重要文化財を有する。

湯築城［ゆづきじょう］（愛媛県）

天正13年（1585）に小早川氏に攻め落とされた、伊予の守護・河野氏の居城。

能島城［のしまじょう］（愛媛県）

能島村上氏の本拠地だった海城。おびただしい数のピット（船を縄でつなぐ柱を立てる穴）が残る。

勝瑞城［しょうずいじょう］（徳島県）

阿波の守護所。2世紀以上、阿波の政治と文化の中心だったが、長宗我部元親に攻め落とされた。

岡豊城［おこうじょう］（高知県）

長宗我部元親出生の城。本山宗茂に奪われたことがあるが、和解して返却されている。

大洲城［おおずじょう］（愛媛県）

伊予守護・宇都宮氏が築いた城。文禄4年（1595）に城主になった藤堂高虎が改修した。

一宮城［いちのみやじょう］（徳島県）

阿波一の堅城と目されていたが、長宗我部元親に攻め落とされ、後に豊臣秀吉にも攻略された。

浦戸城［うらどじょう］（高知県）

長宗我部氏の居城。関ヶ原合戦後、長宗我部氏が改易されると、これに反発して一揆が起きた。

河後森城［かごもりじょう］（愛媛県）

この城の天守は移築され、宇和島城の月見櫓になったと伝わるが、現存していない。

引田城［ひけたじょう］（香川県）

天智天皇の時代に創建されたという説もある城。仙石秀久や生駒親正などが城主になった。

朝倉城［あさくらじょう］（高知県）

土佐の有力豪族・本山氏の拠点の一つ。永禄5年（1562）に長宗我部氏に攻め落とされた。

今治城［いまばりじょう］（愛媛県）

海水を引き込んだ、三重の水堀を持つ城で、明治期に破却されたが、戦後に復元された。

屋島城［やしまじょう］（香川県）

源平合戦の戦場として有名な城。天智天皇によって築かれた。現在は自然保護区の中にある。

九州・沖縄エリア

古代、筑前には朝廷の行政機関である大宰府があり、九州の統治と大陸との外交を任されていた。7世紀後半、唐や新羅が攻め入ってくるという危機感が高まると、朝廷は大野城・水城（福岡県）を築いて大宰府を守護した。朝鮮半島の築城技術によって築かれた「朝鮮式山城」は、北九州や瀬戸内海一帯に広がっている。

北九州はまた、豊臣秀吉の朝鮮出兵でも出撃拠点となった。秀吉の本営となった肥前名護屋城（佐賀県）の築城には諸大名が動員され、わずか５か月で主要部は完成。築城技術を全国に広める契機にもなった。

南九州では、知覧城（鹿児島県）や飫肥城（宮崎県）など、シラス台地を利用した群郭式城郭が多い。台地を垂直にえぐりとった絶壁の空堀は圧倒的である。

琉球王朝が独立を保った沖縄には、グスクと呼ばれる独自の城郭が発達した➡P162。曲線を描く石垣や中国式のアーチ門など、大陸からの影響が随所に感じられる。

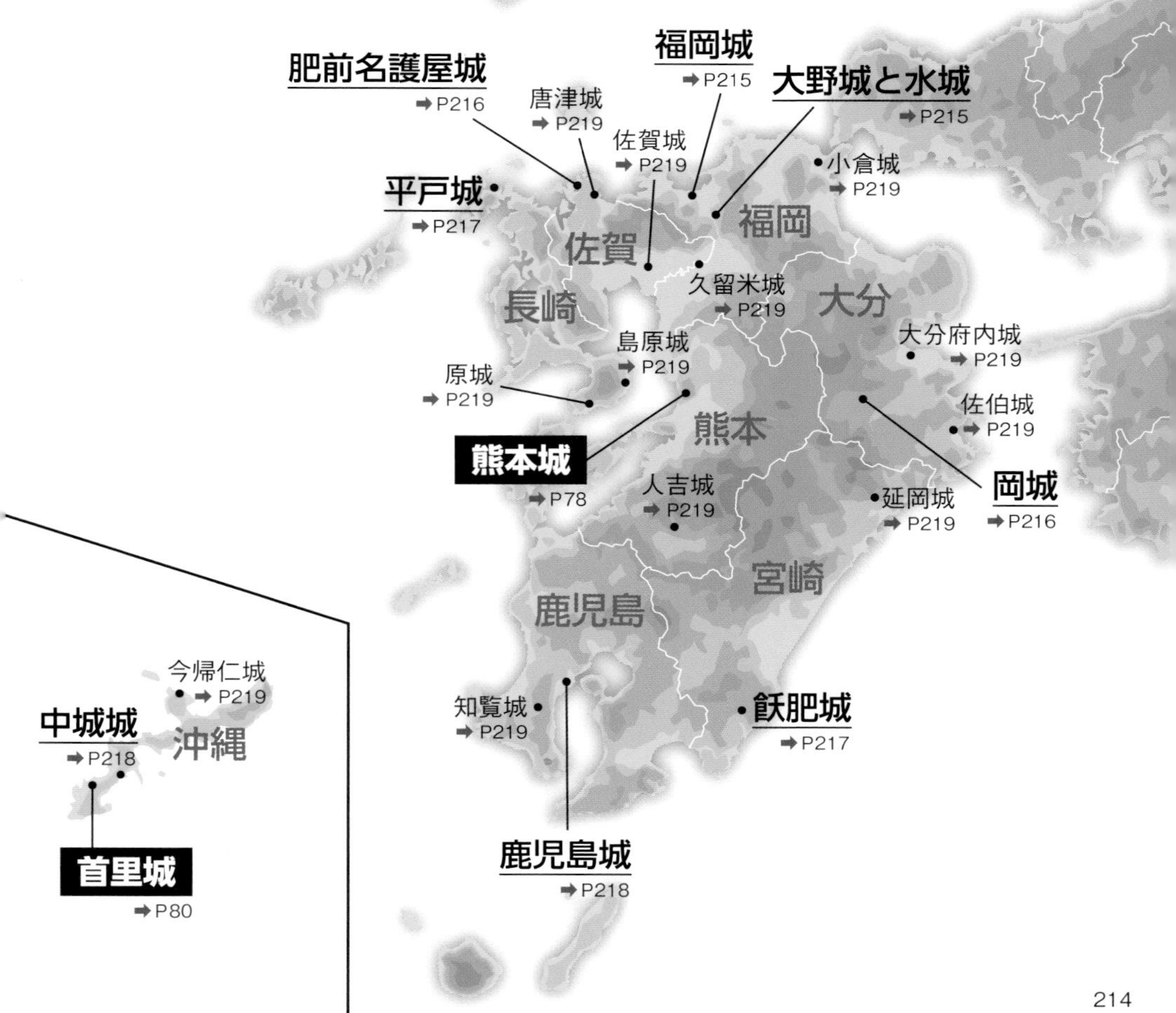

福岡県［筑前］

福岡城
［ふくおかじょう］

47基の櫓を持つ大城郭

関ヶ原合戦の戦功により黒《くろ》田《だ》官兵衛《かんべえ》・長政《ながまさ》父子は筑前52万石の太守となり名島《なじま》城に入城する。しかし筑前の中心としては手狭なため慶長6年（1601）年より7年の歳月をかけて築かれたのが福岡城である。黒田家は移封されることなく明治まで福岡城を居城とした。

福岡は古代、鴻臚館《こうろかん》の置かれた要衝の地であった。福岡城は丘陵上に本丸と二の丸を並列させ、南二の丸と東二の丸を鉤の手状に張り出させていた。これらは高石垣で築かれ、随所で屈曲する複雑な塁線となっていた。

立地
丘陵上

築城　慶長6年（1601）
［黒田長政］

アクセス　福岡市営地下鉄「大濠公園駅」または「赤坂駅」から徒歩約10分

重文の南二の丸多門櫓。

見どころ

- 下の橋大手門脇に移築されて現存する、伝潮見櫓。
- 国の重要文化財に指定されている、南二の丸の多門櫓。
- 福岡市内にある黒田家の菩提寺（崇福寺）には、本丸表門だと伝わる櫓門（県指定有形文化財）が残っている。

福岡県［筑前］

大野城と水城
［おおのじょうとみずき］

太宰府防衛のための城

天智《てんじ》2年（663）の白村《はくそん》江《こう》の戦いで唐・新羅《しらぎ》の連合軍に敗れた大和朝廷。唐・新羅の日本侵攻に備え、大宰府政庁を防衛するために天智3年（664）に水城を、その翌年に大野城を築いた。

水城は平野を分断して造られた水堀と土塁で全長約1・2㎞。大野城は四王寺山《しおうじやま》に築かれた全長約8㎞に及ぶ広大な山城で、古代山城としては日本一の規模を誇る。土塁や石垣で囲まれたもので、城内には建物もあった。築城当時、日本には独自の築城技術がまだなく、百済の亡命高官の指導で築かれた。

立地
山頂・山麓

築城　大野城：天智4年（665年）／水城：天智3年（664年）
［大和朝廷］

アクセス　大野城：西鉄太宰府線「太宰府駅」から徒歩約40分／水城：JR鹿児島本線「水城駅」から徒歩約23分

大野城跡に残る百間石垣。

見どころ

- JR水城駅の近くにある、細長い丘が水城跡である。土塁の断面を確認できる広場もある。
- 大野城北側には全長約180mの百間石垣が残る。
- 大野城の大宰府口城門跡には礎石が残っている。

大分県［豊後］

岡城

［おかじょう］

本丸に御殿を置く山城

立地 山頂

築城 文治元年（1185）［緒方惟栄］

アクセス JR豊後本線「豊後竹田駅」からバスで「岡城入口」下車、徒歩約10分

豊後の大友義統《おおともよしむね》が領地を没収されると、代わって中川秀《なかがわひで》成《なり》が入部し、大友氏の家臣・志賀《しが》氏の居城だった岡城を改修して居城とした。以後中川氏の居城として明治に至る。

岡城は白滝川《しらたきがわ》と稲葉川に挟まれた天神山の山上に築かれており、周囲は断崖絶壁に囲まれた要害の地であった。その構造は本丸、二の丸、三の丸を中心に城代屋敷など広大な城域を有し、累々と高石垣がめぐらされていた。滝廉太《たきれんた》郎《ろう》の「荒城の月」は岡城跡で作曲されたといわれ、城内に銅像が立っている。

三の丸北面にそびえる高石垣。

見どころ

- 壮大な石垣を持つ城で、その中でも、三の丸北面の石垣は圧巻。
- 大手道の石段の外側には、頂部が半円形を描く石塀が設けられており、その形状からカマボコ石と呼ばれている。

佐賀県［肥前］

肥前名護屋城

［ひぜんなごやじょう］

朝鮮出兵の本営の城

立地 丘陵上

築城 天正19年（1591）［豊臣秀吉］

アクセス JR肥前線「西唐津駅」からバスで「名護屋城博物館入口」下車、徒歩約5分

天下統一を果たした豊臣秀《とよとみひで》吉《よし》は次に大陸征服の野望を持つ。そしてその本営として築かれたのが名護屋城であった。築城にあたっては九州の諸大名へ割普請《わりぶしん》が課せられ、築城開始わずか5か月で中心部は完成した。

名護屋には城だけでなく、秀吉によって動員を命じられ参戦渡海する諸国の大名が陣を構えていた。その数は130か所にのぼり、名護屋は人口20万人を擁する軍事都市となった。慶長3年（1598）の秀吉死去により朝鮮から撤兵、名護屋城も廃城となった。

V字の破却痕が残る石垣。

見どころ

- 城跡は発掘調査と整備が進み、大変見学しやすい。
- 石垣が規則正しく崩れており、廃城後に破城が行われたことがうかがえる。
- 城跡に隣接した名護屋城博物館では、城の歴史や構造をVRで視覚的に学べる。

長崎県［肥前］

平戸城

［ひらどじょう］

山鹿流軍学に基づく城

平戸松浦《まつら》氏は御館《おたち》と呼ばれる屋敷を居所としていた。元禄4年（1691）に松浦棟《たかし》が寺社奉行になると幕府へ新規築城を願い出て、平戸城の築城が開始された。その縄張は前藩主鎮信《しげのぶ》と親交の深かった山鹿素行《やまがそこう》が行い、素行の弟義昌《よしまさ》が指揮を執った。

平戸瀬戸に突出した亀山はかって松浦氏が日之嶽《ひのたけ》城を構えていた場所である。唯一尾根が続く南側に堀切を設け大手門を構えていた。海に面した部分に構えられた小舟入《ふないり》、御舟入が平戸城を特徴付けている。

立地　丘陵上

築城　元禄16年（1703）
［松浦棟］

アクセス　松浦鉄道西九州線「たびら平戸口駅」からバスで「平戸市役所前」下車、徒歩約5分

天守（右）と見奏櫓（左）、いずれも復元。

見どころ

・改修が著しいが、狸櫓と北虎口門が現存している。
・北虎口門から本丸へのびる土塀が現存しており、基礎の石垣部分には、貴重な石狭間が設けられている。
・本丸の模擬天守の他、複数の櫓が復元されている。

宮崎県［日向］

飫肥城

［おびじょう］

島津・伊東の抗争の城

飫肥城の創建は明らかではないが、薩摩《さつま》の島津《しまづ》氏が日向の伊東《いとう》氏に対する境目の城として築いたといわれ、激しい争奪戦が繰り広げられた。永禄11年（1568）以降は伊東祐兵《すけたか》が城主となった。その後伊東氏は島津氏に大敗するが、豊臣秀吉の九州平定では秀吉に臣従して領土を安堵された。関ヶ原合戦でも東軍に与し、以後も移封されることなく、明治まで存続した。

シラス台地を利用した群郭《ぐんかく》式《しき》の曲輪配置は南九州地方の戦国期城郭の特徴で、その外郭に大手門を構えて近世城郭の体裁を整えた。

立地　台地突端

築城　？
［土持氏？］

アクセス　JR日南線「飫肥駅」から徒歩約15分

渡櫓門の形式で復元された大手門。

見どころ

・松の丸、西の丸、旧本丸、松尾の丸等は戦国期の縄張で、曲輪裾部の石垣は近世になって築かれた。
・大手門と松尾の丸の御殿は昭和になって復元された。
・大手門脇の豫章館には、明治期に旧藩主が移り住んだ。

鹿児島県［薩摩］

鹿児島城［かごしまじょう］

島津氏77万石の居城

戦国時代の島津氏は清水《しみず》城、内《うち》城を居城としていた。関ヶ原合戦で西軍に与したものの、薩摩と大隅《おおすみ》、日向《ひゅうが》の一部を安堵され、戦後、新たな居城として築いたのが鹿児島城である。城山山麓に築かれた姿が、鶴が翼を広げた様に似ていることから、鶴丸《つるまる》城と呼ばれた。

城の構造は城山を背後に、その前面三方に石垣と水堀をめぐらせたもので、城と呼ぶよりも館に近いものであった。内部も本丸と二の丸の2区画のみであり、櫓も一重二階の多門櫓が2棟構えられただけである。

立地 山麓

築城 慶長7年（1602）［島津家久］

アクセス JR日豊本線「鹿児島駅」から徒歩約15分

鹿児島城の御楼門跡。

見どころ

- 石垣や堀、大手門の石橋などが現存している。
- 石垣の北東隅部を入隅（角を凹ませた隅）にし、鬼門除けとしている。
- 城跡に隣接する私学校跡の石垣には、西南戦争時の弾痕が残されている。

沖縄県［琉球］

中城城［なかグスクじょう］

ペリーも称賛した建築美

14世紀後半頃、先中城《さちなかグスク》按司《あじ》が築城し、その後、護佐丸《ごさまる》によって改修されたとされる。沖縄本島中部の東、中城湾に沿った位置にあり、総面積は約1万4500㎡。標高約160mの琉球石灰岩丘陵上に立つ。連郭式の山城で6つの曲輪を持ち曲輪間にはアーチ式の城門があった。

嘉永6年（1853）、アメリカのペリー提督一行が日本に向かう途中に立ち寄り、この城門を「エジプト式」と評した他、精巧な築城技術を高く評価したともいわれている。

立地 丘陵上

築城 14世紀後期［先中城按司］

アクセス 那覇バスターミナルからバスで「安谷屋」下車、徒歩約20分

一の曲輪から二の曲輪へ向かうアーチ門。

見どころ

- 琉球石灰岩を高く積み上げた石垣の城壁。野面積、布積などの技法が見られる。
- 曲輪間の連絡通路にあるアーチ式の城門。
- 二の曲輪にある狭間。鉄砲狭間のようだが、築城時は伝来しておらず、用途不明。

大分府内城 [おおいたふないじょう]（大分県）

安土桃山時代に築城を開始し、関ヶ原の合戦後、竹中重利の時代に完成。人質櫓などが現存する。

島原城 [しまばらじょう]（長崎県）

松倉重政が築いた城。49もの櫓があったという。築城のための重税が、島原の乱の一因となった。

小倉城 [こくらじょう]（福岡県）

四重五階の天守を持ち、五階の部分が張り出した、「南蛮造」という特徴的な構造をしている。

延岡城 [のべおかじょう]（宮崎県）

江戸期に高橋元種が築いた城。特定の石を外すと崩壊すると伝わる「千人殺しの石垣」がある。

原城 [はらじょう]（長崎県）

島原の乱の舞台となった城。有馬貴純によって築かれたが、乱の発生時にはすでに廃城だった。

久留米城 [くるめじょう]（福岡県）

来目城とも。九州の豪族が築いた砦（篠原城）を、毛利秀包が改修して築いたという。

知覧城 [ちらんじょう]（鹿児島県）

島津氏の支流・佐多氏の居城でシラス台地上に築かれている。火災で建造物のほぼすべてが焼失。

人吉城 [ひとよしじょう]（熊本県）

鎌倉時代から明治維新まで、実に700年近く相良氏の本拠だった城。西南戦争で破壊された。

佐賀城 [さがじょう]（佐賀県）

明治時代に起きた佐賀の乱で、天守を含む構造物のほとんどが焼失した。現存する鯱の門は重文。

今帰仁城 [なきじんグスク]（沖縄県）

琉球王国成立前に栄えた、北山王国の王城。琉球王国成立後は北部支配の拠点となった。

佐伯城 [さいきじょう]（大分県）

関ヶ原の合戦後、東軍に与した毛利高政が築いた城。総石垣で、南北に長い縄張の城である。

唐津城 [からつじょう]（佐賀県）

寺沢広高が6年の歳月をかけて築いた城。萩城などと同じく、直接海に面した石垣を持つ。

た行

な行

は行

ま行

や行

ら・わ行

城名さくいん

ま行

や・わ行

城郭用語さくいん

あ行

か行

さ行

た行

な行

は行

城名さくいん

城名・城郭用語は、主に解説をしたページを示した。
掲載が見開きの場合は右ページを記載。

【著】**中井 均**(なかい ひとし)

城郭研究家。滋賀県立大学教授。城郭遺産による街づくり協議会理事長。織豊期城郭研究会主宰。編・著書に『城館調査の手引き』『ハンドブック日本の城』(ともに山川出版社)、『歴史家の城歩き』(共著)『近世城郭の考古学入門』(監修／ともに高志書院)、『近江の山城ベスト50を歩く』(編／サンライズ出版)、『カラー図解 城の攻め方・つくり方』(監修／宝島社)など。

【編集】

かみゆ歴史編集部(滝沢弘康、丹羽篤志)

歴史関連の書籍・雑誌・ウェブ・デジタル媒体の編集制作を行う。ジャンルは日本史全般から、世界史、美術史、宗教・神話、観光ガイドなど。城関連の主な制作物に『よくわかる日本の城 日本城郭検定公式参考書』(学研プラス)、『完全保存版 日本の山城100名城』『別冊歴史REAL「名城歩き」徹底ガイド』(ともに洋泉社)、『廃城をゆく』シリーズ(イカロス出版)など。

【協力】松本壮平、山本ミカ

【イラスト】香川元太郎

【カバーデザイン】

株式会社志岐デザイン事務所(小山 巧)

【デザイン・図版・DTP】

株式会社ウエイド(山岸 全、六鹿沙希恵)

【画像協力】青森市／犬山市教育委員会／近江八幡市／大阪城天守閣／大阪府文化財センター／小田原市／岐阜市教育委員会／京都市文化財保護課／熊野市観光スポーツ交流課／熊本城総合事務所／小牧市教育委員会／佐久市／静岡市／津和野市教育委員会／長浜市教育委員会／飛騨市教育委員会／平取町立二風谷アイヌ文化博物館／弘前市教育委員会／福井県観光連盟／本間智恵子（ちえぞー！城行こまい）／丸亀市／安来市教育委員会／陸上自衛隊新発田駐屯地広報室／DNPアートコミュニケーションズ／PIXTA

決定版 日本の城

2020年４月５日　初版発行
2021年３月25日　第２刷発行

著　者　中　井　均
発行者　富　永　靖　弘
印刷所　公和印刷株式会社

発行所　東京都台東区 台東２丁目24　株式会社 **新星出版社**
〒110-0016 ☎03(3831)0743

Printed in Japan

ISBN978-4-405-10810-3